Volker Zähme
Mit einem Beitrag von Felicitas Zierk

DUMONTS HANDBUCH

WAS KINDER WISSEN MÜSSEN

EIN LEITFADEN FÜR ELTERN UND ERZIEHER

Umschlagabbildungen:
IBM Deutschland GmbH, DuMont monte Archiv

Für Diana

Die deutsche Bibliothek – CIP-Einheitsaufnahme

DuMonts Handbuch Was Kinder wissen müssen : ein Leitfaden für Eltern und
Erzieher / Volker Zähme. Mit einem Beitr. von Felicitas Zierk. -
Orig.-Ausg.. - Köln : DuMont-Monte-Verl., 2002
(Monte von DuMont)
ISBN 3-8320-8771-0

Originalausgabe
© 2002 DuMont monte Verlag, Köln
Alle Rechte vorbehalten
Druck und buchbinderische Verarbeitung: Mlandinska, Slowenien

Printed in Slovenia

ISBN 3-8320-8771-0

WORUM ES GEHT...

Was Kinder wissen müssen – wir haben mit Absicht diesen Titel gewählt, der vermutlich ebenso verwirrend wie herausfordernd daherkommt. Müssen Kinder überhaupt etwas wissen, besteht da eine Verpflichtung? Sollte Kindheit nicht etwas Unbeschwertes sein, also auch etwas, das von jeglichen Zwängen frei ist? Kommt nicht der verteufelte Leistungsdruck oder, anders ausgedrückt, die fremdbestimmte Verpflichtung, etwas zu lernen und danach zu wissen, noch früh genug, in der Schule nämlich? Und wer will festlegen, was Kinder wissen müssen? Das ist die nächste Frage, die der Buchtitel hervorrufen könnte.

Wir sind in der Tat der Auffassung, dass Kinder eine Reihe von Dingen wissen müssen. Es handelt sich dabei um Dinge, die Kindern gewissermaßen von allein zustoßen, um Dinge, die sie einmal oder öfter erfahren haben sollten, um Dinge, auf deren besondere Qualität sie aufmerksam gemacht werden sollten, und um Dinge, die man extra ihretwegen anstellen könnte. Kinder müssen sich ganz einfach in ihrem Teil der Welt auskennen, und je besser sie dies vermögen, desto bunter, intensiver und wertvoller kann die Kindheit sein. Zwänge ergeben sich dabei, wenn überhaupt, nur auf Seiten der Erziehenden. Darum hätten wir dieses Buch auch »Was Eltern und andere Bezugspersonen den Kindern an Welterfahrung zur Verfügung stellen müssen und wie sie die Kinder beim Erwerb dieser Erfahrungen unterstützen können« nennen können – womit wir dann die Chance auf eine hübsche, knapp gefasste Provokation vergeben hätten.

Dieser Band wendet sich also an Eltern und andere Erwachsene, die mit Kindern zu tun haben. Wir möchten damit unseren Beitrag zur offenbar gerade erst anlaufenden Debatte um die geänderten Anforderungen an Erziehung leisten. Kindheit ist ein Begriff, der die Lebenszeit zwischen der Geburt und dem Eintritt der Pubertät (Geschlechtsreife) bezeichnet. Junge Menschen werden innerhalb dieser Frist wiederum bezeichnet als Neugeborene (0–10 Lebenstage), Säugling (11. Lebenstag bis Ende des ersten Lebensjahres), Klein- oder Spielkind (2.–5. Lebensjahr) und Schulkind (6.–14. Lebensjahr). Wir haben versucht, die Erfahrungen, Kenntnisse und Fertigkeiten zusammenzustellen, über die Kinder bei drei verschiedenen Gelegenheiten verfügen sollten bzw. müssen, wobei wir uns einerseits an unserer eigenen praktischen Lebenserfahrung (einst und jetzt), andererseits an wissenschaftlichen Theorien orientieren.

Drei Standards kommen dabei zustande, nämlich
• der Stand der allgemeinen Welterfahrung vor der Einschulung,
• Gesichtspunkte der Schulfähigkeit und

• das Niveau, das am Ende der Grundschulzeit erreicht sein sollte.

Der dritte Standard ist – zugegeben – mehr oder minder auf die Schule bezogen, setzt er sich doch zusammen aus Kenntnissen und Fertigkeiten, die auf der Mittelstufe von weiterführenden Lehranstalten entscheidend sind; die beiden anderen enthalten jedoch eher unspezifische Aspekte.

Unser Buch geht bei der Beschreibung der Kenntnis- und Fertigkeitsstände folgendermaßen vor: Zunächst werden die Standards in einzelne Felder zergliedert, die wir als Erfahrungsbereiche bezeichnen. Jeder Erfahrungsbereich wird kurz erläutert und leitet sodann zu Zusammenstellungen derjenigen Dinge über, die Kinder können, wissen bzw. schon einmal getan haben sollten. Bei den Erfahrungsbereichen wird das Ziel verfolgt, möglichst viel von dem, was Kinder betreffen könnte, zu erfassen; dasselbe gilt für die angehängten Zusammenfassungen. Beide möchten wir nicht als Pflichtprogramm verstanden wissen, eher als Anregung.

Damit dieses Buch nicht zu einer isolierenden Sammlung von Tabellen gerät, sind allenthalben Beschreibungen und Erläuterungen eingestreut. Das beginnt mit einer Einführung in die Geschichte und Theorie der Kindheit und geht weiter mit einer etwas ausführlicheren Darstellung der kindlichen Entwicklung. Dieser zweite Abschnitt soll deutlich machen, wie Kinder sich die Welt aneignen und was sie in welcher Phase dazu befähigt. Die Frage, warum die Entwicklung/Reifung von Kindern heute etwas anders verläuft als noch vor wenigen Jahren (d.h. in der Kindheit der heutigen Elterngeneration), versucht der dritte Abschnitt zu beantworten; er skizziert kindliche Umwelten am Anfang des dritten Jahrtausends mit ihren geänderten Bedingungen, die sowohl Einschränkungen, aber auch Chancen bereithalten, und endet mit dem Versuch, kindliches Lernen (= Weltaneignung) zusammenfassend zu definieren.

Wir haben auch versucht, die Rolle der Grundschule mit ins Bild zu nehmen. Speziell mit ihr befasst sich das sechste Kapitel, wo wir auch Stellung nehmen zu Themen wie Wahl der Schulform und allgemeine Tipps zur Vorbereitung der ersten Schultage geben.

Ziel ist es, zu beschreiben und zu erklären, was kindliche Kompetenzen sein könnten. Wir haben uns dabei die Aufgabe gestellt, dies möglichst nachvollziehbar, so umfangreich wie möglich und unter Berücksichtigung des Kindlichen an sich zu tun.

In diesem Buch wird durchgängig die männliche Form von Tätigkeitsbezeichnungen verwendet, also z.B. der Übungsleiter, der Lehrer usw. Wir tun dies lediglich aus Gründen der Kürze und der Übersichtlichkeit.

EINE KURZE GESCHICHTE DER KINDHEIT

Draußen spielen Kinder: Sie tollen hinter einem Ball her über den Rasen, helfen sich beim schwungvollen Schaukeln, stauen einen kleinen Bach, beladen im Sandkasten farbenfrohe Miniaturlastwagen, mit denen sie krümelnde Baustellen bedienen. Sie machen dabei Krach (Warum kleine Kinder sich zumeist schreiend verständigen? Sie wollen ganz einfach ihre geringe Körpergröße ausgleichen.), doch das ist keine Störung, es gehört ganz einfach dazu. Es sind halt Kinder ...

Es ist wohl für viele eine überraschende Information, aber Kindheit, wie wir sie kennen, existiert erst seit wenigen hundert Jahren. Noch am Ausgang des Mittelalters betrachtete man junge Menschen im Großen und Ganzen lediglich als klein geratene Erwachsene, die nach Erreichen eines gewissen Niveaus an Selbstständigkeit keine besonderen Daseinsbedingungen hatten.

Betrachtet man Gemälde und Grafiken aus vergangener Zeit, so erkennt man, dass es z.B. keine Unterschiede in der Kleidung gab. Kleine wie große Menschen hatten dieselben Sachen an, die zwar auf den gesellschaftlichen Rang der Träger hinwiesen, nicht jedoch auf das Alter. Im 17. Jahrhundert wurden schon vier- oder achtjährige Mädchen mit (erwachsenen) weiblichen Formen versehen, indem man

Diego Velázquez, Las Meninas, Die Familie Philipps IV, 1656

ihnen mit Korsetts eine künstliche schmale Taille schnürte und mit Polstern für breite Hüften sorgte. Jungen von Stand trugen im selben Alter bereits Waffen. Kleidung speziell für Kinder, zweckmäßig, pflegeleicht und eventuell farbenfroh, kam erst im 18. Jahrhundert auf.

Zwar gab es zu allen Zeiten Schulen, doch die waren lange Zeit nicht für Kinder im heutigen Sinne eingerichtet, sondern für Menschen jedweden Alters. Die Ideen, Kinder in Altersgruppen zusammenzufassen – ursprünglich eher als Gruppen von gleich Fähigen gedacht –, die Überlegung, Lernstoffe in altersgerechte, stufenweise zu verabreichende Portionen zu zergliedern und besonders ausgebildete Profis als Lehrpersonal zu beschäftigen, sind erst jüngeren Datums.

Es gab auch keine besonderen Ausdrücke für Kinder. Das deutsche Wort »Kind« bezeichnet ursprünglich einen Blutsverwandten (germanisch »kinda« – gezeugt), ohne Altersbeschränkung, »Mädchen« heißt eigentlich kleine Magd, die »Dirne« (im Dialekt als »Deern« oder »Dirndl« vorkommend) ist zunächst eine Dienerin, »Bube« bedeutet ursprünglich so etwas wie Missetäter (wie es beim »Beelzebub« bis heute geblieben ist) und der »Knabe« war im Anfang der Knappe, der Helfer des Ritters. In anderen europäischen Sprachen ist das ganz ähnlich. Wir haben also bestehende Wörter mit einer neuen Bedeutung versehen, weil entsprechende Bezeichnungen fehlten, und der Umstand, dass man alle diese Wörter ziemlich leicht übersetzen kann, deuten auf ihr geringes Alter hin. Der Sprachwissenschaftler bezeichnet solche Wortbildungen als »durchsichtig«.

Wir begehen heute noch Einführungsrituale, bei denen junge Menschen in größere Gemeinschaften offiziell aufgenommen werden. Junge Katholiken feiern heute mit ca. neun Jahren das Fest der Kommunion, früher geschah dies in noch jüngeren Jahren. Hier liegt im Kern nichts anderes vor als der Eintritt in die Welt der Erwachsenen. Die protestantische Konfession entstand erst später, als man gewisse Vorstellungen von Kindheit bereits ausgebildet hatte, daher findet das entsprechende Aufnahmeritual in die Erwachsenenwelt bei den Evangelischen auch später statt, mit ca. 13 Jahren. Die teilweise bis heute erhaltene (Un-)Sitte, Jungen auf der Konfirmationsfeier dazu zu bewegen, sich zum ersten Mal zu betrinken oder ihre erste Zigarre zu rauchen, deutet auf den eigentlichen Charakter solcher Feste hin. Wir sehen: Früher galt man früher als erwachsen.

Was die Kindheit heute ausmacht, Freiräume, sorgloses Spielen, das gab es früher nicht. Was heute noch in wenig entwickelten Ländern praktiziert wird, Kinderarbeit nämlich, das war früher in nahezu flächendeckender Form auch in Europa an der Tagesordnung. Sobald ein junger Mensch seine Bewegungen einigermaßen kontrollieren konnte, wurde ihm Arbeit zugeteilt, und die unterschied sich mit zunehmendem Alter immer weniger von derjenigen der Erwachsenen. Die Arbeitsleistung der Kinder war ein unverzichtbarer Teil des Lebensunterhalts der Familien. Erst im 19. Jahrhundert begann man über Kinderarbeit nachzudenken.

Heute teilen alle Menschen die Gewissheit, dass Kinder etwas besonders Schützenswertes sind, doch früher wäre ein solcher Gedanke absurd gewesen. Kinder wurden z.B. vor Gericht nicht rücksichtsvoller behandelt als Erwachsene, und auf der anderen Seite gab es auch keine Strafverschärfung, wenn Kinder Opfer von Verbrechen wurden. Man kann vermuten, dass der Straftatbestand des Kindesmissbrauchs im Mittelalter nicht existierte.

Wie kam es nun zur Kindheit, von der einige Theoretiker sagen, sie sei erfunden worden, während andere meinen, sie habe sich entwickelt? Wir haben dazu drei der spannendsten Theorien zusammengestellt: die bestürzende Sicht von Lloyd DeMause und die Lehre von der Kindheit als Nebenprodukt des sozialen Wandels von Philippe Ariès, zu der wiederum der Kulturkritiker Neil Postman eine Reihe von erweiternden Anmerkungen gemacht hat. DeMause beschreibt in der Hauptsache einen Wandel hin zur heutigen Auffassung dessen, was Kindheit sei, Ariès und Postman gehen davon aus, dass Kindheit als solche eine geschichtliche Neuheit ist.

Was lehren uns solche historischen Erörterungen? Sie bilden einen Hintergrund für das uns heute selbstverständlich vorkommende Bild vom Kinde und lassen es dadurch in seinen Umrissen schärfer hervortreten. Sie machen uns den Wert, ja die Kostbarkeit der Kinder bewusst, indem sie uns vorführen, wie gering Kinder früher geschätzt wurden, und sie mahnen uns, das Erreichte aktiv zu schützen und auszubauen.

DeMauses Schreckensszenario

Für den US-amerikanischen Psychoanalytiker und Gründer bzw. langjährigen Leiter des Instituts für historische Psychologie in New York, Lloyd deMause (geb. 1931), ist die Geschichte der Kindheit zentrales Element der allgemeinen Geschichte der Menschheit. Seine Betrachtungen setzen lange vor der Zeitenwende an und zeichnen Schreckensbilder in düsteren Farben, die sich erst im Verlauf der Jahrhunderte allmählich aufhellen. »Die Geschichte der Kindheit ist ein Alptraum, aus dem wir gerade erst erwachen«, schreibt er in seinem 1977 auf Deutsch erschienenen Buch »Hört Ihr die Kinder weinen?«.

DeMause sieht die Geschichte der Kindheit als eine Geschichte über die Annäherung von Eltern an ihre Kinder. Über viele Generationen hinweg hat sich ein

Zusammenleben entwickelt, das immer enger, immer bewusster und immer positiver gestaltet wurde. Das Ende dieser Entwicklung ist noch nicht erreicht, es gibt immer noch viel zu tun; auch dazu nimmt DeMause Stellung.

Das Zusammenleben verschiedener Generationen ist nach DeMause die Bühne, auf der sich der gesellschaftliche Wandel vollzieht. Kultur, die Gesamtheit der seelisch-geistigen Erzeugnisse zu einer Zeit an einem Ort, wird gewissermaßen bei der Erziehung in einen Trichter gepresst und von den Eltern zu den Kindern nach unten durchgedrückt. Was eine Gesellschaft in einer bestimmten Epoche prägt, im Ganzen und reduziert auf die Persönlichkeit der Erziehenden, wird auf diese Weise weitergegeben. Hier läuft ein Antriebsaggregat des geschichtlichen Wandels, dessen Technik bislang viel zu wenig untersucht wurde, so deMause. Unser Interesse, wenn es um vergangene Zeiten geht, ist zu sehr ausgerichtet auf technische und wirtschaftliche Fragestellungen.

DeMause stellt zunächst drei unterschiedliche Umgangsformen zwischen Eltern und Kindern fest, die er als Projektion, Umkehrreaktion und Empathie bezeichnet. Bei der Projektion übertragen Eltern eigene geistige Haltungen und Seelenmuster auf die Kinder, sie bauen sich gewissermaßen kleine Stellvertreter und Nachfolger auf. Bei der Umkehrreaktion setzen Eltern Kinder als Platzhalter für alle möglichen Auslöser eigener Seelenqualen

Maerten van Heemskerck, Familienbildnis, 1531

ein und behandeln sie entsprechend. Empathie schließlich heißt, dass Eltern versuchen, sich in die Geistes- und Seelenwelt der Kinder einzuarbeiten, und diese von den eigenen Befindlichkeiten trennen. Kinder als nahe stehende Unabhängige zu sehen ist zwar manchmal schwierig, für den Psychoanalytiker jedoch die einzig akzeptable Form der Eltern-Kind-Beziehung.

Die Projektion und die Umkehrreaktion sind die am meisten verbreiteten Haltungen, die Eltern im Verlauf der Geschichte ihren Kindern entgegenbringen; Empathie kommt sehr viel seltener vor. In DeMauses Geschichte der Kindheit gibt es sechs Abschnitte, die jeweils von bestimmten Neigungen geprägt werden, denen Kinder ausgesetzt sind, und von einer sich langsam verringernden Distanz. Bis zum

4. Jahrhundert unserer Zeitrechnung bestimmt der Kindesmord die Eltern-Kinder-Relation, etwa wenn unnütze Esser einfach ausgesetzt werden oder Mütter ihre Babys gleich nach der Geburt umbringen (wie Gretchen es in Goethes »Faust« tut), anschließend dominiert die Weggabe von Kindern, etwa bis zum 13. Jahrhundert – Ammen versehen die Mutterrolle, Kinder werden in Klöster oder in die Lehre gegeben. Kinder werden als Bedrohung empfunden. Bis ins 18. Jahrhundert hinein gibt es eine Phase der Zerrissenheit zwischen Liebe und Hass Kindern gegenüber, die

Die Kerkerszene aus Goethes »Faust«

DeMause als Ambivalenz bezeichnet. Danach beginnen die Erwachsenen in den Geist der Kinder einzudringen (DeMause nennt das Intrusion), um innere Strukturen aufzuschlüsseln, mit dem Ziel, den Willen der Kinder effizienter brechen zu können. Gleichzeitig wurde der Nachwuchs aber auch nicht mehr im selben Maße wie vordem als Bedrohung betrachtet, sodass sich mitunter bereits echte Empathie entfalten konnte. Wir befinden uns heute am Übergang zwischen der 5. Phase, die als Sozialisation bezeichnet wird, und dem letzten Abschnitt, der von der Unterstützung gekennzeichnet ist. Unter Sozialisation versteht man die Einübung und Einfügung von Einzelpersonen in das Gemeinschaftsleben. Dies ist nach wie vor für die Mehrheit der Eltern und Pädagogen das Leitmotiv bei der Erziehung; es existiert seit dem frühen 19. Jahrhundert und wird uns im Kapitel über die Entwicklungstheorien noch mehrfach wiederbegegnen. Unter Unterstützung versteht DeMause die voll entwickelte Empathie. Diese Tendenz besteht erst seit etwa zwei Generationen.

Gewiss kann man Lloyd DeMauses historischen Horrorvisionen von Kindesmord und Verstoßung gegenüber Zweifel anmelden, selbst wenn er eine Fülle von Beispielen anführt. Dass es Kindern in Erziehungsprozessen jedoch heute erheblich besser ergeht als früher, das kann man als Älterer leicht bestätigen. Man denke nur an die Diskussion, ob man prügelnde Eltern strafrechtlich belangen solle – vor dreißig Jahren hätte so etwas als reiner Quatsch gegolten. Der Wert der Arbeit

DeMauses als Augenöffner ist unbestreitbar. Kritiker mahnen jedoch, dass der Autor dem Bereich der Familie als erzieherischer Institution zu viel Macht zubilligt.

Ariès und die Erfindung der Kindheit

Der französische Sozialgeschichtler Philippe Ariès (1918–86) zeichnet in seiner »Geschichte der Kindheit« (zuerst erschienen 1960) ein ganz anderes Bild vom Leben der Jugend. Für ihn lebten Kinder bis zur Mitte des 17. Jahrhunderts frei und glücklich inmitten der traditionellen Gesellschaft. Sodann taucht zum ersten Mal die Idee der Erziehung auf, ein Beiprodukt der Philosophie der Aufklärung, wie wir noch im Abschnitt über Rousseau sehen werden. Etwa zur selben Zeit erschien auch die Schule nach heutigem Verständnis, für Ariès ein Ghetto, eine Art von Quarantänestation, wohin Kinder nun abgeschoben wurden. Nicht länger lebten sie, wie angedeutet, im engen Kontakt mit der ganzen Gesellschaft, sondern eingebunden in Altersgruppen und konzentriert an bestimmten (reichlich freudlosen) Orten, nicht länger in Freiheit, sondern eingezwängt in das Korsett fixer Tagesabläufe.

Gleichzeitig entstand die moderne Familie als Kernzelle der Gesellschaft, eine neuartige Form des Lebens, das sich vordem im öffentlichen Raum abgespielt hatte. Kinderliebe wurde zum neuen Prüfstein der Menschlichkeit, ein heftiges Abschotten des Nachwuchses gegen die Realität setzte ein, eine totale Bestimmung des Kindlichen. Bis zum Ende des 19. Jahrhunderts etablierte sich die Kindheit als eigenständiger Lebensabschnitt mit spezieller Kleidung, speziellen Frisuren, speziellem Essen, speziellen Räumen, speziellen Möbeln, spezieller Literatur usw. bei strikter Trennung von der Welt der Erwachsenen.

Das pessimistische Gemälde, das Ariès entworfen hat, weist allerdings auch einen lichten Fleck auf. Die Konstruktion der Kindheit hat auch zur Entwicklung von wissenschaftlichen Theorien über sie geführt, und damit zu genau der Diskussion, in der wir uns im Augenblick befinden.

Postman, Gutenberg und das Lesenlernen

In seinem viel beachteten Buch »Das Verschwinden der Kindheit«, das in Deutschland zum ersten Mal 1983 erschien, erweitert der US-amerikanische Medientheoretiker Neil Postman (geb. 1931) die These von Ariès von der Erfindung der Kindheit. Auch er geht von der Überlegung aus, dass es bis zum Beginn der Neuzeit (ca. 1500) keine klare Trennung von Erwachsenen und Kindern gegeben habe.

Unter Berufung auf andere Medienwissenschaftler stellt er dabei die Erfindung des Mainzer Goldschmieds Johannes Gensfleisch, der sich nach dem Namen seines Wohnhauses (zum) Gutenberg nannte, an den Anfang der Kindheitsgeschichte. Durch Gutenbergs Entwicklung des Buchdrucks mit beweglichen Lettern um 1440 kam es zu einem rasch wachsenden Angebot an Lesestoff, welches auszunutzen jedoch vorerst unmöglich war – wegen fehlender Lesefähigkeit breiter Schichten. Nach einer gewissen Reaktionszeit erfolgte ab Mitte des 17. Jahrhunderts die radikale Erweiterung und Neuorganisation des Schulwesens, mit festgelegten Schulfristen, nach Alter gestaffelten Lerngruppen und entsprechend häppchenweise verabreichtem Lehrstoff. Hauptziel war dabei, den Umgang mit Texten sicher zu verankern – bei Postman heißt das Literalität. Sie herzustellen ist der Sinn der Kindheit.

Wie Ariès sieht auch Postman die Schule als eine Art von Ghetto, das eine immer striktere Trennung von Kindern und Erwachsenen auf den Weg brachte. Dies ist auch für den Amerikaner der Punkt, an dem die Idee der Erziehung, die aus der zeitgenössischen Philosophie stammte, ansetzen konnte. Und noch etwas konnte entstehen – das Schamgefühl.

Bis ins 17. Jahrhundert hinein gab es kaum etwas, das den Menschen hätte peinlich sein müssen. Erwachsene lebten in so engem (räumlichen) Kontakt mit Kindern, dass jene ungefiltert alle

Neil Postman hält den sicheren Umgang mit Texten für das Hauptziel der Kindheit

Formen von Lebensäußerungen von Beginn an mitbekamen. Das änderte sich mit Aufkommen der Philosophie des Humanismus, der – kurz gefasst – den Menschen in seinem irdischen Hier und Jetzt im Mittelpunkt des Geschehens sah. Zum humanistischen Gedankengut gehörten auch ganz simple Dinge, so u.a. das Konzept des guten Benehmens; Luther kritisiert z.B. die Gewohnheit, beim Gastmahl das Tischtuch zum Naseputzen zu verwenden. Das gute Benehmen wurde schließlich auch von Kindern verlangt, und hierbei stellte sich heraus, dass kindliche »Unarten« gleichzeitig das Lesenlernen behinderten. Fortan gab es für alle Arten des Triebverzichts bzw. -aufschubs (vgl. Kapitel über Freud) ein Ziel: die Literalität. Was Kindern von nun an als Grund, sich zu schämen, nahe gelegt wurde – Zappeln, Unaufmerksamkeit, Dazwischenreden, »Ich hab' Hunger/Durst!, Ich muss mal!« usw. –, störte den Bildungsprozess. Schon vor der Schulzeit trainierte man Kindern solches Verhalten systematisch ab, indem man ihnen ein (künstliches) Schamgefühl systematisch antrainierte.

Postman nimmt auch zur Trennung der Generationen Stellung unter dem Motto »Lesenlernen über alles«. Die Abkopplung des Kinderlebens vom Dasein der Erwachsenen führte nämlich zur Einrichtung von Tabuzonen, die bis heute existieren. Kinder wurden bewusst von bestimmten Aspekten des Erwachsenenlebens ferngehalten, so z.B. von der Sexualität, vom Versagen, von Gewalt und Tod. Wenn sie etwas Handfestes über diese Dinge erfahren wollten, so mussten sie lernen, sich schriftliche Quellen zu erschließen, denn andere gab es kaum. Die stufenweise Enthüllung des Erwachsenenlebens mit all seinen Schwächen und Ungereimtheiten wurde so als lohnendes Ziel aller Bildungsanstrengungen eingesetzt.

Gleichzeitig entstanden aber auch Freiräume für Kinder. Anders als Ariès wertet Postman nämlich die Gegenwelt der Kinder als Reservat des Friedens und der Sorglosigkeit. Der Titel seines Buches, »Das Verschwinden der Kindheit«, deutet die tiefe Skepsis des Autors an; für ihn vernichten die neuen Medien, insbesondere das Fernsehen, Schutzräume, weil sie Tabuzonen igno-

Selbst in Deutschland gibt es noch viele Analphabeten

rieren. Kinder brauchen das Lesen nicht länger zu erlernen, denn Fernsehen informiert vor allem in Bildern, und die können schon von Dreijährigen erfasst werden. Zu diesem Thema nimmt das Kapitel »Ich glotz' TV« noch ausführlich Stellung.

Obwohl Neil Postman sich vor allem als Medienkritiker versteht, hat seine Arbeit im Rahmen einer Debatte zum Thema Erziehung und Bildung dennoch ihren Wert als das, was man in den 70er Jahren einen Denkanstoß nannte. Seine historischen Herleitungen sind zwar nicht immer schlüssig (und teilweise auch widerlegbar), doch seine Thesen zum Lesenlernen, zum Umgang mit symbolisch kodierter Information, bleiben eine deutliche Mahnung in Zeiten, da die Zahl der totalen und funktionalen Analphabeten in beunruhigender Weise zunimmt. Der Anteil der Menschen, die überhaupt nicht lesen können, liegt in Deutschland derzeit bei 4 Millionen, das entspricht erschreckenden 5 Prozent der Gesamtbevölkerung. Funktionale Analphabeten können zwar lesen, sind aber unfähig, selbst einfache Informationen aus Texten zu entnehmen. Ihre Zahl liegt begreiflicherweise erheblich höher als die der total Leseunkundigen.

WIE KINDER SICH ENTWICKELN

In diesem Kapitel soll es um die Entwicklung gehen, um Überlegungen zum Thema, wie Menschen vom hilflosen Säugling zu einer denk- und aktionsfähigen Persönlichkeit mit funktionierenden Kontakten zu ihrer Umwelt gedeihen.

Während die Entwicklung geistiger und spiritueller Fähigkeiten erst relativ spät offensichtlich wird, ist die körperliche Entwicklung des Säuglings zum Kind für die Eltern beinahe täglich nachvollziehbar. Körpergröße und -gewicht verändern sich, Greifen, Krabbeln, Hören, Sehen – all das sind frühe Stationen auf dem Weg vom Säugling zum Kind. Schon früh kommt es zu ersten Gefühlsäußerungen, die sich im Laufe der Zeit, ähnlich wie die Sprachfähigkeit, immer feiner ausdifferenzieren. Diese äußerlich schon früh wahrnehmbaren Veränderungen sollen daher das Kapitel einleiten.

Mit der sich wandelnden Vorstellung von Kindheit, wie sie im vorangegangenen Kapitel beschrieben wurde, begann man im 18. Jahrhundert sein Augenmerk auch auf das Wesen des Kindes zu richten und die Ausprägung bestimmter Fähigkeiten verschiedenen Altersstufen zuzuordnen. Mit Jean Jacques Rousseau werden die ersten theoretischen Grundlagen der Pädagogik gelegt. Seitdem haben viele Wissenschaftler Entwicklungstheorien entwickelt, aus denen wir die – unserer Meinung nach – wichtigsten Lehren ausgewählt haben.

Unsere Auswahl soll dreierlei leisten: Sie soll zeigen, wie sich das Bild des Kindes, die Einschätzung seiner Entwicklung und die Auffassung dessen, was Erziehung sein soll, im Laufe der Zeit bis heute gewandelt haben, sie soll unter Berücksichtigung verschiedener, häufig weit voneinander entfernter Positionen die Entwicklung von Individuen beschreiben, sodass ein möglichst breites Spektrum der Ideen entsteht, und sie soll auch ein wenig Entspannung verbreiten, denn all die hier aufgezählten Theorien sind einmal der letzte Stand der Dinge gewesen. Was sich tatsächlich abspielt, wenn Babys zu Kindern und diese zu Jugendlichen bzw. Erwachsenen werden, darüber wird in nächster Zeit vermutlich keine letzte Klarheit erzielt werden.

Die körperliche und geistige Entwicklung des Kindes

Für die körperliche Entwicklung des Säulings zum Kind lassen sich biologische Merkmale festmachen, die Ausprägung motorischer, emotionaler und geistiger (spirituelle) Fähigkeiten findet in erster Linie über den Kontakt zu Eltern, Großeltern und Geschwister statt. Auf den folgenden Seiten wollen wir diese Aspekte von Reifung, Erziehung und Hineinwachsen in die Gemeinschaft vorstellen.

Die körperliche Entwicklung

Die auffälligsten Aspekte der körperlichen Entwicklung sind das Längenwachstum und die Gewichtszunahme. In den ersten 15 Lebensjahren verdreifacht der junge Mensch seine Körperlänge von durchschnittlich 57 cm bei der Geburt auf 163 cm. Im selben Zeitraum verzehnfacht sich das Körpergewicht auf 51 kg. Mit 5,5 Lebensjahren beträgt die Körperlänge 112 cm, während das Gewicht sich bei 19 kg einpendelt. Bis zum Alter von 8,5 Jahren steigen die Werte auf 129 cm bzw. 27 kg. Während des Wachstums wird der Rumpf zum schwersten Körperteil; bei Neugeborenen ist dies noch der Kopf.

Das menschliche Gehirn nimmt an Gewicht zu, von durchschnittlich 400 g bei der Geburt bis zu durchschnittlich 1245 g bei Frauen und 1375 g bei Männern, und dies bereits innerhalb der ersten 3–4 Lebensjahre. Die unterschiedlichen Gehirngewichte wertete man früher als Beweis der schon vordem vermuteten geistigen Unterlegenheit der Frau – heute wissen wir,

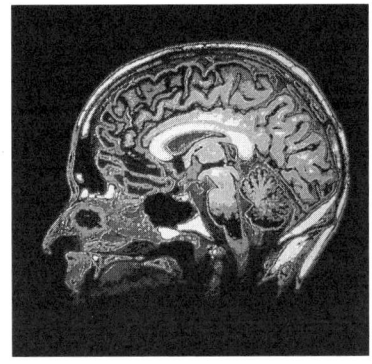

Bis zum vierten Lebensjahr verdreifacht sich das Gewicht des menschlichen Gehirns

dass das Verhältnis von Gehirnmasse und Körpergewicht der maßgebende Wert ist. Das Gehirn ist schon vom ersten Tage an mit allen nötigen Nervenzellen ausgestattet; es werden im Verlaufe eines Menschenlebens nicht mehr. Allerdings verlängern und vergrößern sich die Nerven und bilden bis zum 11. Lebensjahr eine erste Welle von Verbindungen aus, indem sie sich untereinander zu Schaltkreisen verkabeln. Hier liegt, aller Wahrscheinlichkeit nach, die Basis für das rege Geistesleben des Menschen. Ab dem 11. Jahr werden viele dieser Verdrahtungen wieder abgebaut, was aber keinen Verlust an Intelligenz zu bewirken scheint. Die Denkfähigkeit

ist zu diesem Zeitpunkt vollkommen entwickelt. (Zu den von Piaget herausgearbei-
teten Stufen auf dem Wege dahin vgl. Seite 47 ff.) Sämtliche Körperfunktionen, wie
etwa Pulsschlag und Atmung, laufen bei Kleinkindern schneller ab als bei
Erwachsenen. Hier ergibt sich eine spürbare Verlangsamung. Das Skelett ist in jungen Jahren erheblich biegsamer, daher sind Kinder zu den tollsten Verrenkungen in
der Lage. Außerdem heilen Brüche rascher. Bestimmte Knochenkombinationen
sind zuerst nur als Knorpel vorgebildet. Der Grad der Verhärtung (Verknöcherung)
der Handwurzelknochen ist ein wichtiges Merkmal bei der Altersbestimmung.

Die Motorik

Die Motorik, d.h. die vom Willen gesteuerte Beherrschung von Körperfunktionen,
gelingt mit zunehmender Reife immer besser. Dies hat auch mit der Hirn-
entwicklung zu tun. Körperliche Sauberkeit z.B. kann in ganz jungen Jahren einfach noch nicht funktionieren, da die notwendige Verdrahtung von Hirnteilen und
die Verkabelung mit den entsprechenden Muskeln noch nicht existiert. Dasselbe
betrifft die Körperhaltung: Kopfdrehen, Krabbeln, Laufen und schließlich
Dreiradfahren ist erst möglich, wenn Steuerung und Aggregate richtig verknüpft
sind. Hier gibt es große Unterschiede zwischen den Entwicklungsstufen, die immer
noch Anlass für Stolz oder Besorgnis sind. Das verwächst sich jedoch schnell.
Fünfjährige bewältigen sicher eine Treppe, indem sie jede Stufe mit nur einem Fuß
nehmen. Sie beherrschen eine ganze Reihe von motorischen Kunststückchen, z.B.
einbeinig stehen und hüpfen, ohne Schubs schaukeln oder rollen und Purzelbäume
schlagen. Die Händigkeit, das heißt die Bevorzugung einer Hand, lässt sich erst-
mals bei Zweijährigen beobachten. Zum Glück sind wir heute so weit, dass kein
Kind mehr auf das »feine Händchen« umgetrimmt wird ...
    Dass die Leitung vom Gehirn zu den Muskeln endgültig steht, beweist auch die
Beherrschung feinerer Arbeiten. So sind Vierjährige in der Lage, einen Stift wie
Erwachsene zu halten und damit bewusst vorgegebene Zeichen zu notieren, etwa
»einfache« Buchstaben. Angefangen haben sie einmal mit dem Stift in der Faust
und Mal- bzw. Schreibversuchen, die treffend als Hiebkritzeln bezeichnet werden
(ab ca. 18 Monaten). Fünfjährige sind schon in der Lage, einfache Schema-
zeichnungen von Menschen anzufertigen.

Augen und Ohren

Die Entwicklung der sog. Feinmotorik ist untrennbar an die Entwicklung des Sehvermögens gekoppelt. Kinder kommen fast ausnahmslos weitsichtig auf die Welt.

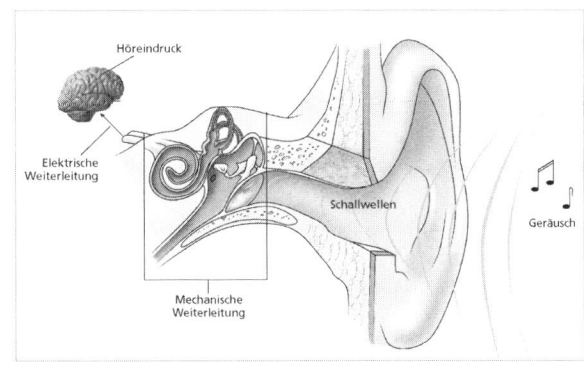

Das kommt daher, dass der Augapfel zunächst zu wenig Tiefe aufweist, um geringere Brennweiten zu erzielen. Normalsichtigkeit stellt sich erst im zehnten Lebensjahr ein, wenn das Auge ausgewachsen ist; bis dahin gleicht die elastische Linse des Auges die fehlende Tiefe aus. Etwa fünf Jahre dauert es, bis beide Augen im Zusammenspiel mit dem Gehirn räumlich sehen können. Dass Kinder entfernte und nahe Dinge zunächst nicht unter einen Hut bekommen, hat also eine organische Ursache.

Das Gehör ist für die Entwicklung ebenfalls von entscheidender Bedeutung, daher sind die Hörbahnen mit ihren feinen Bauteilen bereits bei Dreimonatigen einsatzbereit. Nach ca. sechs Monaten funktioniert auch schon das Richtungshören, denn ab diesem Alter wenden Kinder sich gezielt Geräuschquellen zu. Auch der mit dem Gehör gekoppelte Gleichgewichtssinn steht Kindern unmittelbar bei Bedarf zur Verfügung, wenn sie ca. ab dem 12. Lebensmonat ohne Hilfe zu stehen beginnen.

Wenn die optische Entwicklung bzw. das Gehör gestört sind, kann das für Kinder eine ernste Verzögerung der Gesamtentwicklung zeitigen. Hier sollten Eltern besonders wachsam sein.

Die emotionale Entwicklung

Wie die Einrichtung des Gefühlshaushalts des Menschen verläuft, darüber herrscht (noch) weitgehend Unklarheit. Die vielfältigen Emotionen, zu denen wir fähig sind, sind uns offenbar angeboren, es bedarf jedoch des Umgangs mit anderen Menschen, um sie zum Laufen zu bringen.

Schon vor dem 2. Lebensmonat malt sich oft ein Schmunzeln des Wohlbefindens auf die Züge der kleinen Erdenbürger, das nur von innen kommen kann.

Später lernt das Kind dann die vielen anderen Arten und Einsatzmöglichkeiten des Lächelns kennen. Ab Lebenswoche 20 wird z.B. bei Wiedererkennen bestimmter Bezugspersonen gelächelt, bei anderen nicht. Ab dem 4. Lebensmonat hört und sieht man das erste Lachen. Gelächelt wird übrigens nicht nur bei sozialer Zuwendung, sondern auch in angenehmer Umgebung, was Wärme, Farben und Formen anbetrifft. Hier scheinen die Urgründe des Schönheitssinnes zu liegen.

Warum lächeln Menschen? Die Wissenschaft bietet mehrere mögliche Erklärungen an: es könnte eine durch das Schema des menschlichen Gesichts ausgelöste Reaktion sein, es könnte Freude an sozialem Kontakt sein oder geistiges Vergnügen signalisieren, wenn eine Problemlösung gelungen ist.

Die gegenteilige Gefühlsregung ist das allbekannte Fremdeln, das Zurückschrecken samt Angst vor unbekannten Menschen. Hier klappt dann der soziale Kontakt nicht, und auch die Problemlösung gelingt nicht – das unbekannte Gesicht passt nicht zu den bereits beherrschten Schemata.

Echte Angst ist ein Gefühl, das sehr kleine Kinder nicht kennen. Erst ab ca. dem 3. Lebensjahr kommt sie ins Spiel. Das hängt mit der Identitätsentwicklung zusammen. Zunächst ist das Kind gewissermaßen eins mit der Umwelt; wenn es jedoch ein Bewusstsein der eigenen Person entwickelt, so stürmt die Realität auf es ein. Zunächst handelt es sich dabei um die konkrete Umwelt, d.h. Kinder haben vor realen Dingen Angst, und mit wachsenden kognitiven Fähigkeiten werden all diese Angst auslösenden Sachen nach und nach angemessen eingeschätzt. Angst wird nun verstärkt von eingebildeten oder vorausgeahnten Gefahren ausgelöst, so etwa durch geheimnisvolle Ungeheuer, die unter dem Kinderbett lauern, bis es dunkel wird, um dann zuzuschlagen ...

Auch die Wut wird zumeist im Kontakt mit anderen Menschen ausgearbeitet. Anfangs ist die Unzufriedenheit mit der eigenen Leistung der Auslöser, später kommt die Frustration durch andere Menschen dazu, etwa Geschwister oder Freunde im Kindergarten. Aggression kann auch eine Reaktion auf aggressives Verhalten anderer sein. Zurückhaltung, um solche gerichtete Wut aufzufangen, muss erst gelernt werden. Friedensliebe ist, genau wie das Aggressionsverhalten, stark vom Vorbild der Eltern abhängig – milde Leute haben auch milde Kinder.

Wenn zwei Gefühle miteinander in Wettstreit treten, sind kleine Kinder oft überfordert. Bin ich jetzt wütend, oder möchte ich doch lieber Frieden und Harmonie? Auch das Austarieren mehrerer Emotionen ist ein Prozess. Erst später lernen die Kleinen, Prioritäten zu setzen: Setze ich meinen Kopf durch, und wenn ja, wie lange geht das gut? Okay, ich lenke besser ein. Dies schauen sie von den Eltern ab, und von denen lernen sie auch, dass manche Widersprüche sich einfach nicht miteinander versöhnen lassen.

Gefühle lassen sich weder künstlich erzeugen noch steuern, sie lassen sich ledig-lich oberflächlich verbergen oder vortäuschen. Kinder im Vortäuschen von Gefühlen zu bestärken, geht nicht gut. Wenn Kinder z.B. dazu gebracht werden, Trennungsangst im Inneren zu vergraben, so kann dies dazu führen, dass sie sich zur Unabhängigkeit zwingen. Dies wird aber für eine wichtige Ursache von man-gelnder Konzentrationsfähigkeit gehalten. Stattdessen sollte man sich vielmehr bemühen, zu emotionaler Ehrlichkeit zu ermutigen, um notwendige Entwick-klungsprozesse in Ruhe ablaufen zu lassen. Am besten ist es natürlich, Bedingung-en schaffen, in denen sich positive Emotionen durchsetzen können.

Die Bedeutung echter Emotionen für ein funktionierendes Zusammenleben der Menschen wird erst in jüngster Zeit angemessen durch die Wissenschaft gewürdigt. Sie dienen zum einen dazu, die für Heranwachsende immer größer und vielgestal-tiger werdende Masse der Sozialkontakte so zu strukturieren, dass sie überschaubar bleibt. Ein rein rationales Vorgehen bei der Beurteilung der Mitmenschen wäre eine ziemlich umfangreiche Aufgabe – lasse ich mich von Gefühlen leiten, geht es schneller (und manchmal auch daneben, doch das gehört zum Lernprogramm). Bewusst gelebte Emotionen führen auch dazu, über die Gefühle anderer Menschen nachzudenken und Aktivitäten entsprechend zu gestalten. Wenn das Baby die Mutter anlächelt, unverfälscht und durch und durch wohlmeinend, und jene, gelei-tet von denselben Motiven, zurücklächelt, so taugt diese Form der Kommunika-tion als grundlegendes Modell für jegliches menschliche Miteinander.

Die Sprachentwicklung – vom Lallen zur Literatur

Sprache ist ein System von Symbolen, das einen Umgang mit der Welt ermöglicht, ohne dass man sie ständig zur Verfügung haben muss. In Jonathan Swifts Schilde-rung der Reisen des Lemuel Gulliver lernen wir das Land Laputa kennen, das sich auf einer ständig dahinschwebenden Wolke befindet. Die Bewohner dieses Landes haben einen sehr kleinen Wortschatz; daher sind sie gezwungen, die Dinge, über die sie sich unterhalten wollen, mit sich herumzuschleppen – auf die Dauer ein ziemlich anstrengendes Unterfangen, obendrein ergeben sich thematische Gren-zen. Was soll man z.B. vorzeigen, wenn es um solche Dinge geht wie Freiheit, Fort-schritt oder Entwicklungspsychologie? Zum Glück hat Swift sich das alles nur ausgedacht.

Kinder äußern sich gegen Ende der sensomotorischen Phase zum ersten Mal im weitesten Sinne sprachlich. Was sie dazu befähigt, darüber herrscht weitestgehend Übereinstimmung. Es scheint, als gäbe es bestimmte angeborene Faktoren, sog.

Spracherwerbsmechanismen, die durch Einwirkungen der Außenwelt aktiviert werden. Dafür sprechen u.a. folgende Beobachtungen: Es gibt eine gewisse Übereinstimmung zwischen der Entwicklung der Sprache und der Entwicklung von körperlichen Fähigkeiten, insbesondere auf dem Gebiet der Organisation von Bewegungsabläufen: Die Aneignung von Grammatik und Syntax (d.h. wie muss ich Wörter auswählen und umbauen, damit sie in längere Äußerungen passen) folgt offenbar festen Gleisen, und die Entwicklung ist bei Kindern, die mit verschiedenen Sprachen aufwachsen, ziemlich deckungsgleich. Unklar ist, wie so oft, wie groß der Anteil der angeborenen Fähigkeiten ist bzw. wie einflussreich die Rolle der Umwelt.

Die Entwicklung der Sprache bis zum Verstehen von Literatur ist ein komplexer Vorgang

Die erste Lautäußerung eines Menschen ist der sog. Geburtsschrei, ein mechanischer Vorgang, der aus der Notwendigkeit entspringt, den ersten Atemzug auch wieder von sich zu geben. Doch schon in den ersten Lebenstagen kann man Babys dabei belauschen, wie sie erste Elemente der Sprache produzieren. Anfangs sind es vor allem Selbstlaute (Vokale), doch mit einem Lebensjahr verfügen englischsprachige Kinder bereits über die Hälfte der Laute, die ihre Muttersprache enthält. Die Organe, die an Lautäußerungen beteiligt sind, Lungen, Mund, Zwerchfell usw., werden schon nach sechs Monaten experimentell erprobt, ebenso wie der ganze Rest des Körpers. Bereits in dieser Phase beeinflussen Bezugspersonen das Sprachverhalten: Kinder äußern sich dann öfter und länger, wenn man sich ihnen intensiv zuwendet. Auf Lächeln, Ansprache oder Berührung hin blubbern und lallen sie zurück. Ob dies Konditionierung, soziale Kommunikation oder Assimilation/Akkomodation ist, bleibt Auslegungssache. Festzustehen scheint hingegen, dass sich bereits ab sechs Lebensmonaten Unterschiede hinsichtlich der Sprachentwicklung einschleichen, die sich später nur mit Mühe und Sorgfalt ausgleichen lassen.

Aus den ersten isolierten Lauten werden bald Lautketten, die sich nach einer Stufe des Erprobens unterschiedlichster Tonkombinationen denjenigen der Sprache der Umgebung angleichen. Wie man Laute hervorbringt, scheint das Baby den Bezugspersonen abzuschauen, denn nichtsehend geborene Kinder kommen bei der Aneignung der lautlichen Elemente der Muttersprache ab ca. acht Lebensmonaten nicht mehr mit (hier geschieht der Spracherwerb auf anderen Wegen). Auch gehörlos geborene Babys verlieren in dieser Zeit vorübergehend den Anschluss; sie müssen später andere Mittel anwenden, um kommunizieren zu können.

Gegen Ende des ersten Lebensjahres tritt eine Neuerung ein: Das Kind beginnt, Lautgebilde mit bestimmten Situationen und Gegenständen zu verbinden. Aus solchen Lautgebilden entstehen nach und nach die ersten Wörter, mit ca. 15 Monaten sind es bereits an die fünfzig. Sie bezeichnen nicht nur Situationen, Dinge und Personen, sondern übermitteln auch Gefühlszustände, je nach Lautstärke, Betonung usw. Ein lautes, alarmiertes »Arm!« kann z.B. eindringliches Hilfersuchen in einer risikoreichen Lage sein, ein leiseres, zärtliches »Arm...« kann hingegen heißen, dass das Kind einem Erwachsenen Zärtlichkeiten zuteilen möchte. Wenige Wörter reichen damit aus, vieles auszudrücken, doch besteht die große Neigung, den Wortschatz aktiv zu erweitern (im Sinne einer Angleichung von Schemata). Wenn Kinder auf die Dauerfrage »Was ist das?« vielfältige Antworten erhalten, so erweitern sie auch ihren Wortschatz in vielfältiger Art und Weise.

Unter normalen Bedingungen reicht die Sprachgewalt, die Kindern durch Umwelteinflüsse zuteil wird, aus, d.h. sie können später alle möglichen Situationen sprachlich bewältigen. Zu den Benachteiligungen von Kindern mit kleinem Schatz an Wörtern und Sprachregeln innerhalb von Bildungssystemen gab es lange Debatten; bis heute scheint keine angemessene Lösung dieses Problems gefunden worden zu sein. Nach wie vor erwachsen Kindern, die sich in ihrer engeren Umgebung mit der ihnen zu Gebote stehenden Sprachgewalt perfekt bewähren, in der Schule Nachteile, denn dort herrschen andere Anforderungen. Sprachunterschiede werden als Sprachdefizite aufgefasst.

Doch zurück zur Sprachentwicklung. Aus Einwortsätzen werden zwischen dem 18. und 24. Lebensmonat Zweiwortsätze (Auto putt, Wauwau lieb). Außerdem lernt das Kind sog. Angelpunktwörter, etwa »mehr« bzw. »noch« oder »alle-alle«. Solche »pivot words« (so die englische Originalform) ermöglichen erste Äußerungen zu Dingen, die gar nicht da sind, komplizierter gesagt: Das Kind scheint die Existenz von Nichtexistentem zu begreifen und kann sie versprachlichen – nicht schlecht für einen Zweijährigen ...

Mit der Zeit werden die Sätze immer länger, und je mehr Wörter aneinander gehängt werden, desto mehr bekommt das Kind auch die Grammatik in den Griff. Jeder kennt Äußerungen wie »ich habe geschlaft« oder »ich gehte zur Oma«. Diese Überdehnung von Satzbildungsregeln scheinen sich übrigens nicht auf Korrektur durch erwachsene Bezugspersonen hin zu geben. Sie wachsen sich gewissermaßen im selben Maße von selbst aus, wie Geist und Intellekt wachsen.

Zwischen dem 2. und 5. Lebensjahr durchlaufen Kinder eine Phase hoher Kreativität in sprachlichen Dingen. Sie erfinden Wörter, schwärmen für unsinnige Verse oder bauen unpassende Wörter in Äußerungen ein. Manchmal unterhalten sie sich in einer erfundenen Sprache oder tun wenigstens so. Sie experimentieren mit der

Sprache und eignen sie sich dabei spielerisch an. Wenn man bedenkt, was am Ende dabei herauskommt, muss man zugeben, dass solches Spiel eine echte Arbeitsleistung darstellt.

Mit 5–6 Jahren kommen derlei sprachliche Experimente zum Erliegen. Das Kind hat nun einen angemessenen Vorrat an Wörtern und Regeln, wie man sie verbindet, auf dem es aufbauen kann. Was an grundsätzlichen Kenntnissen noch fehlt, ist die Fähigkeit, über Sprache nachzudenken, über Sprache zu sprechen und Beziehungen zwischen Äußerungen und Inhalten einzuschätzen. Mit Ironie (»Das hast du ja toll hingekriegt!«) können Kinder z.B. kaum etwas anfangen, weil dabei Dinge anders gemeint sind, als der Inhalt des Satzes es vorgibt. Witze, die über die Sprache funktionieren, bleiben Kindern noch lange verschlossen. Und die Frage »Wie lautet die Mehrzahl von...« können Kinder auch erst später beantworten. Die Förderung solchen übersprachlichen Verhaltens fällt im Wesentlichen in den Zuständigkeitsbereich der Grundschule.

Die Entwicklung der religiösen Haltung

Welche Haltung ein Mensch zu Dingen des Glaubens einnimmt, entscheidet sich ebenfalls in ganz jungen Jahren. Dabei muss unterschieden werden zwischen Einstellungen und Gewohnheiten, die vom Kind aus der jeweiligen Umwelt übernommen werden, und dessen eigenen, aus dem Inneren heraus entstehenden Prinzipien. Eine Übernahme von Glaubensgütern verläuft wie folgt: Zuerst werden religiöse Verhaltensweisen nachgeahmt oder anerzogen (Gebete lernen), später lernt das Kind die besondere, auf die Gefühle wirkende Stimmung bei religiösen Akten (Gottesdienst) kennen und schätzen. Je stärker das Umfeld zur Frömmigkeit neigt, desto fester bietet sich auch die Verankerung von grundsätzlichen Haltungen dar: Fromme Eltern haben auch fromme Kinder. Doch auch die Einstellung zur Religion wandelt sich. Werden religiöse Werte anfangs grundsätzlich bejaht, so lässt sich mit zunehmender Öffnung des Individuums zur Außenwelt ein Abrutschen feststellen. Andere Werte treten in den Vordergrund; nach dem (zwangsweisen) Besuch des Konfirmandenunterrichts z.B. sinkt die Häufigkeit von Kirchgängen rapide.

Man hat oft den Eindruck, als bestünde beim Menschen eine Art von natürlicher Veranlagung zur Religion. Das rührt daher, dass Kinder mit 5–6 Jahren dabei zu beobachten sind, dass sie über den Sinn ihrer Existenz nachdenken. Warum bin ich da, woher komme ich, wohin gehe ich – auch kleine Menschen beschäftigen sich mit solchen Fragen. Die Religion bietet bei solchen Problemen durchaus kindge-

Woher komme ich, wohin gehe ich – die Frage nach dem Sinn des Lebens beschäftigt schon Kinder

rechte Lösungen, trifft somit auf passende kognitive Fähigkeiten. Dabei ist nicht gesagt, dass Kinder sich bereits mit dem Übernatürlichen auseinander setzen; dies geschieht jedoch mit ziemlicher Gewissheit in der Pubertät. Dann nämlich kann der junge Mensch dem Zweifel an der Existenz einer höheren Macht nachgehen, an die er bis dahin uneingeschränkt glaubte und bei der er sich gut aufgehoben fühlte. Solche Zweifel beginnen nach und nach zu wirken, entweder führen sie zum Desinteresse an religiösen Fragen oder hinein in eine eigenständige Haltung zur umgebenden Religion, entweder grundsätzlich bejahend oder ablehnend. Im ersten Fall kommt es z.B. so weit, dass der junge Mensch seine persönlichen Auffassungen von Christentum herausbildet, im zweiten Fall tendiert er z.B. zu einer ganz anderen Religion.

Klassische Entwicklungstheorien

Darüber wie sich die kindliche Entwicklung über das bisher Gesagte hinaus vollzieht und wann wie am besten erzieherisch in diesen Ablauf eingegriffen werden sollte, haben sich zahlreiche Wissenschaftler den Kopf zerbrochen. Um den sehr komplizierten Themenbereich der Entwicklungstheorie möglichst verständlich zu machen, haben wir den Versuch unternommen, schwierige Sachverhalte und eine entsprechend abgehobene Wissenschaftssprache in eine allgemein verständliche Darstellungsform umzugießen. Dabei haben wir uns an der historischen Reihenfolge der Themen orientiert und uns natürlich auch einige Kürzungen und Vereinfachungen gestattet. Alles andere würde den Rahmen dieses Buches sprengen.

Das Kind als prächtiges Tier – Rousseau

J. J. Rousseau während seiner Lehrzeit in Venedig, 1744 (Maler unbekannt)

Der französisch-schweizerische Philosoph Jean Jacques Rousseau (1712–78) gilt als erster Theoretiker der Pädagogik. Bevor er auf der Bildfläche erschien, neigte man dazu, das Kind als unvollkommene Ausgabe des Erwachsenen zu betrachten, das, wie ein leerer Topf, nach und nach mit Wissen aufgefüllt werden müsse, ohne Ansehen des Was und des Wie und ohne besonderes Augenmerk auf das Wesen des Kindes. Lediglich der englische Philosoph John Locke (1632–1704) forderte, das Kindliche an sich genauer zu erforschen. Locke ist somit der Einzige, den Rousseau als Ideengeber anerkennt, wenn er konsequent mit der Gefäß-Theorie bricht. In einem seiner drei Hauptwerke, dem Roman »Emile oder Über die Erziehung« von 1762, beschreibt er die ideale Reifung eines erfundenen Knaben, begleitet von einem idealen Erzieher. Rousseau ist hierbei der Erste, der von einer stufenweisen Entwicklung vom Säugling zum Erwachsenen ausgeht, von aufeinander aufbauenden Stadien mit unterschiedlicher Ausprägung von Anlagen und unterschiedlichen Fähigkeiten. Der Erzieher hat dabei lediglich die Aufgabe, ebendiese Anlagen zu wecken und die Fähigkeiten zu fördern. Der Zeit ebenfalls weit voraus mutet bei Rousseaus Beschreibungen der kindgemäße Ansatz an, d.h. Erziehung soll auf das Kind eingehen, nicht das Kind gemäß irgendwelchen Idealen geformt werden. Das heranwachsende Individuum gleicht in seiner Auffassung einer Pflanze, die frei zur vollen Größe und Kraft emporsprießen soll.

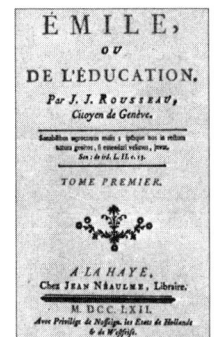

Titelseite der Erstausgabe des »Emile« von Jean Jacques Rousseau

Wenn man an Rousseau denkt, fällt einem zunächst der Begriff vom »edlen Wilden« ein. Dieses Wort fällt im Zusammenhang mit seiner Theorie von der Entstehung von Gesellschaft, an deren Anfang das Ideal einer Menschheit steht, die in völliger Freiheit und im Einklang mit der Natur lebt. Der Naturmensch existiert als starkes Einzelwesen im Urzustand der Selbstliebe, und da alle anderen Menschen genauso leben, herrschen Gleichheit und Freiheit; niemand unterdrückt den anderen, Gesetze sind überflüssig.

Mit Einführung der Arbeitsteilung und dem sich daraus ergebenden Privateigentum ändern sich solcherlei paradiesische Zustände, die Selbstliebe schlägt um in Selbstsucht, da jeder nun den anderen mit mehr Besitz zu übertrumpfen, zu unterdrücken und am Ende zu versklaven versucht. Alle Kultur sieht Rousseau in diesem Prozess als etwas Negatives an, Wissenschaft und Kunst schwächen das natürliche Empfinden für die Sitten, die Justiz legt den Schwachen Fesseln an und gibt den Reichen neue Macht. Luxus schließlich verweichlicht die Menschen, künstliche Manieren führen zur Verlogenheit.

Rousseaus Philosophie gehört zur großen geistigen Strömung der Aufklärung, dem »Ausgang des Menschen aus seiner selbst verschuldeten Unmündigkeit«, wie es der deutsche Denker Immanuel Kant formulierte. Aufklärung heißt, den Verstand zu gebrauchen, selbstbestimmt zu denken und zu handeln, sich nicht von höheren Mächten gängeln und bevormunden zu lassen, ist die Befreiung des Individuums von überkommenen Autoritäten und die Überwindung von Unterdrükkung jedweder Art. Schlüsselbegriffe der Aufklärung, die das 17. und 18. Jahrhundert zunehmend geistig dominiert, sind Vernunft und Freiheit. Radikale gesellschaftliche Umschwünge ereignen sich in ihrem Gefolge, unter anderem die amerikanische Unabhängigkeit (1776), die Französische (1789) und endlich auch die Deutsche Revolution von 1848.

Rousseau hat in dieser philosophischen Symphonie, die zumeist aus Frankreich, England und Deutschland herüberklingt, eine Sonderstimme. Hatten vor ihm noch Überschwang und reformatorische Selbstsicherheit geherrscht, so verbreitet der Schweizer in seinen Schriften in immer stärkerem Maße Skepsis vor zu viel Gutmütigkeit. Er fordert einen starken, von allen Bürgern intensiv in kritischer

Treue getragenen Staat, dessen Organisation durch vielerlei Verträge fundamentiert
sein soll. Rousseau hat dabei bereits eine Demokratie in heutigem Verständnis vor
Augen, die jedoch hart erarbeitet sein will, um die – nicht umkehrbare – Entwicklung weg vom naturnahen Ideal des Menschenlebens und die negativen Auswüchse
der Zivilisation aufzufangen.

Vor diesem Hintergrund entfaltet sich auch Rousseaus kombinierte Entwick-
lungs- und Erziehungstheorie. Gemäß dieser gibt es vier Abschnitte der
Entwicklung von Körper, Sinnen, Geist und Seele, die der Knabe Emile exempla-
risch durchläuft. Im ersten Abschnitt, den Rousseau bis zum 5. Lebensjahr
ausdehnt, soll das Kind vor allem körperlich erstarken; der Erzieher soll dabei
behutsam begleiten, ohne Druck und ohne der Reifung vorzugreifen.

Im zweiten Abschnitt, der bis zum 12. Lebensjahr dauert, stellt das Kind nach
und nach Beziehungen zur Umwelt her. Als günstig beschreibt Rousseau hierbei
ein Leben auf dem Lande, in der freien Natur. Hier schärft der junge Mensch seine
Sinne, entwickelt körperliche Geschicklichkeit, und er lernt, aus direkten
Erfahrungen mit diversen naturgegebenen Lernobjekten die korrekten Schlüsse zu
ziehen. Strafen, bis dahin unabdingbarer und ohne Nachdenken verabreichter
Bestandteil jeder Erziehung, kommen bei Rousseau nicht vor. Das Kind soll direkt
und selbstbestimmt Fehlverhalten erkennen und vermeiden lernen. Berühmt ist in
diesem Zusammenhang die von Emile zerbrochene Fensterscheibe; statt ihn aus-
zuschimpfen oder gar zu verprügeln, lässt ihn der Erzieher von Wind und Regen,
die durch das zerstörte Fenster hereindringen, und dem sich daraus ergebenden
Schnupfen viel wirkungsvoller lernen.

Gegen Ende dieses Abschnittes ist das Kind nun zwar in der Lage, seine Sinne
und seinen Geist angemessen zu gebrauchen, aber es ist noch vollkommen unwis-
send. Zwischen dem 12. und 15. Lebensjahr soll es daher seine geistigen Fähigkeiten
trainieren. Pures Theoriewissen lehnt Rousseau als Bildungsziel ab, vielmehr
beschreibt er die segensreiche Wirkung eines Handwerks, welches das Kind in dieser Zeit als Ergänzung zu den Naturwissenschaften erlernen soll. Aus demselben
Grund ist Emiles Kinderbücherei auch nicht sehr umfänglich bestückt. Was unbedingt gelesen werden müsse, so Rousseau, ist Daniel Defoes Roman »Robinson
Crusoe«, dessen Held als Muster menschlicher Tatkraft die kindliche Fantasie beflü-
geln soll.

Im letzten Erziehungsabschnitt schließlich ist die Einordnung des jungen Wesens
in die Gesellschaft an der Reihe, sollen das sittliche und das religiöse Bewusstsein
entwickelt werden. Der Jugendliche hat nun ein gesundes Selbstvertrauen und eine
natürliche Selbstliebe in sich, daher kann man ihn den schädlichen Einflüssen der
Zivilisation unbedenklich aussetzen, ohne dass er der Selbstsucht anheim fiele. Als

edler Wilder, in diesem Fall als »prächtiges Tier« bezeichnet, aufgebrochen, kommt
Emile so in der Gemeinschaft der Menschen an.

Rousseaus Roman über die Erziehung ist bis heute lesbar geblieben, wenn man
einmal absieht von einem eher feierlichen Stil und dem Umstand, dass manche
Erziehungsepisoden reichlich konstruiert wirken. Seine Ideen und Forderungen
waren revolutionär in einer Zeit, da man Babys z.B. straff wickelte, statt sie sich frei
bewegen zu lassen, und schulische Erziehung von den Kindern vor allem Stillsitzen
verlangte, damit das Lehrpersonal den Topf in Ruhe auffüllen konnte. Wer sein
Kind liebt, der züchtigt es, heißt es sinngemäß bei Martin Luther – man kann
ermessen, welchen Fortschritt Rousseaus Ansinnen, nicht allein nicht zu prügeln,
sondern gänzlich repressionsfrei zu erziehen, bedeutete. Seine Ideen vom spielerischen Lernen, vom Bilden durch die Dinge, von der selbstbestimmten
Wirklichkeitserfahrung sind bis heute aktuell geblieben. Sein größtes Verdienst
besteht jedoch darin, die Forschung und Theoriebildung überhaupt erst angesto-
ßen zu haben.

Einen kleinen Sprung erhält das Bild vom wohlwollenden Pädagogen Rousseau
übrigens durch den Umstand, dass er seine eigenen Kinder, immerhin fünf an der
Zahl, in ein Waisenhaus gab, wohl um häusliche Ruhe für seine philosophischen
Untersuchungen zu haben. Echte Kinder waren ein Störfaktor beim Nachdenken
über eine ideale Erziehung.

Im Kinderland der Triebe – Freud

Die Forschungen des österreichischen Arztes Sigmund
Freud (1856–1939) im Bereich des menschlichen Innenle-
bens hatten ursprünglich wenig mit den Themen
Entwicklung und Erziehung zu tun. Gedacht waren sie
als Grundlage der medizinischen Behandlung psychi-
scher Erkrankungen. Bei der Befragung von Patienten
stellte Freud jedoch fest, dass sich die Ursachen vieler
seelischer Störungen, unter denen Erwachsene leiden,
auf negative Einflüsse während der Kindheit zurück-
führen lassen. Um eine Basis für die Einschätzung
ebendieser Einflüsse zu erhalten, begann Freud eine
systematische Erforschung der frühkindlichen Entwicklung gestützt auf die Selbstauskünfte seiner Patienten
und Studien in der eigenen Familie. Hierbei gelangte er

*Der österreichische Arzt
Sigmund Freud, 1909*

als Erster zu der Erkenntnis, dass der Mensch in vielschichtigen Prozessen des fort-
gesetzten Mit- und Gegeneinander, der dynamischen Interaktion von Kind, Eltern
und Umwelt zum Individuum wird.

Im Verlauf der ersten sechs Lebensjahre durchläuft das Seelenleben eines Menschen drei Instanzen. Zunächst ist das Kind ein Es (das Wort wird zur besseren
Unterscheidung bisweilen mit langem Vokal gesprochen, also Eees), ein Konglo-
merat aus Trieben, aus Ererbtem und Instinktivem. Im Vordergrund stehen
körperliche Bedürfnisse, sexuelle und aggressive Anlagen sind bereits von Geburt
an vorhanden. Das Es bleibt während des ganzen Lebens einflussreich; wann
immer Menschen das Verlangen spüren, ihre Bedürfnisse und Triebe unmittelbar
zu befriedigen, kommt es zum Zuge.

Als nächste Instanz entsteht aus dem Es das Ich, das aus den Sinnen und der
Willensbildung gespeist wird. Das Ich versucht, die Kontrolle über das Es zu erlan-
gen, indem es den Drang nach Triebstillung mit den Forderungen und Regeln der
Wirklichkeit verrechnet und die Triebauslebung entweder vertagt oder ganz unter-
drückt – bestimmte Dinge tut man eben zu bestimmten Zeiten oder in bestimmten
Umgebungen nicht.

Die dritte und wichtigste Instanz ist die des Über-Ichs, das etwa ab dem 6.
Lebensjahr auf die Seele einwirkt. Hier beginnt das Kind, die Ge- und Verbote der
Umgebung aktiv in sein Verhalten einzubauen und sie zu seinen eigenen zu
machen. Solche Anforderungen und Standards kommen übrigens nicht nur von
den Eltern, sondern von der gesamten Umgebung, sodass der junge Mensch in dieser Phase das Regelwerk seiner sozialen Umgebung insgesamt zu verinnerlichen
beginnt. Freud nennt das Internalisierung von Wertvorstellungen. Von nun an
muss das Kind nicht nur seine Triebe mit der Realität in Einklang bringen, sondern
auch noch mit den Werten und Normen der Gesellschaft – das Ich ist ständig
unterwegs zwischen Es und Über-Ich. Korrekt ist das kindliche Verhalten dann,
wenn es die verschiedenen Instanzen miteinander versöhnen kann.

Für das Verständnis der kindlichen Entwicklung ist es nötig, Freuds Lehre von
den Trieben ein wenig genauer zu betrachten. Triebe funktionieren auf biologischer
Grundlage, sie melden sich automatisch, etwa bei Ausschüttung bestimmter Hor-
mone. Der Mensch ist von Natur aus triebgesteuert, er folgt dem von Freud so
getauften Lustprinzip. Das Lustprinzip steht allerdings bisweilen in Widerspruch
zum Realitätsprinzip, dem Regelsatz der das Individuum umgebenden Kultur; es
kommt zur Triebunterdrückung, mit dem das Ich umzugehen lernen muss. Im
Zusammenhang mit dem Thema Entwicklung und Erziehung hat der sexuelle Trieb
(die sog. Libido), den Freud als einen von vier Haupttrieben sieht, die größte
Bedeutung. Freud führt einleuchtend aus, dass der sexuelle Trieb nicht immer

direkt ausgelebt werden kann, dass dies jedoch für das Individuum ein günstiger Umstand sei. Triebkräfte können nämlich von ihren eigentlichen Zielen abgezogen und für andere Aufgaben eingesetzt werden; man spricht in diesem Zusammenhang von Sublimierung – eines der vielen Wörter, die Freud für seine Theorien regelrecht erfunden hat und die heute weitgehend in der Alltagssprache verankert sind. Sublimierung = Triebunterdrückung und Kraftumleitung führen zu hohen Leistungen im geistig-seelischen Bereich.

Siegmund Freud hat deutlich gemacht, dass schon kleine Kinder vom Sexualtrieb beeinflusst werden. Er sieht die seelisch-sexuelle Entwicklung des Kindes in fünf Abschnitte gegliedert, die ihre Namen nach den sog. erogenen Zonen haben, das sind denjenigen Körperteile, wo erotischer Lustgewinn erzielt wird, zunächst natürlich ohne Sexualpartner. Freud nennt das Autoerotik. Die Entwicklung beginnt mit der oralen Phase (den Mund betreffend, 1. Lebensjahr); das Baby empfindet Lust beim Saugen an der Mutterbrust. In diesem Abschnitt ist das Es die übergeordnete Instanz. Es folgt die anale Phase (von Anus = After, 2. und 3. Lebensjahr), in der das Kind Befriedigung spürt, wenn es sich mit seinen Ausscheidungsorganen befasst. Das Aufs-Töpfchen-Gehen wird als lustvoller Akt erlebt, das Produkt mit Interesse und Stolz untersucht (wenn nicht eingegriffen wird). Als dritte folgt die phallische Phase (von Phallus = männl. Geschlechtsteil, 2.–5. Lebensjahr), wenn das Kind mit seinen Fortpflanzungsorganen zu spielen beginnt. In diesen beiden Phasen meldet sich zum ersten Mal das Ich, denn das Kleinkind lernt rasch, dass Spielen mit Töpfcheninhalt und Geschlechtsorganen unangehm auffallen. Die phallische Phase endet mit dem ödipalen Zustand, in dem sich das Kind mit dem gleichgeschlechtlichen Elternteil zu identifizieren beginnt – man kann erraten, dass sich nun das Über-Ich zu Wort meldet.

Die ödipale Phase hat ihre Bezeichnung vom griechischen Sagenkönig Ödipus, der seinen Vater tötete und seine Mutter heiratete; Freud nimmt hierbei an, dass der andersgeschlechtliche Elternteil der erste gewünschte Liebespartner des Kindes sei – dies zu erläutern, würde den Rahmen dieser Einführung sprengen. Entscheidend ist für Freud, dass das Kind die ödipale Phase unbeschadet überstehen muss, sonst drohen Probleme.

Heute geht man – kurz gefasst – davon aus, dass nicht der Abschied aus der ödipalen Phase die wichtige Leistung ist, sondern die Lösung aus der Bindung an die Mutter, die bei Jungen und Mädchen unterschiedlich verläuft: Jungen erleben sie als schockähnlichen Schlusspunkt, was sie in

In den »Drei Abhandlungen« widersprach Freud dem Glauben an die Unschuld der Kinder

lebenslange Schwierigkeiten bringt, wenn es um Bindungen geht; Mädchen trennen sich nicht vollständig, lernen dabei intensiver über Bindungen nachzudenken
und haben damit demzufolge später weniger Probleme.

Der Vollständigkeit halber sei noch die letzte Phase genannt, die bis zum Beginn
der Pubertät mit ca. 13 Jahren dauernde sexuelle Latenzzeit, was etwa mit
Ruhephase zu übersetzen wäre.

Freuds Theorien gelten zum Teil bis heute, wenn auch z.B. seine hartherzige
Einschätzung der Minderwertigkeit der Frau (die, so sieht er es, lieber ein Mann
wäre) nicht mehr akzeptabel ist. Ganz allgemein wirft man ihm vor, den
Bewertungsmaßstab für die Positionen »normal/gestört« zu sehr an seinem eigenen
Umfeld ausgerichtet zu haben, nämlich der plüschig-verstaubten und ziemlich
konservativen Welt des Großbürgertums. Auch lehnt man Freuds Auffassung des
Triebs als zu maschinenhaft ab. Seine Beschreibung der Persönlichkeitswerdung
unter dem Einfluss der bestimmenden Instanzen Es, Ich und Über-Ich und sein
seelisch-sexuelles Phasenmodell sind jedoch gut geeignet, Entwicklungsgrade festzustellen und Muster der Persönlichkeit, etwa das Benehmen von Menschen innerhalb von persönlichen Beziehungen, zu erklären. Darüber hinaus hat er unseren
Blick dafür geschärft, dass bestimmte seelische, geistige und soziale Phänomene in
späteren Lebensabschnitten ihre Wurzeln in der Kindheit haben.

Krise als Chance – Erikson

Zu den Theoretikern, die Freuds Modell der Entwicklung der Persönlichkeit auf-
griffen und ausbauten, gehört der deutschstämmige Amerikaner Erik H. Erikson
(1902–1994). Dieser Freud-Schüler, Psychoanalytiker und Pädagoge sammelte sein
Forschungsmaterial direkt bei Jugendlichen, und zwar in deren natürlichen
Umfeldern. Um eine möglichst breite und variantenreiche Grundlage zu erhalten,
tat er sich u.a. unter jungen nordamerikanischen Indianern um. Daneben bezog
er auch persönliche Erinnerungen in seine Forschung mit ein. Seine ersten Ver-
öffentlichungen stammen aus den 1950er Jahren.

Bei Freud reift die Seele unter Einfluss und im Zusammenspiel zweier Triebe, des
Aggressions- und des sexuellen Triebs, im Widerspruch zur Umgebung; das Kind
erlebt Regeln, Verbote und Tabus (= gänzlich ausgeschlossene Verhaltensweisen) als
Grenzen, die sich bei der Suche nach Befriedigung plötzlich vor ihm aufbauen: Das
darfst du nicht, das tut man nicht! Wenn das heranwachsende Kind nun die
Widersprüche überwindet, indem es sich mit Ge- und Verboten gewissermaßen
arrangiert, dann wird alles gut; wenn nicht, dann ergeben sich Störungen, die bis in

spätere Lebensphasen hinein negative Auswirkungen haben. Hier wollte Freud ja auch in der praktischen Arbeit der Analyse ansetzen. Seine Forschungen und Hypothesen dienten zunächst einmal dazu, seine Patienten zu den Ursachen ihrer Probleme zurückzuführen; auf der berühmten Couch sollten sie entspannt und offen aus ihrer Kindheit berichten, und der Analytiker konnte beim Zuhören die Fehlentwicklungen herausfinden. Hilfe bzw. Heilung sollte sich sowohl aus der Erkenntnis der Ursachen ergeben (Ihre Mutter hat Sie nicht geliebt) als auch aus Tipps zur nachgeholten Überwindung (Es war nicht bös gemeint, sie war ihrerseits Opfer). Krisen in der Entwicklung müssen, so Freud, überwunden werden, sonst führen sie zu Blockaden.

Erikson erweitert zunächst einmal Freuds Betrachtungsfeld; während der Österreicher sein Augenmerk zunächst auf »gestörte« (pathologische) Fälle richtet, beschäftigt sich der Amerikaner auch mit der »gesunden« Persönlichkeit. Und während Freud das Ich zunächst als Instanz der Abwehr und Verteidigung auffasst, die sich mit Niederlagen abfinden muss, sieht es Erikson in einer anderen Rolle, nämlich als aktive Vermittlungsagentur.

Erikson teilt die Entwicklung der Persönlichkeit auf in acht Phasen, wobei er mit seiner Betrachtung wesentlich weiter ins Erwachsenenalter vorrückt als Freud. Im Mittelpunkt der Entwicklung steht dabei der Begriff der Identität, d.h. das Verständnis der persönlichen Einzigartigkeit als Teil eines größeren Ganzen. Hier stockt Erikson Freuds seelisch-sexuelles Modell zu einem seelisch-gesellschaftlichen auf. Von Freud übernimmt er die psycho-sexuellen Phasen, das Modell der biologischen Reifung samt Zeitplan, er wählt allerdings andere, erweiterte Bezeichnungen. Und es gibt bei Erikson nicht einen zentralen Konflikt, bei dem das Ich zwischen Es und Über-Ich vermittelt, sondern eine Kette von Auseinandersetzungen, die sog. Entwicklungs- oder auch Identitätskrisen. Davon gibt es insgesamt acht Stück. Sie bauen sich in jedem Entwicklungsabschnitt auf, erreichen gegen Ende ihren Höhepunkt und werden gelöst (oder nicht). Werden sie gelöst, so kommt es zu einer Weiterentwicklung der seelisch-sozialen Persönlichkeit, bleibt der Mensch seelisch gesund und fähig, mit anderen zusammenzuleben, bleibt dies aus, kommt es zu Störungen.

Für unsere Betrachtung reicht es aus, die ersten fünf Abschnitte des Lebenszyklus in Augenschein zu nehmen. Abschnitt 1, die oral-sensorische (die Sinnesorgane betreffende) Phase, führt in den Konflikt »Urvertrauen gegen Misstrauen«. Die wichtigste soziale Bezugsperson ist hierbei die Mutter. Werden in dieser Zeit die körperlichen (Nahrung, Wärme) und die seelischen Bedürfnisse (Zuwendung) befriedigt, entwickelt sich beim Kind eine generelle Aufgeschlossenheit anderen gegenüber, bei starken Defiziten hingegen entsteht eine allgemeine Scheu (Urmisstrauen); lebenslange Angst und Gehemmtheit in persönlichen Beziehungen können die Folge sein.

Im 2. Abschnitt, der muskulär-analen Phase, steht der Konflikt »Autonomie gegen Scham und Zweifel« im Mittelpunkt. Hierin soll das Kind lernen, seine Muskulatur in den Griff zu bekommen, vor allem dort, wo es um kleine und große Geschäfte geht; schon bei Freud geht es allerdings um mehr, nämlich um Vorgänge wie Festhalten und Loslassen im Allgemeinen. Der Stolz über das selbstständige Beherrschen der Muskeln, die die Ausscheidungen kontrollieren, ist in dieser Entwicklungsphase ein zentraler Punkt. Erfährt das Kleinkind dabei keine Beachtung oder Bestätigung, stößt es z.B. auf Ungeduld von Seiten der sozialen Bezugspersonen, so stellen sich Zweifel ein. Scham entsteht aus dem Eindruck des Versagens, wenn das Kind z.B. als »schmutzig« beschimpft wird.

Die dritte Phase ist die lokomotorisch-genitale, d.h. das Kind erobert seine Umwelt durch selbstständige Bewegungen (Lokomotion = Ortsveränderung); während in Freuds phallischer Phase die Aktivitäten auf autoerotische Vorgänge beschränkt bleiben, sieht Erikson hier ein weiter gespanntes Erkunden. Der Konflikt, der sich dabei einstellt, heißt »Initiative gegen Schuldgefühl«. Beim Toben kann schon einmal ein heiß geliebtes Spielzeug kaputt gehen, und der dauernde Wunsch nach Aufmerksamkeit und die ständigen Fragen nach dem Warum und Wieso können den Bezugspersonen bisweilen ganz schön auf die Nerven gehen. Bekommt das Kind dann die Idee, es habe etwas oder jemanden verletzt, kommt es zu Schuldgefühlen. Diese Schuldgefühle ergeben sich auch aus den ödipalen Gedanken des Jungen für seine Mutter. Hier muss er rasch einsehen, dass er ein Tabu berührt – er schämt sich.

In der Latenzzeit findet der Eintritt in die Schule statt. Hier kommt das Kind zum ersten Mal mit der umgebenden Kultur in Berührung, die es auf seine besondere Weise entdeckt und übernimmt. Der Konflikt »Fleiß (bisweilen auch als Werksinn übersetzt) gegen Minderwertigkeit« kommt immer dann zum Tragen, wenn die Leistungen des Kindes abgewertet werden, wenn es als dumm hingestellt wird und man seine Deutungen der Wirklichkeit als kindisch-unzulänglich abtut. Überwiegt eine solche Haltung unter den sozialen Bezugspartnern, unter denen sich in dieser Phase zum ersten Mal auch andere als die unmittelbaren Verwandten befinden, kommt es zu dauernden Störungen, wo immer es um den Erwerb neuer Fertigkeiten geht.

Am Ende der »klassischen« Kindheit stehen Pubertät und Adoleszenz (= Heranwachsen, 13.–18. Lebensjahr). Hier lauert der Konflikt »Identität gegen Rollendiffusion«. Der Jugendliche arbeitet jetzt an einem Plan seiner selbst (Kleidung, Körperdeko, Ausstattung, Auftreten, Rolle in der Clique usw.), festigt seine geschlechtliche Identität, erweitert sein soziales Umfeld und macht sich auf den Weg hinein in Beruf und Karriere. Misslingt dieses Vorhaben, so kommt es zur Rollendiffusion, was man am besten mit Sichverzetteln oder Sich-nicht-entscheiden-können übersetzt. Aktivitäten bleiben oberflächlich, Einstellungen zu den Dingen bleiben einseitig bis radikal, man flüchtet in Traumwelten oder fällt aus der Gesellschaft heraus, wird zum Drop-out. In dieser Phase werden viele Weichen für die Zukunft – falsch – gestellt.

Auch Eriksons Theorie der Entwicklung hat ihre Gültigkeit teilweise behalten. Seine schlüssige, detaillierte und damit gut nachvollziehbare Beschreibung der jeweils anstehenden Krisen sind eine echte Arbeitsgrundlage für Erzieher und Lehrer. Als Kritik wird allerdings angemerkt, dass Erikson seine Betrachtungen zu stark auf die Welt des US-amerikanischen Bürgertums fokussiert. Er übernimmt typisch amerikanische – und obendrein noch männliche – Mittelschichtstugenden wie Leistung, Eigeninitiative und Unternehmungsgeist (vom Tellerwäscher zum Millionär) als wichtige Indikatoren für Reife. Hat jeder, der es nicht zur Spitze bringt, ein Reifeproblem? Man sieht, auf andere kindliche Umwelten lässt sich Eriksons Zyklenmodell nur bedingt übertragen.

Bestrafen und Belohnen – Watson und Co.

Die auf Siegmund Freuds Schriften zurückgehende Psychoanalyse bekam am Anfang des 20. Jahrhunderts Konkurrenz in Gestalt der wissenschaftlichen Psychologie. Während Erstere als lediglich vermutend abqualifiziert wurde, bemühte man sich bei Letzterer vorderhand um Genauigkeit und Beweisbarkeit. Daher vermieden die hier aktiven Wissenschaftler jegliche spekulative Aussage zu inneren Vorgängen (das Innenleben von Menschen wird als »black box« angesehen, als schwarzer Kasten, in dem man nichts genau erkennen kann) und veranstalteten stattdessen Unmengen an Laborexperimenten zur Gewinnung großer Datenmengen. Man nennt diese Disziplin der Psychologie Behaviorismus (engl.: behavio[u]r = Verhalten), und als ihr Begründer gilt der Amerikaner John B. Watson (1878–1958). Watson fand auch eine lohnende praktische Anwendung für seine wissenschaftlichen Unternehmungen, arbeitete er doch im Bereich der Produktreklame. Wer also aufmerksam Werbefilmchen betrachtet und analysiert, wird dort große Teile der behavioristischen Theorie wiederfinden, denn dort hat sich bis heute nicht viel geändert.

Der Behaviorismus unternimmt keinen Versuch, die menschliche Entwicklung zu erklären, doch sind einige Elemente gut geeignet, menschliches Verhalten oder besser die Veränderung und Erweiterung des Verhaltensrepertoires zu beschreiben, darum sollen sie hier aufgezählt werden. Die behavioristische Psychologie hat auch etliche Aufarbeitungen und Veränderungen erfahren in den Jahrzehnten ihres Bestehens, man spricht in diesem Zusammenhang von Neo-Behaviorismus. Gerade in jüngerer Zeit deutet sich eine Erweiterung durch Konzepte der Theorie des aktiven und bewussten Lernens an.

Das Grundkonzept des Behaviorismus weist aus, dass unter bestimmten Bedingungen die Umwelt Reize auf einen Organismus auslöst, der anschließend darauf reagiert; wissenschaftlich korrekt ausgedrückt ist die Rede von Reiz – Reaktion oder auch Stimulus – Respons. Als Ergebnis ändert der Organismus sein Verhalten, er lernt hinzu oder um. Wie er lernt, das sei anhand von zwei der wichtigsten automatischen Lernvorgänge beschrieben, des instrumentellen und des Lernens am Modell.

Das instrumentelle Lernen, das auch als Konditionierung bezeichnet wird, funktioniert so: Ein bestimmter Reiz ruft bei einem Organismus eine automatische Reaktion hervor, den unbedingten Reflex. Liefert man nun zu diesem ersten Reiz zeitgleich einen zweiten, so erfolgt die Reaktion bald auch dann, wenn man den ursprünglichen Reiz weglässt; es ist ein bedingter Reflex entstanden. Diese Erkenntnis geht zurück auf den russischen Arzt Iwan P. Pawlow (1849–1936), der den Speichelfluss von Hunden vom Anblick eines vollen Futternapfes auf das Klingeln einer Glocke übertrug, das immer zur selben Zeit erscholl wie die Präsentation des Essens. Nach einiger Zeit sabberten die Hunde beim Klingelzeichen – dies nennt man klassisches Konditionieren.

Der russische Arzt J. P. Pawlow entdeckte die Konditionierung.

Zur Erklärung der – etwas komplexeren – Vorgänge des menschlichen Lernens wurde dieser Mechanismus durch den amerikanischen Psychologen B. Frederik Skinner (1904–1990) durch das operante (= sich auswirkende) Konditionieren erweitert. Skinner entschied, man brauche nicht nach Reizen zu fahnden, um Lernen zu ermöglichen. Sein Blick war auf die Umweltreaktion gerichtet, auf die belohnende bzw. bestrafende Konsequenz aus Verhalten. Zeigt ein Kind z.B. irgendein Benehmen, das von der Umgebung nicht geschätzt wird, so wird es getadelt oder bestraft (negative Verstärkung), zeigt es willkommenes Verhalten, wird es gelobt bzw. belohnt (positive Verstärkung). Der junge Mensch wird danach sein Verhalten so zu gestalten versuchen, dass er unangenehme Reaktionen der Umgebung vermeidet.

Hier kommt denn auch eine soziale Komponente ins Spiel, also ein Aspekt von Erziehung. Denn wenn auch bei oberflächlicher Beobachtung die Reaktionen von Erwachsenen auf kindliche Verhaltensweisen spontan und sprunghaft erscheinen, so entspringen sie doch einem fixen Konzept von »richtigem« Benehmen, das dem jeweils Erziehenden nicht unbedingt bewusst sein muss. Wie gut das funktioniert, zeigen nicht nur anspruchsvolle gesellschaftliche Erziehungsziele wie formalisierte Höflichkeit, sondern auch unterschiedliche Verhaltensweisen von Mädchen und Jungen. Hier klappt die Konditionierung auch auf Feldern, die außerhalb des kindlichen Verständnisses liegen. Bei konsequent fortgesetzter Konditionierung sind Kinder schließlich sogar in der Lage, sich selbst negativ oder positiv zu verstärken. Diese Form des Lernens auf Basis von Konditionierung nennt man instrumentelles Lernen.

Auch beim Lernen am Modell geht es um Vorgänge des Verhaltens samt Bestrafung oder Belohnung, doch wird dies nicht aktiv durchgeführt, sondern von Vorbildern (Modellen) übernommen. Ein Kind sieht z.B., dass ein Mitmensch etwas tut, wofür er von einem Dritten positiv verstärkt wird, und tut anschließend dasselbe. Der Begriff stellvertretendes Konditionieren illustriert solche Vorgänge besonders gut. Was geschieht dabei? Entweder übernimmt das Kind das Modell als »komplexen Reiz«, dann spricht man von Imitationslernen, oder es versteht den Sinn der Modellhandlung (Regellernen), oder aber es bietet sich selbst Reize an und bestraft/belohnt sich auch selbst; das heißt dann soziales Lernen mit Selbstverstärkung. Amerikanische Untersuchungen über die Ursachen aggressiven Verhaltens haben gezeigt, dass Kinder, die schon im Vorschulalter viele Gewaltfilme anschauen, dazu neigen, das Verhalten der dort vorgeführten Charaktere zu imitieren, wenn solches Modellverhalten nicht negativ verstärkt wird.

Behavioristische Beschreibungen von Lernvorgängen (man spricht hier auch vom lerntheoretischen Ansatz) nehmen sich für viele reichlich trostlos-mechanisch aus, doch das ist wenig angemessen. Konditionierungsvorgänge sind offenbar in großem Stil dafür verantwortlich, dass ein Kind bestimmte Verhaltensmuster erwirbt, so z.B. alle möglichen Kommunikationsformen, gestisch, mimisch und sprachlich. Und wer je ein Kind bei Rollenspielen beobachtet hat, wird bestätigen, dass Selbstkonditionierung nicht unbedingt etwas Negatives sein muss.

Persönlichkeit durch Kommunikation – Mead

Während die behavioristische Psychologie keine Theorie der Persönlichkeitsentwicklung hervorgebracht hat, beschreibt die Interaktionstheorie, deren Entwicklung insbesondere mit dem amerikanischen Philosophen und Sozialpsychologen George H. Mead (1863–1931) in Verbindung gebracht wird, wiederum das Werden des Individuums.

Mead definiert Entwicklung als zunehmende Fähigkeit, an Handlungssystemen teilzuhaben und teilzunehmen. Bereits sehr kleine Kinder kommunizieren, zunächst mit der Mutter, später mit anderen Bezugspersonen. Unter Kommunikation wird hier nicht nur sprachliches Handeln verstanden; es geht um alle möglichen Botschaften, die auf alle möglichen Arten ausgetauscht werden. Wenn der Papa sich abwendet, weil er nicht mehr mitspielen möchte, dann übermittelt er eben auch eine Botschaft. Aus dem Prozess des Austauschs von Botschaften entnimmt das sich entwickelnde Individuum Punkt für Punkt eine eigene Identität, und weil Kommunikation mehrere Teilnehmer erfordert (sonst ist sie keine), heißt diese Sicht der Dinge soziale Interaktionstheorie. Man spricht auch von symbolischer Interaktion, da die Botschaften zumeist verschlüsselt (= symbolisch) weitergegeben werden, nicht in unmittelbar interpretierbarer Art (etwa in Form eines Schubses).

Säuglinge sind noch nicht in der Lage, zwischen der eigenen Befindlichkeit und derjenigen der Mutter zu unterscheiden. Wenn es der Mutter nicht gut geht, fängt das Baby bisweilen an zu weinen, ohne dass ihm selbst etwas weh tut. Bald beginnt es jedoch, die Reaktionen verschiedener Bezugspersonen, die bei einem Ereignis anwesend sind, zu unterscheiden; es lernt gewissermaßen, dass mehrere Menschen mehrere Blickwinkel haben können. Dies ist jedoch nicht geografisch zu verstehen, denn das Baby kann bereits unterschiedliche Haltungen einschätzen: die Oma reagiert so, die mag das nicht, wenn ich das tue, der Opa hingegen freut sich dabei. Schließlich lernt das Kind auch, die unterschiedlichen Haltungen in seiner Umgebung miteinander zu verrechnen: Oma und Opa zusammen ergeben eine Haltung wie die Oma allein, Opa allein hingegen ist sehr tolerant. Als Höhepunkt des Lernens stellt sich dann die Fähigkeit ein, die Reaktion anderer Menschen auf das eigene Benehmen geistig durchzuspielen, ebenso wie die eigene Reaktion auf das Benehmen anderer. Wenn ein Kind z.B. dasjenige Trostspendeverhalten, das es selbst oft erfährt, auf traurige Erwachsene anwendet, hat es diesen Entwicklungsschritt geschafft. Man spricht hierbei von reziprokem Verhalten, oder anders ausgedrückt, von zurückgereichten Handlungen.

Vom erfolgreichen reziproken Verhalten ist es nur noch ein kleiner Schritt zur Übernahme von Rollen, d.h. zum Durchspielen von anderen als den eigenen Verhaltensweisen, und schließlich zum theoretischen Bewerten des eigenen Verhaltens in Interaktionen aus dem Blickwinkel eines Dritten. Das Kind hat am Ende dieser Entwicklung ein fein ausgearbeitetes Selbstbild, wie wir es schon bei Erikson kennen gelernt haben. Es hat nicht nur festgelegt, wie es sein möchte, sondern auch, wie es von anderen gesehen werden möchte. Die Identität ist fast perfekt, ein umfangreiches Konzept des Selbst; es besteht aus den Komponenten »privates Selbst« (personale Identität) und »soziales Selbst« (öffentliche Identität); als letzte Komponente entwickelt der junge Mensch dann noch ein Zukunftsmodell seiner selbst, wie er selbst gern werden würde und was andere Menschen in dieser Hinsicht von ihm erwarten.

Die Interaktionstheorie lässt sich direkt als Grundlage für Erziehungsprozesse verwenden. Ihre Kenntnis gebietet Aufmerksamkeit und Behutsamkeit. Leider sind entsprechende Konsequenzen noch nicht umfassend in die Theorie des Schulunterrichts vorgedrungen; man kann sich vorstellen, was z.B. das Entdecken einer gravierenden Lücke zwischen der persönlichen und der öffentlichen Identität bei Kindern anzurichten vermag. Der einzige Nachteil der Interaktionstheorie ist, dass sie eben »nur« soziale Prozesse untersucht, nicht die Beziehungen von Kindern zu unbeseelten Gegenständen.

Kinder denken anders – Piaget

Jean Piaget: »Kindliche Entwicklung vollzieht sich in Stufen (...)«

Die wohl umfassendste Theorie der kindlichen Entwicklung stammt von dem Schweizer Psychologen Jean Piaget (1896-1980). Von wenigen Änderungen abgesehen, gelten seine Überlegungen zur Herausbildung des Denkvermögens (und damit des Werdens der Persönlichkeit) bis heute. Er formuliert, dass Entwicklung nicht aus »Auffüllen« besteht, dass nicht Triebe das Handeln bestimmen und dass die Entdeckung der Umwelt nicht als einfache Reiz-Reaktions-Kette abläuft. Ausgehend von genauen Beobachtungen, die 50 Jahre Forscherleben ausmachen und in 50 Büchern (und zahlreichen kürzeren Abhandlungen) ihren Niederschlag fanden, kommt Piaget schließlich zu einer allgemeinen Theorie der Entwicklung, nach der Kinder in ganz eigentümlicher Art die Welt aktiv erkunden und verarbeiten. Bei diesem Vorgang greift das Kind auf besondere Denkmuster und eigene Regelwerke zurück. Muster und Regeln entwickeln sich nach und nach weiter, und auch diese Entwicklung folgt besonderen vorgegebenen Pfaden. Die Disziplin, die sich mit solchen Vorgängen befasst und die Jean Piaget in den 1950er Jahren begründete, heißt kognitive Entwicklungspsychologie (Kognition = Denkfähigkeit).

Am Anfang von Piagets Überlegungen steht die Entdeckung, dass Kinder sich bestimmte Vorgänge ihrer Umwelt ganz anders erklären, als Erwachsene dies tun. Es kommt uns schon ein wenig komisch vor, wenn Kinder z.B. Schnee als verschimmelten Regen interpretieren, wenn sie annehmen, Menschen in einem davonfahrenden Auto würden schrumpfen, weil ja das Auto auch kleiner wird, oder sich Maschinen als von kleinen Männchen bevölkert vorstellen. Genau solche 'Fehler', die man auch heute noch als kindlich-simpel belächelt oder schlicht als falsch korrigiert, sammelte und analysierte Piaget systematisch, um auf Grundlage dieses Materials zu seiner Theorie des sich entwickelnden kindlichen Denkens zu gelangen. Dabei konzentrierte er sich vor allem auf die gegenständliche Welt und auf die Symbolwelt der Mathematik, d.h. wie erschließen sich Kinder Zahlen, Mengen, Verhältnisse usw. In letzter Zeit haben Wissenschaftler Piagets Erkenntnisse aber auch mit Erfolg auf andere Erfahrungsfelder ausgeweitet; so gibt es inzwischen auch kognitive Theorien über die allmähliche Einfügung in soziale Verbände sowie zur Aneignung von Begriffen wie gut und böse.

Piaget geht bei der Entwicklung der kognitiven Fähigkeiten ebenfalls von einem Stufenmodell aus, dessen Phasen in nicht umkehrbarer Reihenfolge verlaufen. Als Antriebseinheit fungiert dabei die aktive Auseinandersetzung des Individuums mit seiner Umwelt, von der es sich auf jeder Stufe ein Bild entwirft, das seinen geistigen Fähigkeiten entspricht, sowie eine Art von Aktionsplan, wie damit umzugehen sei. Bei Piaget heißen solche Auffassungs- und Verarbeitungsvorgänge Schemata (Mehrzahl von Schema).

Die aktive Auseinandersetzung, diese Neigung, die Welt geistig und körperlich in Besitz zu nehmen, ist uns offenbar angeboren. Je weiter die Denkfähigkeit zunimmt (Gehirnentwicklung), desto umfänglicher und vielschichtiger werden auch die Schemata; nach Piaget verläuft diese Entwicklung nicht als konstanter Fluss, sondern in Stufen.

Er unterscheidet folgende vier Stufen:
• die sensomotorische Phase (bis zum 2. Lebensjahr),
• die prä-operationale Phase (ca. 2.–7. Lebensjahr),
• die konkret-operationale Phase (ca. 7.–12. Lebensjahr) und
• die formal-operationale Phase (etwa ab dem 11. Lebensjahr).

Die zweite Phase wird zuweilen noch unterteilt in die Zeit des vorbegrifflich-symbolischen Denkens (ca. 2.–4. Lebensjahr) und die des anschaulichen Denkens (ca. 4.–7. Lebensjahr).

Für unsere Betrachtung sind die beiden ersten Abschnitte von größerer Wichtigkeit, daher sollen die Erklärungen zunächst sie betreffen. Vorher müssen allerdings noch zwei Formen der Anpassung an die Umwelt vorgestellt werden, die in Piagets Konzept vorkommen. Er unterscheidet zwischen Assimilation und Akkomodation. Unter Assimilation (= Angleichung) ist der Rückgriff auf bereits verankerte Denkschemata zu verstehen: Ein Kind hat sein erstes tierisches Mitgeschöpf als Wauwau kennen gelernt, und es wird danach auch andere Vierfüßler als Wauwau bezeichnen. Akkomodation (= sich einrichten) hingegen ist die Einsortierung neuer Informationen in den geistigen Besitzstand, der auf diese Weise langsam anschwillt. Zum Wauwau gesellen sich nach und nach Mukühe, Miaus, Hottehühs usw.

Assimilation und Akkomodation, die übrigens auch Erwachsene betreiben, sind zwei Pole der Anpassung (Adaption), zwischen denen das Individuum hin- und herpendelt; um intellektuell vorwärts zu kommen, muss es bei all dem Pendeln immer wieder zu einem sicheren Standort zurückkehren. Taucht ein neues Ding in der Umgebung auf, versucht der Mensch zunächst, es per Assimilation in Besitz zu nehmen, er pendelt zur einen Seite. Dort wird er allerdings nicht fündig, also pendelt er zur anderen Seite, setzt er einen Akkomodationsprozess in Gang. Um o.g. Beispiel zu verwenden: Ein Kind erkennt, dass das große schwarz-weiße Tier kein Wauwau sein kann, da es viel größer ist, anders riecht und sich lautlich anders äußert, also entwickelt es ein neues Schema (Mukuh) und trennt dieses vom Schema Wauwau ab. Auf diese Weise wird das Bild der Welt immer größer, bunter und echter. Beim dauernden Vergleich von Neuem mit Bekanntem erreicht der junge Geist in der letzten, der formal-operanten Phase die größte Sicherheit. Doch bis dahin ist es ein weiter Weg.

Die sensomotorische Phase

In der ersten Phase existiert beim Menschen begreiflicherweise eine sehr einfache Form der Intelligenz, die sog. sensomotorische Intelligenz. Piaget sieht hier einerseits angeborene Muster am Werk, wenn Sinne und Körper (Sensomotorik = durch

Reize bewirkte Gesamtaktivität der Teile eines Organismus, welche die Sinne und die Bewegungen steuern) des kleinen Menschen mit der Umwelt in Kontakt treten, doch ergeben sich auch schon erste Vorformen von geistiger Tätigkeit. Die Entwicklung reicht über sechs Stufen, die sich allerdings nicht strikt voneinander trennen lassen.

1. Stufe: Reflexe

In den ersten Wochen seines Daseins wird das Verhalten des Kindes fast ausschließlich von angeborenen Reiz-Reaktions-Mustern beherrscht; auf die Brustwarze der Mutter reagiert es mit Saugen. Piaget geht hierbei jedoch schon von einer Assimilation aus, denn Babys neigen bald auch dazu, an anderen Objekten zu saugen. Mit der Zeit werden sie übrigens sicherer beim Saugen, verlieren Brustwarze bzw. Flaschensauger seltener und kommen so zu mehr Nahrung.

2. Stufe: Einfache Gewohnheiten

Schon in den ersten beiden Lebensmonaten kommt es zu Handlungen, die an Übungen erinnern, z.B. das Öffnen und Schließen der Händchen, das Saugen ohne entsprechenden Gegenstand oder aber das Verfolgen von bewegten Dingen (z.B. Lichtquellen) mit den Augen. Solche Aktivitäten sind jedoch immer noch reflexartig, geschehen ohne Ziel.

3. Stufe: Aktive Wiederholung

In dieser Zeit (ca. 4.–6. Lebensmonat) kommt es zu ersten Verknüpfungen und Einordnungen von Schemata: Das Kind ist jetzt in der Lage, Dinge, die es sieht (Schema Wahrnehmung durch die Augen), auch zu ergreifen (Schema Wahrnehmung durch Berühren). Übung macht den Meister, das gilt auch für ganz kleine Menschen, denn das Zugreifen gelingt von Mal zu Mal besser, anders ausgedrückt, die Koordination von Schemata wird sicherer. Außerdem lässt sich beobachten, dass Babys in dieser Phase Verhaltensweisen wiederholen, die zu einem bestimmten Reiz führen, dass sie z.B. immer wieder mit einem akustischen Spielzeug hantieren. Piaget spricht hierbei bereits von Intentionalität, von ersten Ansätzen zielgerichteten Verhaltens.

4. Stufe: Verknüpfung von Mittel und Zweck

Auf dieser Stufe (ca. 8.–12. Lebensmonat) sind Kinder bereits fähig, eine ganze Reihe von Schemata zu koordinieren. Verdeckt z.B. ein anderer Mensch ein Spielzeug mit der Hand, so schiebt das Baby zuerst dieses Hindernis beiseite, um anschließend nach dem Spielzeug zu greifen. Es erkennt also, dass zuerst die Behinderung beseitigt werden muss (Mittelschema, d.h. eine Aktivität wird zwischengeschaltet), damit es an das begehrte Spielzeug herankommt (Zweckschema). Hier liegen die Anfangsgründe des problemlösenden Denkens. Des Weiteren kann ein Baby jetzt ermessen, dass ein nicht sichtbarer Ball dennoch irgendwo vorhanden sein muss – Piaget nennt das Objektpermanenz –, und es sucht diesen. Es hat also ein geistiges Konzept von Dingen seiner Umwelt entwickelt, wenn auch vorerst nur von den sinnlich erfahrbaren (konkreten) Dingen.

5. Stufe: Aktives Experimentieren

Zum Ende des ersten Lebensjahres hin nimmt das Baby verstärkt Kontakt zu neuen Dingen auf. Bisher geschah die Akkomodation, die Differenzierung und Vermehrung von Schemata, eher zufällig, jetzt wird sie regelrecht gesucht. Piaget schildert in diesem Zusammenhang das Experimentieren mit Dingen, die man fallen lässt. Zuerst lässt das Kind dasselbe Ding wiederholt fallen (Reproduktion), dann wird das Ding aus diversen Höhen und von verschiedenen Orten aus abgeworfen bzw. das Kind lässt verschiedene Dinge fallen (Variation). Der kleine Forscher stellt schließlich fest, dass alle Dinge nach unten fallen und auf dem Untergrund ein Geräusch erzeugen.

6. Stufe: Erfinden

Gegen Ende der sensomotorischen Phase (ca. 18.–20. Lebensmonat) kommt es zu einer auffälligen Neuerung im Verhalten des Kindes. Es lässt sich feststellen, dass es nicht länger Verfahren ausschließlich praktisch ausprobiert, sondern neue Verfahren erfindet. Es kann sich z.B. entfernte Dinge mit einem Stöckchen heranholen, ohne dass es dieses je als Werkzeug verwendet hat. Wohl aber hat es bereits mit Stöckchen gespielt. Hier liegt verinnerlichtes Handeln vor. Nach Piaget hat das Kind jetzt bereits große geistige Sicherheit und Beweglichkeit erlangt und legt deshalb ein hohes Tempo sowohl bei Assimilation und Akkomodation als auch bei der Abstimmung von Schemata vor. Außerdem geht er davon aus, dass bereits Anfangsgründe von Vorstellungen vorhanden sind, was er u.a. mit dem einsetzenden Gebrauch von Sprache und ersten symbolischen Spielen (ich spiele, dass ich schlafe) begründet.

Die prä-operationale Phase

Die sensomotorische Entwicklung verläuft Stufe für Stufe, und die Bewältigung jeder Stufe ist entscheidend für das Erlangen der nächsten. Eines führt zum anderen, daher hat man Piagets Konzept auch als »Entwicklungslogik« bezeichnet. In diesem Stil geht es aber nicht weiter. Vielmehr muss in der nächsten Phase, der prä-operationalen (d.h. hier geht es um Vorstufen zu bewusst gefundenen, zweckgerichteten Verfahren), das Denken von Grund auf neu aufgebaut werden. Es reicht nicht mehr, mehrere Wahrnehmungen in Folge mit mehreren Bewegungen in Folge zu koordinieren. Piaget vergleicht die frühe Intelligenz mit einem langsam Bild für Bild ablaufenden Film, bei dem das große Ganze nicht erkennbar wird. Auch das Vorstellungsvermögen befindet sich zunächst, wie wir uns erinnern, nur auf einer Vorstufe; es wird lediglich kurzfristig eingesetzt. Schließlich ist das Individuum nur der sinnlich erfahrbaren Welt verhaftet. Die Dinge, die geistig und körperlich in Besitz genommen werden können, dürfen weder räumlich noch zeitlich allzuweit entfernt sein.

Folgende Fertigkeiten muss das Kind rasch erwerben: Die Komponenten des Denkaktes müssen rascher ablaufen – der Film muss sich schneller abspulen –, es muss den Zusammenhang von Aktivität und Wirkung erfassen und sein Konzept von Raum und Zeit ausdehnen.

Abteilung 1 der prä-operationalen Phase, die vorbegrifflich-symbolische, ist gekennzeichnet durch die Entwicklung des Vorstellungsvermögens. Hier muss kurz eingeführt werden, dass sich Piagets Definition von Vorstellung von der landläufigen unterscheidet. Wenn wir uns etwas vorstellen, versuchen wir, z.B. das Gesicht eines anderen Menschen aus der Erinnerung vor unserem »inneren Auge« erscheinen zu lassen; wir reproduzieren ein Bild (jedenfalls glauben wir das). Piaget schließt, einfach gesagt, auch andere Arten der geistigen Repräsentation in sein Konzept der Vorstellung mit ein.

Das Vorstellungsvermögen ist nach Piaget nicht angeboren, sondern entsteht durch aktive Angleichung der Schemata an Ereignisse der Umwelt. Das Kind erschafft sich durch aktives Kopieren ein inneres Duplikat, das sich zeitlich und räumlich immer weiter vom realen Vorbild entfernen kann. Ein Beispiel soll dies verdeutlichen: Ein Kind kann eine Süßigkeit essen; wenn es nun vorgibt, ein Legostein sei ein Bonbon, dann kopiert es den Vorgang des Essens und verwendet den Legostein als Symbol, gewissermaßen als Stellvertreter eines echten Bonbons, das es irgendwann einmal gegessen hat.

In dieser Zeit setzt auch die Sprachentwicklung ein und nimmt rasanten Aufschwung. Mündliche Anweisungen werden z.B. immer besser verstanden, selbst wenn andere, etwa optische, Reize ablenken. Jeder weiß, wie schwierig es sein kann, Kinder von einem faszinierenden Objekt allein mit Worten wegzubringen.

Am Ende der prä-operationalen Phase, auf der Stufe des anschaulichen Denkens, ist ein Kind fähig, ähnliche Dinge in Gruppen zusammenzufassen (Blumen, Tiere), auch vielschichtige Beziehungen zwischen Dingen bzw. Personen zu verstehen und mit Zahlen umzugehen. Eine besondere Fähigkeit ist der Umgang mit dem Erhaltungsprinzip: Piaget ließ Kinder aus zwei vorgegebenen identischen

Tonmengen Kugeln formen und rollte eine davon zu einer Wurst aus; ab ca. fünf Lebensjahren brachten seine Testpersonen das Kunststück fertig festzustellen, dass Kugel und Wurst gleich viel Ton enthielten. Vorher hatten sie noch darauf getippt, die Wurst enthielte mehr Material. Ohne sinnlich erfahrbare Dinge und beobachtbare Abläufe geht es jedoch noch nicht, das Denken ist auf dieser Stufe »phänomengebunden«. Außerdem kann man bei Denkvorgängen eine gewisse »Eingleisigkeit« erkennen, Denkschritte können nicht unterbrochen oder gar umgekehrt werden. Schließlich ist festzustellen, dass Kinder in dieser Entwicklungsphase nicht ermessen können, dass andere Personen anders denken als sie – ein »Verstehst du das denn nicht?«, an Erwachsene gerichtet, ist also Ausdruck echter Fassungslosigkeit.

Die konkret-operationale Phase
Ab etwa dem 7. Lebensjahr verlässt das kindliche Denken das feste Gleis und die Phänomenbindung. Die Kleinen können nun geistige Handlungen unter- oder abbrechen und haben damit die Grundlage dafür erworben, Probleme unter verschiedenen Gesichtspunkten anzugehen. Das berühmte Experiment mit einer Anzahl Glasperlen und mehreren Gefäßen erläutert diese Neuerung. Ausgangssituation sind zwei niedrige breite Gefäße mit einem gleich hohen Stand an Perlen. Nach dem Umfüllen aus einem der breiten in ein hohes schlankes Gefäß sind Kinder nun in der Lage zu erkennen, dass es sich jedes Mal um gleich viele Perlen handelt (auf der vorigen Stufe neigten sie dazu, im breiten Behälter mehr Perlen zu vermuten), und dafür gibt es auf einmal mehrere Erklärungen: Es ist beim Umfüllen keine Perle verloren gegangen, oder das Gefäß ist zwar schmaler, aber die Perlen stehen höher, oder beim Zurückschütten ins breite Gefäß ergibt sich dieselbe Füllhöhe.

Kinder sind also fähig, mehrere Lösungen eines Problems zu leisten – Piaget nennt das Gruppieren –, doch handelt es sich noch um konkrete Handlungen, d.h. Aktivitäten mit sinnlich erfahrbaren Gegenständen. Abstrakte, d.h. nicht gegenständliche, z.B. schriftlich gefasste Probleme sind, laut Piaget, auf dieser Stufe noch nicht zu lösen; er sieht dies erst in der Macht von Zwölfjährigen. Doch genau hier setzt die Kritik an; dazu später mehr.

Die formal-operationale Phase
In der nächsten Phase, der formal-operationalen (ab ca. 7 Jahren), gewinnt der junge Mensch schließlich nach und nach die Unabhängigkeit von den Dingen und kann Probleme gewissermaßen im Geist lösen. Auch hier nimmt Piaget wieder ein Stufensystem an. Aus anschaulichen Denkvorgängen entwickeln sich über innere

Kopien konkrete geistige Aktivitäten; und im Nachdenken über diese geistigen Aktivitäten (bei Piaget: Operationen zweiter Ordnung) kommt das Kind zur Theoriebildung. Es kann nun, bevor es aktiv wird, geistig durchspielen, welche Möglichkeiten eine Situation enthalten kann; es kann Hypothesen aufstellen. Den Unterschied macht Piagets Pendelexperiment deutlich. Kindern wird dabei die Aufgabe gestellt herauszufinden, welche Umstände die Schwingungsgeschwindigkeit eines Pendels beeinflussen. Kinder in der konkret-operationalen Phase beginnen sofort mit Versuchen, erkennen, dass das Pendeltempo mit Gewicht und Länge des Pendels zu tun haben müsste, und verändern beides. In der formal-operationalen Phase beginnen Kinder mit einer grundsätzlichen Überlegung (es hängt davon ab, wie schwer das Gewicht und wie lang die Schnur ist) und wenden das aktive Experiment zur Bestätigung ihrer Vermutung an.

In diesem Entwicklungsabschnitt können Kinder induktiv vorgehen, d.h. sie erkennen aus mehreren Einzelfällen heraus die Regel, die dahinter steckt, und sie beherrschen die Deduktion, d.h. das Schließen von einer bekannten Regel auf einzelne Phänomene. Dies sind die Grundlagen des wissenschaftlichen Denkens. Und sie haben noch etwas drauf, nämlich bei Gesprächen nicht länger nur auf den Inhalt zu achten, sondern auch schon zu erfassen, wie der Gesprächspartner argumentiert. Sie lassen sich überzeugen, und sie können auch schon selbst überzeugen. Sie sind fähig, über sich selbst, über ihre eigenen Gedanken und über die anderer Menschen nachzudenken. Im Prinzip ist nun die Denkfähigkeit auf ihrem endgültigen Stand angekommen.

Begreifen durch Be-Greifen – Bruner

Der amerikanische Psychologe Jerome Bruner (geb. 1917) hat sich eingehend mit Piagets Arbeit befasst und einige Ergänzungen beigesteuert, die für die erzieherische und schulische Praxis von Bedeutung sind. Bruner experimentierte zwar ähnlich wie sein schweizerischer Kollege im Namen der Wissenschaft, war jedoch auch lange Zeit im Auftrag des US-Unterrichtsministeriums tätig und stieß in dieser Funktion diverse Reformprojekte im Bereich der Schule an. Das noch immer hochgehaltene Ideal des »entdeckenden Lernens« geht letztlich auf ihn zurück.

Für Piaget entwickelt sich das Denkvermögen in Aneignungsprozessen zwischen Kind und Umwelt. Bilder und Aktionspläne werden entworfen, verbessert, erweitert, kombiniert und umorganisiert, bis sie zu unbekannten Umweltbedingungen passen. Die Entwicklung verläuft dabei, wir erinnern uns, von einfachen Schemata hin zu komplexen Strukturen. Kinder fassen die Welt – vereinfacht ausgedrückt –

erst später als große Einheit auf, zunächst existieren für sie nur Einzelteile, Schemata eben. Die Fähigkeit zum Zusammenfügen der Schemata entwickelt sich gewissermaßen von selbst, ähnlich wie ein Programm, das nach und nach abläuft.

Auch Bruner geht davon aus, dass die Denkfähigkeit sich stufenweise entwickelt. Für ihn bricht das Entwicklungsprogramm jedoch nicht auf einem bestimmten Niveau ab, dann nämlich, wenn die jeweils mögliche Denkfähigkeit voll entfaltet ist. Für ihn hat das Programm ein ganz bestimmtes Ziel, und zwar Menschen (gleich welchen Alters) zu befähigen, ihren Willen durchzusetzen.

Während bei Piaget z.B. die Fähigkeit, mit der Hand etwas zu ergreifen, durch Kombination mehrerer Schemata heranwächst, die wenig miteinander zu tun haben, sieht Bruner das Greifen als mehr oder minder direkt angesteuertes Ziel. Das Kind vollzieht gewissermaßen ein Programm an Übungen, verfeinert seine Aktionen, lässt überflüssige Bewegungen weg und erreicht am Ende seine Bestimmung. Die entwickelte Fertigkeit des Greifens führt das Kind auf die nächste Stufe. Fortan ist es in der Lage, seinen Nahbereich in Besitz zu nehmen, mit den Händen nämlich. Über das Greifen kommt es zum Be-Greifen. Bruner präsentierte Kindern in einem Versuch zwei oder drei Spielzeuge kurz nacheinander; Siebenmonatige ließen das Spielzeug fallen, das sie gerade zum Munde führen wollten, und griffen nach dem zweiten; Zwölfmonatige nahmen das zweite Spielzeug in die freie Hand, und Achtzehnmonatige hielten in jeder Hand eine Spielsache und klemmten sich die dritte unter den Arm. Für Bruner war dies der Beweis dafür, dass Kinder auf dem Wege, das Greifen zu optimieren, auch mit Vorstellungen besser zurechtkommen, dass sie in dem geschilderten Fall das geistige Konzept »Einzahl gegen Vielzahl« in den Griff bekamen.

Bruner beschäftigte auch die Frage, wie Menschen in verschiedenen Entwicklungsstadien Bilder und Aktionspläne innerlich darstellen und speichern. Er fand dabei drei Stufen, die enaktive, die ikonische und die symbolische. Auf der enaktiven Stufe wird der Umgang mit der Welt quasi pantomimisch gedacht und erinnert. Radfahren verlernt man nicht, heißt es dazu im Sprichwort – machen können wir es, aber beschreiben können wir es nicht. Dieser

Über das Greifen mit der Hand kommt es zum Be-Greifen der Welt, so J.B.Bruner

Einschub deutet darauf hin, dass auch im späteren Leben bestimmte Dinge enaktiv gespeichert (und auch reproduziert) werden. Auf der nächsten Stufe erfolgen innere Darstellung und Erinnern zumeist in Sinneseindrücken; Kinder merken sich Helligkeit/Dunkelheit, Farben, Töne usw. Auch Erwachsene haben ein ikonisches Gedächtnis. So löst z.B. der Geruch von Bohnerwachs bei vielen (unangenehme) Erinnerungen an Schule aus. Die enaktive und die ikonische Stufe decken sich weitgehend mit der von Piaget beschriebenen Abfolge. Auf der letzten Stufe schließlich ist der junge Mensch fähig, in Ideen zu denken, er braucht dazu weder die Dinge noch die Wahrnehmung. Inneres Weltbild und Erinnerung können aus purer Information bestehen.

Konzepte von Gut und Böse – Kohlberg

Ein anderes Untersuchungsfeld Piagets und seiner Schüler ist die Ausbildung von moralischen Haltungen im weitesten Sinne. Was gut und was böse ist, erwerben Kinder nämlich auch stufenweise. Dabei hat der amerikanische Piaget-Nachfolger Lawrence Kohlberg (1927–1987) das umfassendste Entwicklungsmodell vorgelegt. Geht es nach ihm, so verläuft die Ausprägung von sittlichen Normen unumkehrbar und eines aus dem anderen hervorgehend über drei Stufen hinweg: Zuerst orientiert sich der Mensch an eigenen Bedürfnissen, sodann an übergeordneten Vereinbarungen und tritt schließlich ein in die Phase der Verschmelzung geltender Gesetze mit selbst gewählten Regeln und Ansichten. Jede Stufe ist in zwei Unterstufen aufgeteilt. Auf Stufe 1 (gefunden bei Zehnjährigen) orientiert sich der junge Mensch zunächst an Strafe und Gehorsam (das darf ich, das darf ich nicht) und setzt dann das eigene Wohlergehen als Ziel ein (wenn ich das lasse, bekomme ich keine Schwierigkeiten), auf Stufe 2 (z.B. bei einem Siebzehnjährigen) bemüht sich das Kind zunächst um gute Beziehungen zu den Erwachsenen (ich will tun, was »die« wollen), um sich anschließend allgemeinen Regeln zu fügen (das zu tun, ist gegen das Gesetz) und auf Stufe 3 (gefunden bei einem Vierundzwanzigjährigen) kommt es nach der Einschätzung der eigenen Rolle und derjenigen anderer Menschen innerhalb eines Regelwerks (ist ein Ladendieb nicht auch Opfer?) schließlich zu ganz persönlichen Grundsätzen des Gewissens (ich komme nach reiflicher Überlegung zu dem Entschluss, mich in diesem Fall gesetzwidrig verhalten zu müssen).

    Untersuchungen haben erbracht, dass die Mehrzahl der Menschen die zweite Stufe nicht verlässt, und sie haben auch angedeutet, dass eine Erziehung, in der Verbote und Strafen eine vergleichsweise geringe Rolle spielen, zu größerer Reife beim moralischen Urteilsvermögen von Erwachsenen führt.

Zusammenfassung und Ausblick

Wenn man die Vermutungen, Untersuchungen und Bemerkungen zum Thema
»Wie entwickeln sich Kinder« in Augenschein nimmt, so stellt man – zumeist ein
wenig resigniert – fest, dass es keine letztlich und endlich gültige Sicht der Dinge
gibt. Man blickt auf uneinheitliches Stückwerk, auf unterschiedliche, gleichwohl
mosaikhafte Darstellungen, die sich in Teilen sogar zu widersprechen scheinen.
Daraus kann nur eines folgen, nämlich in der Erziehung ein möglichst buntes
Grundlagengemisch walten zu lassen. Dies geschieht selbst in der Fachliteratur, wo
man z.B. bestimmte Phänomene innerhalb eines Kapitels sowohl aus der einen
wie aus der anderen Perspektive beleuchtet und zuweilen noch einen dritten
Blickwinkel bemüht. Die Psychoanalytiker (wie Freud und Erikson) sagen dies, die
Lerntheoretiker (Watsons Nachfolger) sagen das und die Kognitionspsychologen
(Piaget, Bruner usw.) sagen jenes. Komplette, alle Strömungen zusammenfassende
Theorien gibt es nicht, allenfalls handelt es sich um mehr oder minder grobe
Verknüpfungen, z.B. als Niederschrift der Bilanz eines Forscherlebens.

Das heutige Bild vom Kind und seiner Entwicklung fällt wie folgt aus: Es gibt
eine von innen heraus entstehende Reifung der Kognition, d.h. es entsteht ein sich
wandelndes Bild der Welt und ein sich daran orientierendes, ebenfalls fortschrei-
tendes Reaktions- und Handlungsgerüst (die sog. endogenen Faktoren), während
gleichzeitig die psycho-soziale und die emotionale Entwicklung von außen beeinflusst werden (die sog. exogenen Faktoren). Das sich ausprägende Reaktions- und
Handlungsgerüst zielt ab auf die Aneignung der Welt in ihren greifbaren (materiel-
len) und in ihren auf Vereinbarungen zwischen den Menschen beruhenden
(symbolischen) Eigenschaften. Das Denk- bzw. Aneignungsvermögen, die Wahrnehmung der eigenen Identität und der übrigen Menschheit sowie die Welt der
Gefühle entwickeln sich parallel und greifen bei dieser Entwicklung ineinander.
Dabei werden die von außen wirkenden Faktoren mit zunehmender Reife des Kindes immer wichtiger, und hier kommen nun die sog. Kontrollmechanismen ins
Spiel. Kontrolle klingt in diesem Zusammenhang recht autoritär, sie ist aber etwas
absolut Normales, nämlich die Anleitung, Motivation und Einschränkung während des Entwicklungsprozesses. Zu den Kontrollformen zählen auch die anre-
genden und fördernden Aktivitäten von Menschen, die am Erziehungsprozess
beteiligt sind. Kontrolle ist das zentrale Thema des zweiten Teils dieses Buches.

Bei Anregung und Förderung gilt die Faustregel: je mehr, desto besser, und zwar
auf allen Feldern der Entwicklung. Da wäre zunächst die Dingwelt, in der das Kind
heranwächst, dann die immer größer werdende Gemeinschaft der Menschen
(Mutter, restliche Familie, Verwandte, Nachbarschaft, andere Kinder), mit denen

das Kind in Berührung kommt, und – am wichtigsten – das Kind in seinen altersgemäßen und individuellen Eigenheiten. Dieses kindliche Selbst entzieht sich der Vorhersage wie der Planung, und es entzieht sich einer Bewertung nach Maßstäben der guten Sitten, denn all dies kommt von Erwachsenen, und die leben letztlich und endlich in einer Welt, die von derjenigen der Kinder getrennt ist. Kinder sind keine unvollkommenen Erwachsenen; ihr Kosmos ist in überaus beruhigender Weise vielschichtig, abwechslungsreich und voll von überraschenden Wandlungen. Und die Kinder sind absolut in der Lage, diesen Kosmos vollständig auszunutzen. Die Rolle der Erziehung besteht darin, Kinder in diesem Kosmos zu belassen und sie gleichzeitig unter Berücksichtigung dessen, was sie wesensmäßig »verkraften« können, in andere, für sie unbekannte Welten zu führen. Bewahren und verändern, so lautet das Motto.

KINDERWELTEN AM BEGINN DES DRITTEN JAHRTAUSENDS

An dieser Stelle unserer Betrachtungen ist es angezeigt, einen kurzen Blick auf die Bedingungen zu tun, unter denen sich Aufwachsen heute abspielt. Innerhalb der letzten 25 Jahre haben sich in der Welt, im Großen wie im Kleinen, dramatische Veränderungen eingestellt. Wer hätte um 1975 vorauszusagen gewagt, dass es eines Tages das Internet gäbe, Kurzurlaube auf anderen Kontinenten, Energy-Drinks, Kosmetikartikel für Dreijährige, Computerspiele für die Hosentasche, Fernsehsendungen für Zweijährige auf Dutzenden von Kanälen rund um die Uhr. Wer hätte es damals für möglich gehalten, dass schon Vierjährige einen vollen Terminkalender haben, dass Kinder von Tätowierungen träumen, dass man erwägt, 14-Jährigen den Discobesuch zu gestatten, usw. Die Welt der Kinder sieht heute ganz anders aus, und es gibt nicht wenige Mitmenschen, die dies als Bedrohung empfinden.

Nun kann man zwar – im weihevollen Gedenken an J. J. Rousseau – irgendwo auf einem Einödhof siedeln, ohne Kanalanschluss und ohne Strom, und seine Kinder so lange selbst erziehen, bis sie den Anfechtungen der modernen Welt gewachsen sind, um sie dann ihrer Wege ziehen zu lassen. Gewiss ist es auch ein Gewinn für Kindergruppen, wenn fernseh- oder computerlos aufgewachsene Mitglieder darunter sind, die des öfteren ungewöhnliche und fruchtbare Impulse geben. Als Problemlösung für die breite Masse ist Abkapselung jedoch ungeeignet, und außerdem gibt es da noch die Schulpflicht, über welche die deutschen Behörden nicht mit sich diskutieren lassen.

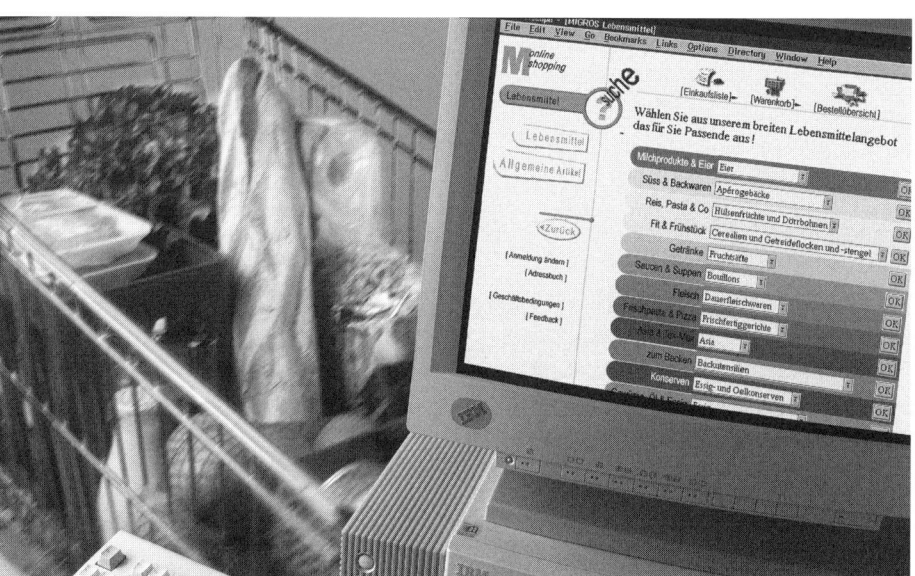

Der Einfluss von Computern und Medien prägt die Kinderwelt am Beginn des dritten Jahrtausends

Die Veränderungen müssen nicht zum (zusätzlichen) Trennfaktor zwischen den Generationen geraten, wenn man sie kennt. Wir wollen daher in unserem Überblick die entscheidenden Punkte vorstellen. Wir haben es in erster Linie zu tun mit Neuerungen in der mit den Sinnen zu erfahrenden Welt, mit anderen Formen der Darstellung dieser Welt und mit veränderten Bedingungen und Erscheinungsformen der Erziehung.

Und dann wäre da noch der wichtige Punkt, nämlich dass geänderte Umweltbedingungen in einigen Fällen der Aufarbeitung durch Erziehung bedürfen, damit wichtige Erfahrungen in einer den Kindern angemessenen Art und Weise ablaufen können. Wenn entscheidende Elemente des Weltwissens unter den Bedingungen, die heute als normal gelten müssen, nicht zur Verfügung stehen, muss man sie halt auf eigene Faust beibringen, zum Wohl der Kinder.

Familie heute

Die auffälligsten Veränderungen im Bereich der Sozialisation betreffen die Familie, oder vielmehr das, was davon übrig geblieben ist. Aus den altertümlichen Hausgemeinschaften, die z.B. rings um Adelssippen oder auf großen Bauernhöfen existierten und zu denen eine Vielzahl von Menschen gehörte, die nicht unbedingt miteinander blutsverwandt waren, entstand etwa ab dem 19. Jahrhundert die bürgerliche Großfamilie mit ihren drei Generationen unter einem Dach. Die Familienmitglieder hielten es auf Basis gefühlsmäßigen Gleichklangs miteinander aus, lebten also nicht wie vordem als Erwerbskollektiv. Männer und Frauen nahmen ganz unterschiedliche Rollen wahr, Haushalt und Kindererziehung oblagen dabei dem weiblichen Familienzweig, die Männer gingen hinaus ins feindliche Leben, sorgten für den Unterhalt und bestimmten, was geschah. Solche »herkömmlichen« Drei-Generationen-Familien gibt es auch heute noch, doch haben sich daneben andere Formen etabliert, als da wären Eltern-Familien (zwei Generationen unter einem Dach) und Ein-Eltern-Familien. Der Wechsel zwischen den Familienformen ist heute ebenfalls nichts Ungewöhnliches mehr, etwa durch »nachträgliche« Eheschließung oder Scheidung.

Neben der Drei-Generationen-Familie haben sich auch andere Formen von Familie durchgesetzt

Immer mehr Kinder wachsen ganz selbstverständlich mit einer berufstätigen Mutter auf

Geänderte Begleitumstände des Aufwachsens ergeben sich auch aus der Aufgabe der traditionellen Geschlechterrollen. 1999 waren ca. 50 Prozent der Mütter berufstätig, sodass also die Hälfte aller Kinder teilweise ohne dauernde elterliche Betreuung war. Die Väter spielen eine zunehmend größere Rolle bei der Erziehung. Zehn Minuten spielen nach Feierabend oder kurz Gute-Nacht-sagen ist nicht mehr.

Noch eine Veränderung ergibt sich aus dem Wandel der überlieferten Geschlechterrollen, dass nämlich bis zum ersten Kind immer mehr Zeit verstreicht. Vor allem dann, wenn Frauen (und auch Männer) anspruchsvollere Ausbildungen absolvieren und einige Zeit brauchen, sich in einem Tätigkeitsfeld zu etablieren, kommt es zu Erstgeburten weit jenseits der dreißig. Solchen »alten« Eltern wird aus den verschiedensten Gründen ein starker Hang zur Überbehütung nachgesagt und – weil es sich eben sehr oft um Studierte handelt – eine weltfremd-durchgeistigte und allgemein zu »zaghafte« Haltung in Erziehungsfragen. Aber, mal ehrlich, wäre das so schlimm?

Bleibt noch der Wandel bei der Familiengröße zu erwähnen: 1999 hatten 50,5 Prozent aller Familien ein Kind und 37,1 Prozent zwei Kinder. In den restlichen Familien lebten drei und mehr Kinder.

Für viele ist es wohl erstaunlich, aber veränderte Familienstrukturen haben keinen nennenswerten Einfluss auf die Entwicklung. Einzelkinder zeigen z.B. bei Kompetenzen wie Selbstbewusstsein, Teamgeist, Verantwortungsbereitschaft oder Schulleistungen keine Differenzen im Vergleich mit Geschwisterkindern, und dasselbe trifft zu auf den Vergleich von Kindern aus Ein-Eltern-Familien mit solchen aus ehelichen bzw. quasiehelichen Gemeinschaften. Es zeigt sich lediglich, dass ein Wechsel der Familienform eher negative Auswirkungen zeitgt als ein andauerndes Leben als Einzel- oder Single-Kind. 1999 gab es in Deutschland übrigens etwa 15 Prozent Scheidungskinder unter 18 Jahren. Eine außerfamiliäre Betreuung, etwa durch Tageseltern, scheint sich obendrein positiv auf die psycho-soziale Entwicklung auszuwirken; die so aufwachsenden Kinder sind sehr oft eine echte Bereicherung für alle Arten von Gruppen. Etiketten für Einzel- und Single-Kinder, wie etwa »Konsumkind mit Anpassungsproblemen«, stellen sich in der Regel als Vorurteil heraus.

Head-Start-Kindheit

Eine problematische Entwicklung ist dennoch mit dem Wandel der Familienstruktur ins Land gekommen. Zu Zeiten der Hausgemeinschaften waren Kinder quasi mengenmäßig eingeplante Faktoren, um den Wohlstand des Hauses zu erhalten und zu mehren. Seit Existenz der bürgerlichen Ehe sind sie nun um ihrer selbst willen da, eine Verbindung definiert sich gewissermaßen durch sie. Und hatte man früher noch als letzte Bestimmung der Erziehung die 'Wohlgeratenheit' der Sprösslinge im Visier, so treffen wir in letzter Zeit in immer stärkerem Maße auf ein anderes Ziel: die perfekte Sozialisation. Unter einer perfekten Sozialisation kann man zweierlei verstehen, nämlich erstens eine möglichst reiche, sorglose und glückliche Kindheit, aber auch eine Kindheit, die in effizienter Art und Weise durch Leistung auf Leistung vorbereiten soll.

Dass Eltern ihre Kinder schon frühzeitig auf alle möglichen Karrieren trimmen und dabei alle möglichen wissenschaftlichen oder quasiwissenschaftlichen Methoden oder Helfer bemühen, ist heute leider eine Tragödie, die öfter auf dem Spielplan steht. Ziel bei solchen vorbereitenden Aktionen ist der Head-Start, ein Rennbeginn für die Kleinen von der Spitze des Teilnehmerfeldes aus. Damit soll ihnen später ein Platz in der Toplage der gesellschaftlichen Rangordnung ermöglicht werden. In den elterlichen Köpfen spukt immer noch der Abglanz von Musterkarrieren herum, wie sie z.B. von gut verdienenden Tennisprofis absolviert wurden. Sportgeräte, Schachbrett und Laptop sind die Zeichen solcher Planungen, Freiwilligkeit von Seiten der Kinder eher nicht. Dies ist eine gefährliche Form der Wunschübertragung von Eltern auf die Kinder. Leistungsverweigerung und Schulstress, unter dem ca. 40 Prozent aller deutschen Schulkinder leiden, sind nicht zuletzt auf solche geplanten Superkindheiten zurückzuführen.

Neues Hier, neues Jetzt

Während sich früher das Leben der Kinder weitgehend im Freien abspielte, stellt man heute einen Trend hinein in die elterliche Wohnung oder ins Kinderzimmer fest. Es wäre wohl absurd, einem Großstadtkind Stubenarrest anzudrohen, es vollzieht ihn oft genug freiwillig. Leider sind Kinderzimmer immer noch relativ anregungsarm, trotz der Menge an Spielzeug, das sich darin findet, und ebenso anregungsarm sind viele Wohnquartiere. Richtige Kindertrüppchen, die lärmend durchs Gelände streifen (deren Areale daher als Streifräume bezeichnet werden) und dabei, über das Dabeisein in der Gruppe selbst hinaus, wichtige neue Erfahrungen machen, gibt es eigentlich nur noch auf dem Lande. Straßensozialisation, früher unabdingbarer Teil des Aufwachsens, wird beschränkt, denn die Straße selbst ist nicht nur zum ereignisarmen Ödland heruntergekommen, sondern zum lebensbedrohenden Ort geworden – dank des nie versiegenden Autostroms. Kaufhäuser, noch vor dreißig Jahren ein Ort, an dem selten gesehene Wunder sich ballten, werden zum alltäglichen alternativen Aufenthaltsort, ihr Besuch zur eigentlichen Freizeitaktivität.

Früher erweiterten Kinder ihren Aktionsraum behutsam, in langsam sich dehnenden Kreisen mit dem Zuhause als Ausgangs- und Rückkehrstation und auf eigene Faust. Die Kognitionspsychologie (Piaget und Bruner) geht aus von einer allmählichen Erweiterung von Erfahrungs- und Aktionsraum, die parallel zur Ausweitung des Denkvermögens verläuft. Heute gibt es keine Chance mehr auf kindgerechte stufenweise Umwelterschließung. Autos, Superschnellzüge und Flugzeuge bringen schon ganz kleine Menschen ganz weit weg. Raumerleben findet im Vorüberrauschen statt. Für Stadtkinder (immerhin 60 Prozent – Rousseau rotiert im Grabe ...) gerät die Eroberung des Raumes zum Inselspringen: von der Wohninsel zur Spielinsel, zur Sportinsel, zur Kindergarten- und zur Schulinsel.

Und wenn Kinder Reisen machen, was erwartet sie dann an anderen Orten? Überall dieselbe Schnellrestaurant-Einrichtung, dieselben Läden in identischen Einkaufszentren, dieselben Attraktionen in austauschbaren Freizeitparks – industriell massenweise vorgefertigte, genormte Umgebungen, die weder den Bedarf an neuen Erfahrungen noch den an außergewöhnlichen, erinnerungsfähigen Ereignissen decken. Die scheinbare Vielfalt all solcher Angebote ist letztlich eine Scheinfreiheit, da sie neue Abhängigkeiten schafft und die Selbstbestimmtheit, z.B. beim Spielen, einschränkt.

Früher bekam man als Protestant zur Konfirmation die erste Uhr geschenkt, bei den anderen Konfessionen bzw. Religionen war es wohl ähnlich; heute haben schon Kindergartenkinder Zeitmesser am Ärmchen, und dies nicht aus dem

Grunde, dass sie lernen sollen, die Zeit abzulesen. Schon Vorschulkinder haben Terminkalender, deren Fülle es mit den Tagesplänen vieler Erwachsener durchaus aufnehmen kann. Ihr Leben bezieht sich nicht wie das ihrer Eltern auf Aufgaben, sondern auf Termine. Sie lernen heute vielfach einen künstlichen Rhythmus, der tages- und jahreszeitenunabhängig ist. Früher richtete sich die Spielzeit nach dem Tageslicht, heute nach dem Fernsehen oder gänzlich anderen, fremdbestimmten Programmen. Früher wartete man aufs Christkind, heute warten Kinder ständig auf irgendetwas, z.B. darauf, dass sie mit dem Auto da und dorthin gebracht werden. Dabei bietet sich natürlich keine Gelegenheit, Muße zu erlernen.

Kunde Kind

Deutschlands Kinder hatten im Jahre 1999 ca. 10 Mio. Euro zu verkonsumieren, und der Anteil der Haushaltsausgaben, bei denen sie mitbestimmen, dürfte bei ca. 60 Prozent liegen. Kinder sind also ein geschätztes Kundenpotential der Wirtschaft, und es überrascht nicht, dass sie gezielt mit Reklame angesprochen werden. Ein Kind sieht in Deutschland pro Monat ca. 900 Werbefilmchen, und bereits 40 Prozent der Kinder glauben, gute von schlechter Reklame unterscheiden zu können. So entwickeln sie dann das, was man als Markenbewusstsein bezeichnet: den gezielten Kauf von direkt oder indirekt (über andere Kinder nämlich) angepriesenen Produkten mit bekannten Namen.

Zu Hause fungieren sie dann als »Markendurchsetzer«. Man nimmt an, dass Erwachsene zwei Drittel ihrer Marken-Konsumgewohnheiten in der Kindheit erwerben und nicht wieder aufgeben.

So kommt es denn so weit, dass schon sehr junge Menschen sich nur dann gut fühlen, wenn sie die angesagten Marken verwenden, wenn sie ein bestimmtes Ketchup über die Pommes Frites gießen, wenn sie eine ganz bestimmte Zahnpasta benutzen, wenn sie ganz bestimmte Kleidung tragen. Sie definieren sich über das Kaufen, ihr Selbstwertgefühl und ihre eigene Iden-

Kinder sind als Konsumenten eine gefragte Zielgruppe

tität werden an gekauften Dingen aufgerichtet. Du bist, was du isst, trinkst, trägst usw., das verinnerlichen schon Achtjährige. Und es mehren sich die Anzeichen, dass auch zwischenmenschliche Beziehungen am Konsum ausgerichtet werden, dass man nur den oder die zum Kumpel haben möchte, der/die ebenfalls immer das Neueste und das Angesagte trägt, und dass man Freunde genauso wegwerfen darf, wie man alte, unmodische Dinge wegwirft.

Ich glotz' TV

Verrohung oder Reinigung?

Auf den schädlichen Einfluss des Mediums Fernsehen ist hingewiesen worden, seitdem es existiert, und auch das Vorläufermedium, der Film, galt schon als Verderber der Menschheit. Meistens dreht sich die kritische Debatte um die Auswirkungen dessen, was gesehen wird. Da ist von der verrohenden Vorbildfunktion die Rede, die manche Filmfiguren auf sich entwickelnde Kinder haben: Die kleinen Menschen lassen sich anstecken von Gewalttaten bis hin zum Mord oder vom achtungslosen Umgang mit anderen Menschen und stellen das Ganze nach. Als Gegenargumente werden angeführt, dass auch das Gegenmedium, das Buch nämlich, diverse Grausamkeiten und menschenunwürdiges Benehmen thematisiert, genauso aber auch dass – nicht nur junge – Menschen beim Anschauen von Gewalt- und Gruselfilmen negative Fantasien im Geiste realisieren könnten und es so zu einem Abbau von Triebstauungen käme. Fernsehen (wie übrigens auch bestimmte Computerspiele) erfüllte so eine die Seele reinigende Funktion, eine These, die im Kern auf Ideen des griechischen Philosophen Aristoteles zurückgeht. Er empfahl den Besuch von Theatervorstellungen, wo auf der Bühne Schlechtes, Ekelhaftes und moralisch Verwerfliches gezeigt werden sollte. Die Zuschauer würden dabei

Wie gut oder schlecht der Einfluss von Filmfiguren ist, wird diskutiert

ihre »schlechten Vibrationen« los, die von den Schauspielern an ihrer statt in die (gespielte) Tat umgesetzt würden.

Ob die These vom schlechten Vorbild oder diejenige vom reinigenden Beispiel zutrifft, wird sich wohl nie ganz klären lassen. Immerhin lässt sich seit Beginn des deutschen Privatfernsehens 1983 ein Rückgang der Straftaten mit sexuellen Motiven feststellen. Es ist anzunehmen, dass Zeitgenossen ihre nicht ganz astreinen sexuellen Wunschvorstellungen im Angesicht der Mattscheibe ausleben können, sich somit quasi reinigen, was vor dem Sendestart des privaten Fernsehens nicht möglich war.

Der perfekte Schein

Ein in der Realität erkennbarer störender Einfluss des Fernsehens auf Kinder ist die Vorgabe der Vollkommenheit. Auf dem Bildschirm wirkt immer alles perfekt. In Spielfilmen herrscht die heile Welt, Konflikte sind am Ende stets ausgeräumt (bei Endlos-Seifenopern dauert's etwas länger ...), die Charaktere führen ein ideales Leben in Wohlstand, fahren saubere, teure Autos, leben in großen, anheimelnden Häusern mit tollen parkähnlichen Gärten, und es scheint ewig die Sonne. Bei Unterhaltungssendungen werden Menschen präsentiert, die jeder kennt und mag, in prachtvoller Kulisse und in bestem Einvernehmen mit sich und allen anderen. Fernsehcharaktere können so gut wie alles.

Kinder, die nicht wissen, wie viel hohler Aufwand für solche Sendungen getrieben wird, die nicht ahnen, dass eine Kulisse nur ein kleines Eckchen mit viel Plaste, Elaste und Sperrholz in einem riesigen Studiokomplex ist, und die nicht zwischen Show und Realität unterscheiden können, sind von so viel bunter, abwechslungsreicher Fülle in Perfektion mitunter total eingeschüchtert. Wenn sie ihre eigene Umwelt, vor allem jedoch ihre eigenen Hervorbringungen, z.B. eine Geburtstagsfeier, eine Bastelarbeit oder ein Bild, mit dem vergleichen, was sie im TV gezeigt bekommen, scheinen sie ganz schlecht abzuschneiden. Die Erkenntnis der eigenen Armseligkeit (und die der Eltern) hinterlässt ein Gefühl der Resignation und führt dazu, dass Kinder mit selbst fabrizierten Dingen und Ereignissen nicht mehr zufrieden sind.

Fernsehen ohne Tabus

Früher musste man, so Postman, zuerst durch einen längeren Bildungsprozess gehen, bevor man die Wirklichkeit einigermaßen erfassen konnte und durfte. Bis dahin lebten Kinder mit Tabus, d.h. mit Dingen, von denen mit ihnen oder in ihrer Anwesenheit nicht direkt gesprochen wurde. Zu diesen Tabuzonen gehörten das Geschlechtsleben, der Tod sowie die Schwäche und die Verderbtheit der Menschen.

Statt den Kleinen mitzuteilen, die Mama sei schwanger, wurde die Sage vom Storch weitergegeben, der den Frauen ins Bein bisse; statt zu sagen, die Oma sei tot, hieß es, sie sei im Himmel, und vom Versagen der Eltern, etwa im Beruf, war keine Rede. Bestenfalls tauchten solche Dinge in Märchen auf, dort jedoch in erträglicher Ausführung, z.B. mit dem Sieg des Guten am Ende.

Im Fernsehen nun wird die Welt auch mit ihren Schattenseiten gnadenlos vor den Kindern aufgedeckt, entfaltet sich ein Panorama aus Gewalt, Krankheit, Tod, Versagen und Hilflosigkeit. Übrigens sind Kinder hierbei durchaus in der Lage, zwischen gespielten Geschichten und Berichten aus der Wirklichkeit zu unterscheiden. Es sind vielmehr Tatsachenberichte, die das Vertrauen von Kindern in die Erwachsenen und in die Welt erschüttern. Ereignisse wie der Golfkrieg von 1990 oder die Ereignisse des 11. September 2001, von Fernsehsendern in Farbe breit ausgewalzt, und die sich daraus ergebende Katastrophenstimmung führten zu tiefer Verunsicherung unter Kindern überall auf der Welt.

Es bleibt fraglich, ob ein tabuloser Umgang mit der Welt ein Segen für die Kinder ist. Eine frühe Jugendzeit mit Tabus kann sorgloser, unbeschwerter sein als eine ohne. Das sollte man bei aller zugewandten Offenheit nicht außer Acht lassen.

Fantasie am Ende

Wie oft geschieht es, dass man einen Film anschaut, der auf einem Buch aufbaut, das man vorher gelesen hat, und in den Spruch ausbricht: »Das hab' ich mir ganz anders vorgestellt ...!«. Und wenn man dann jemanden trifft, der den Vergleich desselben Buches und desselben Filmes genauso kommentiert, stellt man fest, dass der andere es sich noch anders vorgestellt hatte.

Wenn man einen Text liest, so rufen die kleinen schwarzen Fleckchen auf dem Papier (gemeint sind Buchstaben) im Geist bestimmte Bilder, Bildfolgen, Stimmungen und Gefühle hervor – man entwickelt ein inneres Abbild, und das variiert je nach Individuum. Beim Anschauen von Bildern kommt hingegen nur eine einzige Ausgestaltung zum Tragen, die vorgegebene nämlich. Die Fantasie hat Pause.

Wenn Kinder sehr früh mit dem Konsum vorfabrizierter Bilder beginnen, so bekommt die Fantasie Probleme, sich überhaupt zu entwickeln. In der Schule lassen sich Kinder mit breiter Fernsehversorgung immer dann leicht erkennen, wenn Kreativität auf dem Stundenplan steht. Statt Eigenes zu produzieren, reproduzieren sie das, was sie im Fernsehen gesehen haben. Solchen Kindern erwächst kein Vertrauen in die eigene Schöpferkraft, und sie werden auch im späteren Leben bevorzugt auf das zurückgreifen, was andere ihnen liefern.

Hocken vor der Glotze

Ein besonderes Kapitel ist die Auswirkung des Fernsehens auf die körperliche Entwicklung. Fernsehen (und diverse computergestützte Tätigkeiten) führt in zunehmendem Maße zu Übergewicht bei Kindern, die zu oft und zu lange tatenlos vor dem Bildschirm hocken (in Deutschland zurzeit ca. 1,5 Stunden pro Tag) und sich – wie die Alten – mit allerlei festen und flüssigen Kalorienbomben abfüllen. Durch Vernachlässigung der Bewegung kommt es beim Schuleintritt dann auch oft noch zur Feststellung eines »unangemessenen Körperschemas«; Probleme von Kindern bei der Körperbeherrschung, etwa bei bestimmten Bewegungsabläufen oder beim Halten des Gleichgewichts, sind ein relativ neues Phänomen.

Konzentrationsprobleme

Auch die häufig beklagte mangelnde Fähigkeit, sich über längere Zeit auf eine Sache konzentrieren zu können, wird zumeist dem Fernsehen angelastet. Die farbenfrohe Vielschichtigkeit von TV-Bildern und die rasche Abfolge kontrastierender optischer Eindrücke, etwa durch Schnitte, wirken abwechslungsreich und unterhaltsam – auf dem Bildschirm ist eben »viel los«, und das fesselt, im wahrsten Sinne des Wortes. Da kommen andere Tätigkeiten schlecht mit. Ein Buch zu lesen erfordert z.B. mehr geistige Eigenarbeit und damit mehr Konzentration als einen Film anzuschauen, die bunte Fülle sowie die Schnitte muss man sich gewissermaßen selbst machen. Der Film »im Kopf« gerät so rasch zum Langweiler, besonders dann, wenn man das Umsetzen von Schrift in geistige Bilder nie richtig geübt hat. Es kommt nicht ständig von allein ein neuer Impuls, also taugt Lesen nicht als sinnvolle Aktivität.

Sobald Tätigkeiten ohne fremdbestimmten Impulswechsel anstehen, schalten Kinder heute immer öfter ab. Die Spanne der Konzentration sinkt unter eine Frist von wenigen Minuten, und die Tiefe der Konzentration leidet ebenso. Tätigkeiten, die länger dauern und eine gewisse äußerliche Abwechslungsarmut aufweisen, werden immer weniger populär. Innere Ruhe und Muße sterben aus. Die Welt muss einem raschen, lebhaften Takt folgen, wenn Kinder sich für sie interessieren sollen. Wenn bei irgendwelchen Erziehungsprozessen, etwa in der Schule, nicht nach ein paar Minuten ein sinnlich erfahrbarer Wechsel eintritt, stecken viele Kinder von heute auf. Man hat sogar die Vermutung geäußert, dass die neuerdings zunehmende Häufigkeit von störungshaften Merkmalen bei Kindern, wie Aufmerksamkeitdefizite (wenn kein Wechsel kommt) oder Überaktivität (hervorgerufen durch den unnatürlichen Bewegungsmangel im Angesicht der Mattscheibe), durch das Fernsehen verursacht würden; hierüber gibt es allerdings keine wissenschaftlich gesicherten Erkenntnisse.

Bilder vor Texten?

Die größte Gefahr von allen, die das Fernsehen heraufbeschwört, ist jedoch der Wandel, wenn es um Prozesse der Aneignung der Welt geht. Wir erinnern uns, dass Bruner drei Phasen bei der inneren Repräsentation annahm, die enaktive (pantomimische), die ikonische (bildhafte) und die symbolische (in Formeln und Ideen). Fernsehen ist in erster Linie ein Bildmedium. Es wird dort zwar auch gesprochen, und es gibt auch das eine oder andere zu lesen, doch das Wichtigste sind die bildlichen Darstellungen. Bilder regen das Gefühl an, indem sie den Verstand weiträumig umfahren – ein trauriger Film bringt die Leute direkt zum Weinen, ein trauriges Buchkapitel muss zuerst einmal intellektuell in Besitz genommen werden, dann darf geweint werden; ein Bild von einem Sonnenuntergang öffnet direkt das Herz, wenn wir ihn schriftlich geschildert bekommen, müssen wir uns erst einen inneren Film machen, um dabei seufzen zu können. Fernsehen verlängert also die ikonische Phase und verleiht Bildern, auch im späteren Leben, einen höheren Rang bei der Informationsbeschaffung als dem Lesen. Das Kognitive kommt zu kurz, viele handeln nach dem Motto: Das bisschen, das ich lese, kann ich mir auch im Fernsehen anschauen. Aber alles lässt sich nun einmal nicht in optische Phänomene umgießen, Bilder sind keine Ideen.

Hier scheint denn auch ein direkter Zusammenhang zu bestehen zwischen der nachlassenden Fähigkeit, mit gedruckten Texten angemessen umzugehen, und der Bevorzugung des Fernsehens als Informations- und Unterhaltungsquelle, die von klein auf eingeübt wird. Kritisch zu bewerten ist nicht so sehr das, was im Fernsehen läuft, sondern wie es aufgenommen wird und wie sich diese Aufnahmestrategien im Alltag festsetzen.

Alles mies?

Hat das Fernsehen denn nur schlechte Eigenschaften? Nein, natürlich nicht. Es gehört zur natürlichen Umwelt der Kinder und sollte auch so eingestuft werden. Fernsehverbot als Strafe oder Fernseherlaubnis als Belohnung sollte man mit Kindern nicht praktizieren, das sei an dieser Stelle schon einmal bemerkt. Und die Einstellung zum Fernsehen und der damit verbundene Umfang des Konsums der bunten Bilder wird auch zu einem Gutteil durch Kinder von den Eltern abgeschaut. Fernsehen als Babysitter einzusetzen ist eine Unsitte, die immer noch praktiziert wird, und wir lehnen auch Fernsehen für Zweijährige ab, so etwa die sattsam bekannten und ausgiebig diskutierten »Teletubbies«. Sinnvolles Fernsehen ist dagegen gut geeignet als Mittel, den Horizont zu erweitern, ja man kann sogar nützliche Dinge vom TV lernen – wie das gehen könnte, beschreiben wir im Kapitel Erfahrungsbereich Medien.

Computer im Kinderzimmer

Wie sich das Voranschreiten der elektronischen Datenverarbeitung auf Kindheiten auswirkt, darüber wird gerade erst geforscht. In jedem Fall ist eine gewisse Entspanntheit angesagt: Computer sind weder Teufelszeug noch ein einziger Segen der Menschheit, sondern ein äußerst nützliches Werkzeug, das zu beherrschen sich durchaus lohnt. Die Skepsis vieler Erwachsener rührt auch nicht zuletzt daher, dass sie von der Welt der Rechner nur einen sehr blassen Schimmer haben.

Vorschulkinder kommen mit dem Computer in erster Linie über Computerspiele in Kontakt. Für sie gilt im Prinzip dasselbe, was man über das Fernsehen sagen könnte. Was die schädlichen Auswirkungen betrifft, Stubenhocken, Bewegungsmangel, Fantasieunterdrückung oder Verdrängung des Lesens und Gewöhnung an bildhaft dargebotene, industriell vorfabrizierte Information/Unterhaltung vor Lesetexten, trifft auf beide Medien zu. Bei Computerspielen sind Kinder allerdings öfter und länger ohne Sozialkontakte als beim Fernsehen, sie vereinzeln stärker. Das kann z.B. durch Bereitstellung von sog. Konsolen für mehrere Spieler aufgefangen werden, sodass ein Computerspiel zum sozialen Ereignis werden kann. Der Zuwachs an feinmotorischer Gewandtheit, der durch das rasche Bedienen der diversen Schalter und Knöpfchen erzielt wird, ist ein recht fragwürdiger Fortschritt, denn das Repertoire an Bewegungen, das so entwickelt wird, ist äußerst begrenzt. Dennoch sind Computerspiele als Einstieg in die Welt der Datenverarbeitung gut geeignet.

Wenn man ins Internet hineinsurfen möchte, so muss man lesen und schreiben können, also ist eine erste sinnvolle Computernutzung erst nach der Einschulung möglich. Der Wunsch, sich im Netz zurechtzufinden und daran teilzuhaben, ist oft ein starker Auslöser für zügiges Eindringen in die Welt der Schrift. Zusätzlich sollte man auch ein wenig Englisch beherrschen, sonst bleibt einem vieles eine Datei mit sicbcn Sicgcln. Von solchen Notwendigkeiten kann eine starke Motivation ausgehen. Eingebaute Hilfsmittel, wie etwa Rechtschreibüberprüfung, Grammatikreparatur oder gar Übersetzungsautomatik, hemmen allerdings, wenn sie zu früh eingesetzt werden, die eigenständige stufenweise Aneignung der Gesetzmäßigkeiten von Sprache, und sich einstellende sprachliche Defizite werden nicht unbedingt erst dann akut, wenn einmal der Rechner kollabiert oder der Strom ausfällt. Was man noch berücksichtigen sollte, wenn man Kinder an den Computer oder ins Internet lässt, dazu nehmen wir speziell im Kapitel Kinder am Rechner Stellung.

Vorschulkinder finden vor allem durch Computerspiele Zugang zur Welt der Datenverarbeitung

Wie geht eigentlich Lernen?

Lernen, so definiert die Wissenschaft, ist der Prozess, durch den ein Lebewesen sein Verhalten als Ergebnis von Erfahrungen ändert. Lernen braucht Zeit. Lernen ist ein aktiver Vorgang. Lernen ist ein lebenslanges Phänomen, jeder Mensch lernt jeden Tag etwas; man könnte sogar sagen, dass Lernen ein Kennzeichen des Lebendigen ist. Lernen betrifft alles Mögliche; technisch betrachtet existiert kein Unterschied dazwischen, ob wir Arbeitsschritte bei der Gartenarbeit optimieren oder uns in ein schwieriges Kapitel der Mathematik einarbeiten. Die wichtigen Unterschiede ergeben sich aus der Schwierigkeit des zu Lernenden, z.B. wie vielschichtig, wie verwickelt sind die Dinge, die man lernt, wie vieler anderer Menschen Gedankengänge muss man nachvollziehen und wie hoch ist der gesellschaftlich vereinbarte Rang des zu Lernenden. Gartenarbeit rangiert da eindeutig weit hinter der Rechenkunst.

Wenn Lernen etwas mit Erfahrungen zu tun hat, bedeutet dies ja wohl, dass es auch mit dem Speichern von Erfahrungen zu tun haben muss. Hier kommt also das Gedächtnis ins Spiel. Welche Unterabteilungen unser geistiges Archiv hat, das ist zumeist bereits Teil des Alltagswissens. Da gibt es den sensorischen (sinnlichen) Kurzzeitspeicher, der physikalische Reize der Umwelt kurzfristig (d.h. für Bruchteile von Sekunden) festhält, etwa Licht (Farben), Temperaturen, Töne oder Druckverhältnisse. Da gibt es das Kurzzeitgedächtnis, das uns z.B. so lange dient, wie wir brauchen, um irgendeine Telefonnummer aus dem Telefonbuch bis zum

Wählen am Apparat zu behalten. Weniger bekannt ist die Existenz des so genannten Arbeitsgedächtnisses, einer Art Luxusausgabe des Kurzzeitspeichers, allerdings kommen hier Dinge mit längerer Laufzeit hinein. Wenn man sich z.B. auf die Führerscheinprüfung vorbereitet, aktiviert man zumeist diesen Speicher; hat man die Lizenz in der Hand, wird der Speicher wieder geleert (sonst gäbe es ja nicht so viele Unfälle und so viel Verkehrs-Rowdytum). Als letzte Stufe gibt es dann noch das Langzeitgedächtnis, aus dem praktisch nichts mehr entweichen kann; es ist nur manchmal problematisch, den Speicherplatz und das Gespeicherte zu orten.

Wie schafft man es nun, Informationen einen der so erstrebenswerten Plätze im Langzeitgedächtnis zu verschaffen? Es gibt tausend Bücher zum Thema Gedächtnistraining, wir wollen dieses Thema daher nur kurz anschneiden. Grob zusammengefasst: Man muss mit den Informationen arbeiten. Das Dauermerken hängt zusammen mit der Aufmerksamkeit, die man einem Phänomen widmet, welche wiederum gesteigert wird durch seine physikalischen Eigenschaften (fällt auf), seine Ansprache des Gefühls (spricht an), durch Ungereimtheiten (da stimmt doch etwas nicht ...), die es kennzeichnen, durch den Bekanntheitsgrad bzw. mögliche Querverbindungen zu vertrauten Dingen und durch eine gewisse Passform, d.h. inwieweit ist das zu Lernende den Denkstrukturen des Lernenden angepasst. Positive Umweltreaktionen auf Erinnertes scheinen die Erinnerung ebenfalls zu verbessern. Und schließlich entscheidet der Grad der aktiven Beteiligung über das Behalten. Um auf die Führerscheinprüfung zurückzukommen — das aktive Bedienen eines Fahrzeuges behalten, d.h. lernen, wir besser als die passiv gepaukten Verkehrsregeln. Die Speicherware kann also aus dem sensorischen Kurzzeitspeicher durch Bearbeiten (Bewusstmachung) in das Kurzzeitgedächtnis oder den Arbeitsspeicher transportiert werden, um von dort, ebenfalls auf dem Wege der Bearbeitung (Ordnen, Umordnen oder Neuordnen) ins Langzeitgedächtnis geschafft zu werden. All das ist vom Alter des geistig Tätigen unabhängig, es geschieht analog zu den jeweils ausgebildeten kognitiven Fähigkeiten.

Man unterscheidet insgesamt fünf Lernformen, die wir an dieser Stelle noch einmal auflisten wollen. Wir haben sie bereits im Kapitel über die Entwicklungstheorien vorgestellt. Da wären zunächst das klassische Konditionieren, also die Reaktionsübertragung von einem Reiz auf einen anderen, und das operante Konditionieren (Sie erinnern sich, das war die Sache mit der positiven und/oder negativen Verstärkung ...). Daneben gibt es noch das Modell-Lernen, wenn man von anderen etwas abguckt, bisweilen auch als Beobachtungslernen bezeichnet. Schließlich haben wir auch das kognitive Lernen vorgestellt, das mit geistiger Tätigkeit verbunden ist und über Wahrnehmung, Einsicht und kognitive Verarbeitung läuft. Was wir bislang noch nicht angesprochen haben, ist das so genannte Kontiguitätslernen, wohinter sich nichts anderes verbirgt als mechanisches Lernen einerseits und Stereotypisierung andererseits. Mechanisches Lernen ist das gute alte Auswendiglernen, Stereotypisierung ist die Ausbildung von positiven oder negativen Klischees.

Zum Lernen gehört eine bestimmte Atmosphäre, sonst klappt es nur eingeschränkt. Wir wollen hier einmal diejenigen Mitmenschen außer Acht lassen, die unter Druck am besten lernen bzw. vielmehr behaupten, sie lernten gestresst besser. Die meisten Menschen lernen leichter, behalten besser und wenden Wissen angemessener an, wenn es ihnen gut geht, wenn sie sich in angenehmer Umgebung, im Verein mit ihnen wohlgesonnenen, liebenswerten Menschen und ohne räumliche und/oder zeitliche Begrenzungen befinden.

Lernen ist ein sozialer Akt und betrifft die unterschiedlichsten Dinge

Lernen ist ein sozialer Akt, es geht gar nicht anders. Das brutale Experiment des Stauffer-Kaisers Friedrich II., der Babys in einem Verlies völlig isoliert von anderen Menschen hielt, um herauszufinden, welches die Ursprache der Menschheit sei, d.h. in welcher Sprache diese Kinder von selbst zu reden anfangen würden, lehrt uns eine drastische Lektion. Die kleinen Probanden starben rasch, und zwar ohne zu sprechen; der neugierige Monarch hatte übrigens auf das Hebräische als Ursprache getippt.

Lernen ist nur dann sinnvoll, wenn das Erlernte in irgendeiner Art und Weise mit anderen geteilt werden kann, sei es beim Erwerb, sei es bei der Anwendung. Nicht umsonst hat einmal jemand das Sprachbild vom Elfenbeinturm geprägt, in dem manche Theoretiker inmitten eines Haufens von Wissen ihr Dasein zu fristen scheinen, ohne Verbindung mit der wirklichen Welt, der Welt der Dinge und der Menschen. Was nützt ein Haufen Information, wenn man nicht mit seiner Hilfe bzw. darüber mit anderen Menschen kommunizieren kann? Der wichtigste Antrieb beim Lernen ist, mit dem Lernen und dem Gelernten etwas verändern zu wollen.

Wie lernen Kinder?

- *Kinder lernen ganzheitlich.* Dies ist eines der Wörter, die komplett aus dem Deutschen stammen, aber dennoch nicht automatisch verständlich sind. Ganzheitlich bedeutet, dass der ganze Mensch am Lernprozess beteiligt ist, dass also die Sinne, der Geist, die Seele und der Körper beim Lernen mitmachen.
- *Kinder lernen aktiv.* Mit Regeln, Formeln, Theorien oder intellektuellen Konstruktionen allein können sie erst später umgehen. Kinder müssen zunächst mit sinnlich erfahrbaren Dingen umgehen, sie müssen die Dinge in die Hand nehmen, mit ihnen herummanipulieren können. Begreifen kommt schließlich von Greifen, Erfassen von Fassen. Je mehr körperliche Aktivität einen Lernvorgang flankiert, desto besser.
- *Lernen ist für Kinder ein sozialer Akt*, sie lernen nur im gegenseitigen Austausch mit anderen Menschen.
- *Kinder lernen spielerisch.* Es ist einfach unangemessen, das Spielen von Kindern abzuwerten, etwa in Form der gelangweilten oder gestressten Aufforderung: Komm, geh spielen! Das Spiel ist die eigentliche Methode der Kinder, sich die Welt zu erobern. Sie haben zwar ein vages Konzept von (gewerblicher) Arbeit, das ihnen von den großen Leuten vermittelt wird. Wer jedoch jemals Kinder spielen sah, ernsthaft, konzentriert und durchaus angestrengt, der wird ermessen können, dass zwischen den Tätigkeiten Arbeiten und Spielen bei ihnen kein nennenswerter Unterschied existiert.
- *Kinder lernen nicht um des Lernens willen.* Manche beneidenswerte Zeitgenossen scheinen aus dem Zuwachs an Wissen direkt Befriedigung zu ziehen, andere haben Spezialgebiete, auf denen sie sich umfassend kundig machen. Kinder können das nicht. Ihr Wissensdurst kommt von der Tendenz her, sich in ihrer Umwelt zurechtfinden zu wollen.
- *Kinder lernen vorurteilslos.* Was Kinder lernen, hängt von vielerlei Gegebenheiten ab, nur nicht davon, einer vorher gefassten Meinung zuzuarbeiten. Es kann also durchaus passieren, dass sich der Nachwuchs

aktiver Umweltschützer plötzlich für die PS-Zahl von Sportwagen interessiert oder dass ein Kind, das man fünf Mal pro Woche in ein amerikanisches Schnellrestaurant ausführt, daselbst etwas ohne Fleisch haben möchte.

• *Kinder lernen konkurrenzlos.* Besser als andere zu sein, mehr zu wissen und zu können, eine Rangliste zu bilden und sich vorzunehmen, ganz vorn darin zu landen, all dies sind Regungen, die Kindern unbekannt sind. Sie sind vielmehr an individuellen und sozialen Problemlösungen interessiert, d.h. sie wollen sich selbst und ihre Beziehungen zu anderen Menschen oder zur Umwelt perfektionieren. Kinder nehmen auch bei anderen Kindern nur Variationen im Können und Wissen wahr, nicht etwa Defizite. Kinder bezeichnen zwar andere Kinder als dumm, dies meinen sie jedoch nicht als relatives Qualitätsurteil.

• *Kinder lernen planlos.* Auch das bewusste Ordnen und Stufen von Wissensportionen ist Kindern nicht vertraut. Die Reihenfolge eines kindlichen Lernprogramms ist abhängig von der logischen Abfolge der möglichen geistigen Schritte, nicht von einem vorgefassten Plan.

• *Kinder haben andere Lernziele als Erwachsene.* Wenn Kinder etwas lernen wollen, dann nur zu direkt erfüllbaren, aktiv einzulösenden Zwecken. Wenn sie fremdbestimmte Lernziele erreichen, dann tun sie dies aus anderen Gründen, als es ein Erwachsener täte.

• *Kinder kennen keine Leistung.* Stattdessen bewerten sie die Qualität ihres Verhaltens entweder als lustvoll oder Widerwillen auslösend (hat [keinen] Spaß gemacht), sie reagieren intensiver (leisten also mehr, um es vorsichtig zu formulieren) bei breiter und vielfältiger Motivation, und sie schildern die Qualität der Gefühlsreaktionen von Bezugspersonen.

• *Kinder wenden intuitiv die richtige Lernmethode an.* Die aktuelle Debatte um das Thema Lernmethoden-Training, auch »Lernen lernen« genannt, betrifft sie erst in der Schule.

• *Kinder lernen in nicht vorhersagbarer Form.*

• *Kinder sind nicht belehrbar.* Sie können nur etwas lernen. Und das ist gut so.

WAS VORSCHULKINDER WISSEN MÜSSEN

ELEMENTE DER WELTERFAHRUNG

Wir beginnen unsere Beschreibung der Fertigkeiten, Fähigkeiten und Kenntnisse mit den Dingen, die schon vor der Einschulung vorhanden sein sollten. Der folgende Abschnitt enthält Beschreibungen der Erfahrungsbereiche samt Hinweisen auf die Bedeutung der Kenntnisse; damit wollen wir unsere Auswahl auch begründen. Jeder Erfahrungsbereich bzw. jede Unterkategorie schließt mit einer Aufzählung der Wissenselemente ab. Die Kommentare zu den Erfahrungsbereichen sind zur gezielten Orientierung eingerichtet, d.h. sie sind auch einzeln sinnvoll.

Ein paar Thesen zu Beginn:
- Die Umwelt unserer Kinder ist heute im Durchschnitt reizärmer als früher. Sie liefert weniger Rohmaterial zur Aneignung.
- Die Verfahren, mit denen Kinder sich ihre Umwelt erobern, haben sich gegenüber früheren Zeiten geändert. Viele Kinder haben Umweltkontakte nur noch mittelbar, d.h. durch Massenmedien gefiltert.
- Kinder wachsen heute in stärkerem Maße vereinzelt auf als früher. Die Zahl der Sozialkontakte, insbesondere mit Gleichaltrigen, ist eingeschränkt.
- Vorschulerziehung findet in Deutschland zumeist in Form von Aufbewahrung statt. Kindergärten oder Vorschulen erfüllen hierzulande mehr eine sozialpädagogische als eine pädagogische Funktion. In anderen Ländern betreibt man hingegen eine ebenso zwanglose wie wirkungsvolle frühkindliche Bildung. Diese Staaten, z.B. Großbritannien und die skandinavischen Länder, weisen größere Bevölkerungsanteile mit anspruchsvoller Bildung auf. In Finnland erwerben ca. 70 Prozent eines Jahrgangs die Hochschulreife, in Deutschland sind es ca. 35 Prozent. Es darf vermutet werden, dass dies mit dem frühen/späten Start zusammenhängt.
- Man beruft sich zwar immer noch auf Jean Piagets Forschungen bei der Auffassung von Entwicklung, doch mehren sich die kritischen Stimmen, die besagen, dass der Schweizer die Laufzeiten der Entwicklungsphasen etwas zu sehr ausgedehnt habe. Im Klartext heißt das, dass wir Kinder zu spät mit Lernpensen konfrontieren, die sie früher bewältigen könnten. So sind sie schon mit 18–24 Monaten in der Lage, den Zusammenhang von Ursache und Wirkung zu erkennen; Piaget meinte noch, dies sei erst später möglich. Es gibt sogar Wissenschaftler, welche die Theorie des stufenweisen Aufbaus der kognitiven Fähigkeiten rundheraus ablehnen. Sie können glaubhaft nachweisen, dass wir die Kinder grob unterschätzen und in der Folge durchaus vernachläs-

sigen, indem wir ihre Zeit vergeuden. Auch hier ist uns das Ausland voraus.

• Das Thema Erziehung ist in Deutschland immer noch ein beliebter Spielball in der politischen Auseinandersetzung. Die eine Seite möchte die Grundschule noch später beginnen lassen als mit 6,8 Lebensjahren, außerdem soll sie sechs statt vier Jahre dauern (wie es in Berlin und Brandenburg bereits praktiziert wird). Vorschulerziehung ist dieser Gruppe ein Gräuel, da sie Leistungsstress schon für Fünfjährige schafft. Die andere Seite beklagt, dass die Grundschule viel zu spät begänne, dass dort zu viel gebastelt, gespielt und gekuschelt würde, dass zu oft geäußert würde: er/sie ist eben noch nicht so weit ... Die Basis-Kulturtechniken, wie Lesen, Schreiben und Rechnen, würden sträflich vernachlässigt. Dagegen halten wieder andere, solche Dinge müssten dann eben später verankert bzw. vertieft werden, was von einer vierten Seite wiederum als völliger Unfug bezeichnet wird, weil in einem solchen Fall keine Zeit für andere, wichtige Dinge bliebe. Die Fronten sind erstarrt, der Fortschritt lahmt, stattdessen toben lärmende Wortgefechte. Laien, Eltern z.B., stehen ratlos am Rande des Schlachtfeldes und wissen nicht mehr, was sie glauben sollen.

Es wird zur Zeit diskutiert, ob eine frühkindliche Bildung in Vorschulen und Kindergärten gehört

Selbstorganisation

Bevor wir einsteigen in die Beschreibung der einzelnen Erfahrungsbereiche, möchten wir ein paar unabdingbare Basiskompetenzen formulieren, über die Sechsjährige verfügen sollten. Diese Grundfähigkeiten und -fertigkeiten sind Ausdruck der etwa ab dem 4. Lebensjahr (zuweilen auch schon früher) zunehmenden Selbstständigkeit der Kinder, die für immer weniger Aktivitäten und Entscheidungen die Mithilfe von erwachsenen Bezugspersonen benötigen – was sie auch bisweilen deutlich äußern: Das kann ich selbst, ich bin jetzt nämlich groß! Die Kleinen können sich (auf Grundlage motorischer, kognitiver und sozialer Fähigkeiten) z.B. weitgehend selbst versorgen, finden sich in ihrer Umgebung bereits gut zurecht und sind sicher im Umgang mit Aspekten der Menschen- und der Dingwelt. Je ernster Kinder in ihrem Empfinden wachsender Kompetenz genommen werden und je intensiver sie ihre praktische und soziale Unabhängigkeit erproben können, desto besser. Fünfjährige sind z.B. durchaus in der Lage, ein kleines Taschengeld selbstständig zu verwalten, auch etwas anspruchsvollere Ämter im und ums Haus auszufüllen und im Umgang mit Erwachsenen und Gleichaltrigen eine Stellung einzunehmen und zu behaupten.

➡ **Selbstorganisation**
Kinder sollten ...

> • sich – außer bei sehr komplizierten Kleidungsstücken – selbst an- und ausziehen können (d.h. mit Knöpfen, Druckknöpfen, Klett- und Reißverschlüssen umgehen können),
> • sich selbst die Schuhe zubinden können,
> • selbstständig zur Toilette gehen können,
> • sich die Hände waschen können,
> • sich selbstständig die Nase putzen können,
> • mit einem Abfalleimer umgehen können,
> • wissen, wo links und rechts ist,
> • einfache Rechenoperationen, mindestens bis zehn (d.h. addieren und subtrahieren), ggf. mit den Fingern, durchführen können,
> • ihre Heimatadresse kennen,
> • die Namen ihrer Eltern kennen,
> • ihr eigenes Alter kennen,

- selbstständig einkaufen können (kleine Dinge, mit Liste für das Verkaufspersonal und bei vertrauenswürdigen Händlern, die nicht mit dem Wechselgeld mogeln),
- Münzen und Geldscheine identifizieren können,
- ein praktisches Konzept von »Eigentum« haben,
- Schraubverschlüsse/Wasserhähne usw. auf- und zudrehen können,
- sich selbst etwas zu trinken in ein Glas gießen können,
- gefährliche Geräte, Werkzeuge und Stoffe kennen und damit umgehen können (z.B. Messer, Gabel, Schere, Licht, scharfe Haushaltsreiniger, Benzin),
- sich selbst ein Brot schmieren können,
- technische Geräte bedienen können,
- augenblickliche Bedürfnisse aufschieben können,
- sich bei Konflikten selbst helfen können,
- Schuld zugeben können,
- allein bleiben, allein ein- und durchschlafen können und
- trotz Schwierigkeiten eine Aktivität weiter verfolgen können.

Neugier

Seit Piaget und seinen Nachfolgern wissen wir, dass Neugier und Interesse mit der Größe und Vielfalt des Reizangebotes zusammenhängen, dem Kinder ausgesetzt sind. Je reichhaltiger und bunter das Angebot an Dingen, Umgebungen und Kontakten mit anderen Personen, desto günstiger die seelisch-intellektuelle Entwicklung. Die Angebote dürfen dabei nicht gänzlich neu sein, sondern müssen sich teilweise mit Dingen decken, die den Kindern bereits vertraut sind. Wir erinnern uns, dass sie wie kleine Schiffe vom sicheren Hafen aus auf Entdeckungstour gehen und dabei immer das Gefühl brauchen, eben dorthin wieder zurückkehren zu können.

Wenn Kinder in das so genannte Fragealter kommen, bombardieren sie Bezugspersonen mit tausenderlei Auskunftsbegehren: Was ist das, wie geht das, wer ist das, was machen die da, warum ist das so? usw. Solch ein Bombardement kann ganz schön Nerven kosten, doch es ist ein immens wichtiger Prozess der Umweltaneignung, den man um keinen Preis abbügeln sollte. Wenn Eltern aus irgendwelchen Gründen nicht auf die zahllosen Fragen antworten können/wollen, etwa weil sie müde sind oder dringendere Dinge zu tun haben, so sollten sie das unumwunden im Sinne emotionaler Ehrlichkeit thematisieren. Es macht auch nichts, wenn man ein ums andere Mal zugibt, dass man es einfach selbst nicht weiß – in einem solchen Fall ist es günstig, sich gemeinsam mit dem wissbegierigen Kind schlau zu machen, etwa indem man ein Fachbuch oder Lexikon zu Rate zieht, ins Internet hineinsurft, kompetente Mitmenschen interviewt oder etwa ein Museum oder ähnliche Einrichtungen mit Showprogramm besucht (dazu mehr unter den Stichworten Zoobesuch und Kinder und Kunst).

Auf diese Weise lernt das Kind schon frühzeitig Folgendes:
- dass es verschiedene Strategien zum Wissenserwerb gibt,
- dass wachsendes Wissen zu mehr Selbst- und Weltsicherheit führt,
- dass das Lernen nie aufhört und
- dass Lernen bei emotionaler Zugewandtheit am besten funktioniert.

➥**Neugier**
Kinder sollten ...

- viele unterschiedliche Impulse erhalten können,
- pro Tag tausend Fragen stellen können,
- auf fünfhundert davon eine Antwort erhalten können,
- niemals hören, sie stellten dumme Fragen,
- niemals hören, ihre Deutungen der Welt seien dumm,
- erfahren können, dass sich Neugier in Form von emotionalem Wohlbefinden und sozialer Anerkennung lohnt, und
- niemals in ihrer Neugier gebremst werden.

Zusammenleben

Wir haben weiter vorn schon erwähnt, dass viele Kinder von heute mit einem eingeschränkten Erleben aufwachsen, was Kontakte mit anderen Menschen anbetrifft. Geschwisterlosigkeit, die Reduktion der das Aufwachsen begleitenden Familie und der Verlust der so genannten Straßensozialisation führen zu Phänomenen, die früher weitgehend unbekannt waren. So werden viele Kinder erst im Kindergarten oder (schlimmstenfalls) in der Grundschule mit anderen erwachsenen Bezugspersonen und mit ihresgleichen vertraut und sind gezwungen, daraus sich ergebende Probleme im Eiltempo nachträglich lösen zu lernen. Hierbei kommt es dann auch oft zu Kollisionen von bereits eingeübten Verhaltensweisen, die sich bei eingeschränkten Sozialkontakten durch

Zusammenleben erfordert Flexibilität, die einige Kinder erst im Kindergarten lernen

aus bewährt haben können, und neuen Anforderungen. Dann kommt z.B. solch ein zartes, sanftmütiges Geschöpf nach Hause und gibt Kostproben der neuesten Flüche und Schimpfwörter, deren Bedeutung ihm noch weniger klar sind als demjenigen, von dem er sie gelernt hat. Oder es versucht, das Verhalten eines neuen Kumpels, der ihm offenbar mächtig imponiert hat, ganzheitlich zu imitieren, und stellt in neuem Ton neue Forderungen nach bislang nicht gewünschten Dingen (Der X, der badet nie, sagt er – das mach' ich jetzt auch so! Die Y, die hat sechs Barbiepuppen, und ich hab' nicht mal eine!). So etwas passiert natürlich auch dann, wenn das Kleine unter eher naturnahen Bedingungen inmitten einer kinderreichen Nachbarschaft aufwächst, doch kommen die Neuerungen in diesem Fall portionsweise – im oben geschilderten Fall kommen sie lawinenartig ... Schlimm wird es immer dann, wenn Kinder ihr Verhalten nicht rasch genug oder auch gar nicht einem plötzlich erweiterten Sozialmilieu angleichen können. Mangelnde (weil nicht geübte) Flexibilität führt dann oft in die Ecke der Außenseiter.

Auch die späte, plötzlich erzwungene Nähe zu fremden Erwachsenen, etwa Erziehern oder Lehrern, kann zu unangenehmen Erfahrungen führen. Auch hier können Verhaltensweisen, die im Elternhaus als okay galten, plötzlich den Charakter des Unerwünschten, Unvollkommenen oder gänzlich Falschen annehmen. Wie beim ersten Kontakt mit anderen Kindern kann es zu einer Art von Akkomodationsstau kommen, d.h. das Kind kommt mit der Angleichung der Schemata nicht mehr nach. Dies kann zu Überforderung und damit zur Resignation oder zum Aufbau einer tiefen Abneigung führen (die ein zähes Eigenleben führen kann). Wenn Kinder schon früh mit vielen Erwachsenen zu tun haben, wenn sie sich langsam innerhalb der Sippschaft und des sie umgebenden Freundes- und Nachbarnkreises gewissermaßen von innen nach außen, von vertraut nach fremd, vortasten können, kommen solche negativen Erfahrungen nicht oder kaum zustande. Wenn Kinder sich z.B. bei den Großeltern, die in einer anderen Stadt wohnen, aufhalten können und dort auch noch eine andere Kinderschar treffen, wenn sie häufig Umgang mit Freunden und Nachbarn der Familie haben, dann fällt es ihnen leichter, sich auf andere Bezugspersonen einzustellen. Und wenn sie schon früh vielfältige Beziehungen mit anderen Kindern haben, bleibt der leider oft zu beobachtende Kindergarten- oder Schulschock wahrscheinlich aus.

➥**Zusammenleben**
Kinder sollten ...

* viele Kontakte mit anderen Kindern in etwa demselben Alter haben,
* viele Kontakte mit anderen Erwachsenen als den Eltern haben,
* bei einer anderen Familie zu Mittag gegessen haben,
* bei einer anderen Familie übernachtet haben,
* andere Rituale als die in der eigenen Familie üblichen kennen gelernt haben (Grüße, Witze, Familienwörter, Tischgebet usw.),
* schon einmal einem anderen Kind als Vorbild gedient haben,
* schon einmal von einem anderen Kind Verhaltensweisen übernommen haben,
* sich schon einmal mit einem Kumpel verkracht und wieder vertragen haben,
* schon einmal darüber nachgedacht und erzählt haben, dass Erwachsene Verhaltensweisen aufweisen, die man durchaus übernehmen könnte,
* schon einmal mit seinem Benehmen positive Reaktionen bei Erwachsenen hervorgerufen haben und
* schon einmal neue Rituale in der eigenen Familie begründet haben.

Benehmen

Viele Erwachsene – und das sind nicht nur ältere Semester – beklagen, dass Dinge wie Respekt und/oder formale Höflichkeit nach und nach aussterben. Kinder, vor allem aber junge Erwachsene quälen die Umgebung mit lautem Geschepper aus Kopfhörern, können nicht mehr »bitte« und »danke« sagen, bieten in der Straßenbahn, selbst wenn Oma oder Opa direkt neben ihnen stehen, nicht mehr ihren Sitzplatz an, spritzen Hauswände und andere Gegenstände mit Farben voll, lassen Abfälle da fallen, wo sie gehen und stehen, haben offenbar weder Ehrfurcht vor Menschen noch vor Dingen. Viele haben für derlei Erscheinungen auch eine einfache Erklärung: Schuld sind die 1968er, jene geheimnisvolle antiautoritäre Generation, die für freie Liebe, Kommunismus und andere schlimme Wünsche auf den Straßen demonstrierten. Die Vertreter dieser Generation sind heute Erzieher oder Lehrer, darum wird gutes Benehmen auch in der Schule nicht mehr vorgelebt bzw. gelehrt.

Wir finden, dass man das, was man früher als gutes Benehmen bezeichnete, tatsächlich nicht mehr oft findet. Höfliche Jugendliche und Kinder, die mit den Regeln des Anstands vertraut sind, fallen heute auf wie bunte Hunde. In anderen Ländern, etwa in Osteuropa, ist es eine Selbstverständlichkeit, dass Kinder tun, was ihre Eltern ihnen sagen, dass sie sich so verhalten, dass niemand über Gebühr gestört wird, dass sie Tischsitten einhalten. Diese Kinder sind ganz offenkundig dennoch glücklich und zufrieden, und mancher Besucher aus Deutschland wundert sich eben darüber. Wir haben uns wohl schon daran gewöhnt, Aspekte des guten Benehmens als mehr oder minder brutal angedrillte, unnatürliche Verhaltensweisen aufzufassen.

Gutes, höfliches, respektvolles Benehmen ist unseres Erachtens Ausdruck sozialer Kompetenz (wir haben diese Sichtweise nicht erfunden, es handelt sich in der Tat um sozialwissenschaftliche Theorie). Einen (kleinen) Diener zu machen, sich über ein Geschenk zu freuen (auch wenn es nicht das Richtige ist), sich zu bedanken, höflich zu bitten, anderen Menschen Gefallen zu erweisen oder um Verzeihung nachzusuchen zeugen nämlich davon, dass man den Mitmenschen als Person zur Kenntnis nimmt, seinen Wert als Individuum empfindet, dies auch offen zum Ausdruck bringt und gleichzeitig die eigene Person zurücknimmt. Solche kleinen Gesten schmieren das Zusammenleben; man könnte sie sogar als Ausdruck sozialer Intelligenz werten.

Früher, vor etwa 40–50 Jahren noch, wurde formale Höflichkeit hierzulande eher unbedacht mit den Kindern gedrillt, bis sie wie die Puppen funktionierten. Vermutlich waren tatsächlich Faktoren wie Unterdrückung, Knebelung der Persönlichkeit oder Formung gemäß einem zweifelhaften Ideal dabei im Spiel; viele Benimmregeln entstammen nämlich den Ritualen der Unterwerfung Erwachsener von niedrigem sozialem Rang gegenüber anderen mit hohem Status. Doch sind bei der Abschaffung solcher Spielregeln viele große Kinder mit wenig Badewasser ausgeschüttet worden. Heute müssen junge Menschen über gutes Benehmen in Büchern nachlesen, für teures Geld Kurse in Manieren besuchen, wenn ihnen nicht gleich der (zukünftige) Arbeitgeber entsprechende Schulungen bietet. Durch die schulische Erziehungstheorie geistern seit einiger Zeit Ideen von Höflichkeit als eine der so genannten »Primärtugenden«, die es zu vermitteln gelte. Gerade diese

Phänomene zeigen, dass viele sich ganz unfreiwillig schlecht oder gar nicht benehmen – nämlich weil sie es nicht vorgelebt bekommen haben.

➥**Benehmen**
Kinder sollten ...

> • wissen, wann man »bitte« und »danke« sagt,
> • wissen, warum und auf welche Weise man andere Menschen um Verzeihung bittet,
> • schon einmal selbst um Verzeihung gebeten worden sein,
> • wissen, dass man andere Menschen begrüßt bzw. sich von ihnen verabschiedet,
> • andere Menschen ausreden lassen können,
> • anderen Menschen Hilfe anbieten können,
> • ahnen, dass Wertschätzung anderen gegenüber zur Wertschätzung der eigenen Person führt,
> • ahnen, dass Rücksicht mit Rücksicht vergolten wird,
> • ahnen, dass gute Tischsitten auch Ausdruck des Respekts für das Essen, die Tischgesellschaft und den Koch sind,
> • ahnen, wann Dinge, die man um des eigenen Wohlfühlens willen tut, für andere Menschen zur Belastung werden können,
> • ein Gefühl dafür entwickeln können, dass Dinge auch Ausdruck der Lebenszeit und Kraft anderer Menschen sind, und
> • den Akt des Schenkens, d.h. der bewussten Auswahl und Herrichtung von Geschenken, als etwas Wertvolles schätzen können.

Toleranz

Kinder sind, wie wir schon feststellten, von Natur aus tolerant. Sie machen zwar Unterschiede zwischen den Mitmenschen, stellen aber keine Hierarchien auf, wer viel, wer mittel und wer nichts wert sei. Missachtung oder Ablehnung von irgendwie Andersartigem in Bezug auf Aussehen, Geschlecht, Religion, Konfession, Verhalten oder aber Behinderungen von Mitmenschen erwerben sie allein auf dem

Wege des Modell-Lernens. Wir kennen genug Beispiele von fanatisierten Kindern, die sich zu fanatischen Jugendlichen und Erwachsenen weiterentwickelten. Weniger dramatisch verlaufen Treffen von Kindern, die irgendwann einmal Ohrenzeugen von abwertenden elterlichen Urteilen über Zeitgenossen wurden und dann plötzlich ebendiesen Zeitgenossen begegnen; wenn beispielsweise der Chef zum Abendessen kommt, über den der Papa noch am Vortag die spannendsten Dinge zu erzählen wusste ... Weil es dumm oder zumindest unfair wäre, den Kindern nahe legen zu wollen, ihnen stünde ein anderes Urteil als den Erwachsenen zu, sollten Eltern und andere Bezugspersonen in Gegenwart von Kindern vorsichtig mit Bemerkungen über andere Menschen sein; besser wäre es natürlich, die Menschen übten sich selbst in echter Toleranz und Großzügigkeit.

➥Toleranz
Kinder sollten ...

> - in ihrer natürlichen Haltung, niemanden zu diskriminieren, so deutlich und so lange wie möglich unterstützt werden,
> - in ihrer Neugier und Aufgeschlossenheit fremden Menschen gegenüber möglichst wenig gehemmt werden und
> - feste Regeln kennen, wie weit die Aufgeschlossenheit gehen darf und wo Vorsicht angezeigt ist.

Selbstwert

Selbstvertrauen und Selbstständigkeit nehmen unter den Erziehungszielen deutscher Eltern seit einiger Zeit erste Plätze ein. Vor zwei Generationen waren dort noch solche Charakteristika wie Ordnung, Fleiß, Sauberkeit oder Pflichtbewusstsein die Spitzenreiter. Manch Älteren werden derlei geänderte Schwerpunkte vielleicht verstören – für sie erwächst Selbstvertrauen aus Können, und Selbstvertrauen ohne Können heißt bei ihnen Großklappigkeit gepaart mit Dummheit. Also lautet für diese Generation die Formel: Zuerst Wissen und Können vermitteln und sich daraus Selbstbewusstsein entwickeln lassen. Schließlich leistet man zuerst etwas, wird deswegen befördert und kann sodann auf diese Beförderung stolz sein.

Es scheint in Wirklichkeit ein wenig komplizierter zu sein. Gewiss erwächst Selbstvertrauen aus Können, aber bevor ich Können erwerbe, muss ich es mir zutrauen, dieses Können zu erwerben. Andererseits darf jedoch keine Selbstüberschätzung entstehen, denn sonst ist mir neues Können schnuppe; ich kann ja schon genug ... Für Kinder wie für ihre Bezugspersonen heißt dies, einen Kurs zu finden, der sie zwischen Neugier, Selbstvertrauen, Lernen, Können, Stolz, neuer Neugier, erweitertem Selbstvertrauen, immer neuem Lernen und Können und immer neuem Stolz sicher navigieren lässt, ohne dass sie dabei zu hart auf die Klippen des Scheiterns auflaufen.

Zaubertricks auf dem Wege zum selbstbewussten Kind gibt es nicht. Selbstbewusstsein scheint auch auf dem Wege des Modell-Lernens von den Eltern zu den Kindern zu gelangen. Dies bestätigen Beobachtungen, wonach Elternpaare, bestehend aus einer resoluten Mama und einem eher zurückhaltenden Papa, auch wagemutige Töchter und stille Söhne haben. Außerdem sei angemerkt, dass es durchaus Könner gibt, denen es an Selbstvertrauen mangelt, schüchterne Genies, die im Verborgenen glänzen. Und es gibt überall Selbstvertrauen, das nichts mit Können zu tun hat, das man zwar als wenig angemessen oder gar falsch bezeichnen kann, das sich aber dennoch allenthalben überdeutlich und störend bemerkbar macht. Die gute alte Frechheit lässt grüßen.

➡**Selbstwert**
Kinder sollten ...

> • vorgelebt bekommen, dass es sich lohnt hinzuzulernen,
> • in allem ermuntert und bestätigt werden,
> • viel, viel selber machen dürfen,
> • Arbeiten zu Ende bringen dürfen, auch wenn wenig dabei herauszukommen scheint,
> • unterschiedliche Impulse erhalten, was man in der Welt machen kann,
> • viel Geduld erfahren,
> • dazu ermuntert werden, sich selbst zu überprüfen (Bist du damit selbst hundertprozentig zufrieden?),
> • auch beim soundsovielten Versuch noch wohlwollende Hilfestellung erhalten,
> • Beharrlichkeit und Befriedigung als Aspekte des Tuns vorgelebt bekommen,

- andere Menschen um Unterstützung bitten können,
- andere Menschen unterstützen können,
- Niederlagen einstecken können,
- Niederlagen einschätzen können (Du kannst jetzt schon sooo viel, das kannst du auch bald ...),
- Niederlagen als Chance begreifen können,
- von anderen Menschen Vertrauen in ihre eigenen Fähigkeiten erfahren können,
- nicht als unfähig hingestellt werden,
- nicht als zu zart besaitet hingestellt werden,
- in ihrer Angst nicht allein gelassen werden,
- nicht mit geschlechtsspezifischen Urteilen bezüglich Können konfrontiert werden (Mädchen können so was einfach besser ...),
- Meister, egal welchen Alters, in bestimmten Fächern bei der Arbeit erleben können und
- das Gefühl entwickeln können, spürbare Beiträge geleistet, etwas bewirkt zu haben.

Ordnung

Meistens herrscht im Kinderzimmer und angrenzenden Ortschaften das schiere Chaos. Kleider hat man dort fallen gelassen, wo man gerade ging und stand, Spielzeug lauert als Stolperfalle oder Schmerzauslöser auf die Füße von Eltern, die wenigstens eine Grundordnung schaffen möchten, das Licht brennt noch ... Wenn man sich unter Eltern umhört, scheint das Thema »Ordnung« zu den Top-Gegenständen für Auseinandersetzungen mit den Kindern zu gehören.

Ein klares Wort: Sechsjährige sind durchaus in der Lage, erwachsene Vorstellungen von Ordnung und Sauberkeit zu übernehmen, es überfordert sie nicht. Nur zwingen sollte man sie dazu nicht, denn das kann zu allerlei unangenehmen Reaktionen führen, von denen Unordnung aus Trotz noch die harmloseste ist.

Das Durcheinander im Kinderzimmer ist für die Kinder keines; es entspricht vielmehr ihrem Verhalten, z.B. ihren Spielgewohnheiten, zu denen auch der sprunghafte Wechsel der Ideen und Gegenstände gehört. Nach Spielunterbrechung, z.B. am anderen Tag, finden sie sich mühelos im Chaos zurecht und spielen da weiter, wo sie abends aufgehört haben. Einige Theoretiker vertreten sogar die Auffassung, dass ein Eingriff von Seiten der Eltern ins scheinbare Kinderzimmer-Chaos die Kreativität der Kleinen hemmen könnte. Wie dem auch sei, in die Kinderordnung sollten Eltern nur dann hineinfahren, wenn sie es für absolut notwendig halten, etwa wenn echte Werte leiden, wenn es gesundheitsgefährlich wird oder wenn – etwa wenn im Garten gespielt wird – über Nacht Verluste durch Klima oder böse tierische oder menschliche Zeitgenossen drohen (was man dann thematisieren sollte). Stattdessen sollte man Ordnung vorleben und das Aufräumen mit den Kindern im wahrsten Sinne des Wortes durchspielen. Auf diese Art und Weise kann man sie auch dazu bewegen, beim Aufräumen und Saubermachen der Wohnung kleine Aufgaben zu übernehmen. Und man darf mit den Kindern vereinbaren, wo sie ihre eigene Ordnung praktizieren dürfen und wo nicht (jedenfalls könnte man das versuchen). Beim Aufräumen des eigenen Bereichs und bei der Aufrechterhaltung von chaosfreien Zonen führen Beharrlichkeit und Prinzipientreue zum Ziel.

➥**Ordnung**
Kinder sollten ...

- in ihrem eigenen Bereich ihre eigene Ordnung praktizieren können,
- sich an Vereinbarungen, wo Chaos herrschen darf und wo nicht, beteiligen und solche Vereinbarungen einhalten können,
- einsehen können, wie weit ihre eigene Ordnung gehen darf,
- erfahren, dass verschiedene Menschen verschiedene Konzepte von Ordnung haben können,
- wissen, dass es sich lohnt, Kleidung auf einem Fleck abzulegen,
- wissen, dass es sich lohnt, Buntstifte, Kreiden usw. immer wieder in die Schachtel zurückzulegen,
- kleinere Ämter bei der Säuberung der Wohnung usw. übernehmen können (auch wenn sie zunächst keine echte Hilfe sind).

Familie

Wenn man sich in der Welt zurechtfinden will, muss man sich zunächst einmal in der eigenen engeren Umgebung auskennen. Dazu gehören auch Kenntnisse der Familie, mit der man lebt, aus deren Mitte man stammt, der Folie, vor der sich die eigene Existenz abspielt. Vielfach empfinden Kinder ihr Familienleben als etwas so Selbstverständliches, dass sie nur unvollkommen einen Außenstandpunkt einnehmen können. Außerdem verstehen sie oft auch nicht, wo die eigene Familie zu Ende ist und wo andere Familien anfangen. Die folgenden Aspekte von Wissen zeigen Kindern, wo sie sich selbst in Zeit und Struktur ihrer Familie einfügen können.

Kinder lernen zuerst ihre Familienbeziehungen kennen

➥Familie
Kinder sollten ...

- über die Struktur von Verwandtschaftsbeziehungen Bescheid wissen (Mutter, Vater, Geschwister, Onkel, Tante, Großeltern, Urgroßeltern, Cousin, Cousine, Nichte, Neffe),
- Fotos und Erinnerungsgegenstände aus einem Familienalbum (Das kann auch ein Schuhkarton sein oder eine Fotokollektion – wenn Sie haben – in Silberrahmen auf einem Flügel) und die dazugehörigen Geschichten kennen,
- Kinderfotos ihrer Eltern, Tanten und Onkel kennen,
- über den Unterschied zwischen ihrer eigenen und der Kindheit älterer Verwandter nachgedacht haben,
- Familie als eine Einrichtung kennen, die auffängt, stärkt und stützt,
- über andere Familien erzählen können,
- einige Sinnsprüche, Gedichte, Geschichten oder Lieder kennen, in denen von Familie die Rede ist,
- ahnen, wie man sich auf sie vorbereitet hat, und
- gewiss sein, dass man sich auf sie gefreut hat.

Kommunikation

Sprechen

Zum Thema Sprache haben wir schon weiter vorn in einem besonderen Kapitel Stellung genommen. Was wir noch ansprechen möchten, ist der alte Streit, ob man mit Kindern in einer Art von Babysprache oder wie mit Erwachsenen kommunizieren sollte. Man erlebt beide Strategien und auch schon einmal, zum Teil richtig dringende, Wünsche an Außerfamiliale, doch bitte mit den Kleinen so und nicht so zu reden (»Das versteht sie so nicht« oder »Bitte, spiel doch nicht den Debilen, wenn Du mit ihr sprichst …«). Wir halten eine gefühlsmäßig fundamentierte Kombination für angemessen – Babydeutsch signalisiert Vertrauen, Nähe und Entspanntheit, Hochdeutsch erweitert die Sprachkompetenz – und raten, nicht zu verkrampfen. Kinder erkennen zumeist, wann welche Form von Sprache angemessen ist, und stellen sich auf die Anforderungen der Umgebung und der Situation ein. Das heißt jedoch nicht, dass sie mitunter nicht auch zu kleinen Provokationen neigen, was Stil und Thema anbetrifft, oder dass sie unter Stress auf die Ebene »einfacherer« Äußerungen zurückfallen. Welche sprachlichen Fähigkeiten bei der Einschulung getestet werden, darüber gibt das Kapitel »Schulreife« Auskunft.

➡Sprechen

Kinder sollten …

- ein reiches Angebot an Sprache erhalten,
- viele, viele Gespräche mit unterschiedlichen Menschen führen,
- vielen, vielen Unterhaltungen zuhören können,
- ahnen, dass verschiedene Menschen sich verschieden ausdrücken,
- ungehemmt drauflosplaudern können,
- sich mit Worten durch- und zur Wehr setzen können,
- erfahren haben, dass andere Menschen auf sie »hören«, und
- die Gesprächstaktiken anderer Menschen lautlich, gestisch und was die Argumente anbetrifft imitieren können.

Lesen

Bevor ein Kind systematisch das Lesen erlernt, ist es darauf angewiesen, sich Erfahrungen, die es nicht selbst machen kann, von anderen Menschen vermitteln zu lassen. Eine wichtige Quelle ist dabei das Vorlesen. Hier gilt die Faustregel: je öfter und je mehr Texte, desto besser. Es macht dabei auch nichts, wenn es immer dieselben Texte sind. Kinder wollen sogar ein und dasselbe Lesestück immer wieder hören, und zwar genauso wie immer. Bei bewussten oder unbewussten Veränderungen, die Vorleser beim 46. Mal in die laute Lektüre desselben Buches einbauen, werden sie denn auch prompt darauf aufmerksam gemacht. Hier zeigt sich deutlich, dass mehr hinter dem Vorlesen steckt als bloßes Geschichten-Hören. Zu Beginn des Vorlesealters sind es naturgemäß enge Bezugspersonen, die vorlesen, später äußern Kinder den entsprechenden Wunsch auch gegenüber anderen Menschen. Das frühe Vorlesen übt auch heute, da andere Medien in den Vordergrund drängen, eine starke Faszination auf Kinder aus. Viele retten sich die Begeisterung bis ins Jugend- oder gar Erwachsenenalter und hüten die Bücher, aus denen ihnen vorgelesen wurde, sorgsam, wenn sie sie nicht sowieso größtenteils auswendig hersagen können.

Das Vorlesen erfüllt mehrere positive Funktionen:
- **Es ist sozialer Akt** (bisweilen von sehr intimer Art, wenn z.B. beim Vorlesen gekuschelt wird),
- **es stärkt die emotionale Bindung,** wenn Vorleser und Zuhörer gemeinsam Geschehnisse durchleben, die das Gefühl ansprechen,
- **es führt soziale, emotionale und intellektuelle Erfahrungen vor,** die Kinder hier und heute nicht selbst machen können, bzw.
- **erinnert an eigene Erfahrungen** dieser Art und bietet Möglichkeiten zur Bewusstmachung und Vertiefung,
- **es vergrößert den Schatz an Formen und Regeln der Sprache,** wie es in »normalen« Gesprächen nicht geschehen kann,
- **es stößt die Produktion von inneren Bildern und damit die Fantasie an,**
- **es fördert die Konzentrationsfähigkeit,**
- **es regt an, Bücher später selbst als Quelle der Unterhaltung und Information zu nutzen,** und
- **es führt den Kindern auch noch Verhaltensbeispiele und -anregungen vor,** an denen sie sich im weitesten Sinne orientieren können.

Untersuchungen aus den frühen 1960er Jahren haben ergeben, dass Kinder, denen ab dem 13. Lebensmonat täglich ein paar Minuten lang durch die Mutter vorgelesen wurde, in der Sprachentwicklung rascher voranschritten. Es ist allerdings nicht ganz klar, ob eine »selbst gemachte« Ansprache nicht ebenfalls dieselben Effekte erbracht hätte.

Bei kleinen Kindern spielt die Komponente des Zusammenseins beim Vorlesen eine übergeordnete Rolle, daher sollten Eltern erst später dazu übergehen, den Kindern Tonträger mit vorgelesenen Geschichten oder Hörspielen zur Verfügung zu stellen. Auf solchen Tonträgern, auch Hörbücher genannt, findet sich in der Regel eine Angabe des Alters, für das sie passen.

Welche Bücher, Bilderbücher oder Hörbücher Eltern für ihre Kinder auswählen sollten, lässt sich bei der Überfülle des Angebots schwer entscheiden. Mit Klassikern kann man nichts falsch machen. Zusätzlich raten wir, sich bei Bekannten (Wie kommt denn das an?) oder in Buchläden bzw. Bibliotheken (Was wird gern gekauft/ausgeliehen?) zu informieren, die Presse zum Thema neue Kinderbücher zu durchforsten (Spezialzeitschrift »Eselsohr«) oder sich an die Stiftung Lesen in Mainz zu wenden (auch via Internet: http://www.stiftungLesen.de). Abraten möchten wir, ganz pauschal, von Büchern und Tonträgern (Comics und Zeitschriften), die sich an TV-Massenware anlehnen – Geschichten und Charaktere sind zumeist so flach, dass man Sachen darauf abstellen kann.

Früher galten Märchen als idealer Vorlesestoff, der das Zurechtfinden im eigenen Gefühlshaushalt fördern sollte; »Kinder brauchen Märchen«, so der Titel eines Buches des Psychologen und Erziehungstheoretikers Bruno Bettelheim. Märchen schildern in kindgerechter Form, d.h. unzweideutig und nachvollziehbar, alle Belange des Daseins und dessen elementare Konflikte, und sie enden immer mit dem Sieg des Guten über das Böse. Sie bieten einfache Lösungen bei vielschichtigen Problemen und klare Vor- bzw. Anti-Vorbilder. Und sie appellieren obendrein durch fantastische, wunderbare Elemente (Zauberei, sprechende Tiere, fliegende Koffer usw.) an kindliche Weltbilder und Problemlösestrategien.

Heute scheint der erzieherische Wert von Märchen angezweifelt zu werden, aber danach muss man sich ja nicht richten. In jedem Fall haben Märchen eine starke Vermittlerfunktion zwischen Menschen (z.B. als Gesprächsthema), sogar zwischen solchen unterschiedlicher Kulturen. Daher empfehlen wir zusätzlich zu den hierzulande bekannten auch internationale Märchen und Mythen, die sich im Buchhandel problemlos beschaffen lassen.

Kinder sollten auch dazu angeregt werden, die vorgelesenen Geschichten nachzuerzählen oder nachzuspielen, wenn sie es nicht sowieso schon vor bzw. mit ihren kleinen Freunden (oder Puppen) tun. Auf diese Weise können sie ganzheitlich ausagieren, was sie gehört haben; das vertieft das Erleben.

Wer mag, kann Kinder auch schon mit Poesie vertraut machen. Wenn man selbst keinen großen Schatz an Sprüchen oder Gedichten hat, kann man auf spezielle Lyriksammlungen für Kinder zurückgreifen.

Gedichte haben diverse positive Eigenheiten:
- sie bieten Information in einer anderen, äußerst sinnfälligen Art und Form an,
- sie können als Grundlage dienen für kreatives Eigenarbeiten mit Sprache,
- sie sind als Gegenstand der Kontaktaufnahme und -vertiefung geeignet,
- sie fördern das Gefühl für Sprache und
- sie sind später, in der Schule nämlich, bestimmt gut brauchbar.

➥**Lesen**

Kinder sollten ...

- schon früh viele, viele Geschichten und Gedichte vorgelesen bekommen,
- das Vorlesen als positive körperliche und emotionale Erfahrung von Nähe und Gemeinschaft kennen lernen,
- motiviert werden, Geschichten nachzuerzählen bzw. nachzuspielen und Gedichte aufzusagen,
- ein persönliches Urteil über Handlungselemente und Figuren aus Geschichten abgeben können,
- beim Aufsagen von Gedichten den richtigen Rhythmus anschlagen können,
- ein kurzes Gedicht in einer fremden Sprache aufsagen können,
- mehrere Märchen kennen, darunter auch solche aus anderen Kulturen,
- mehrere Lieblingsbücher oder -geschichten haben,
- aus mehreren Geschichten eine neue stricken können,
- Geschichten aus übernommenen und selbst gefundenen Teilen stricken können,
- sich selbst Geschichten ausdenken können,
- mit anderen Kindern vorgelesene und eigene Geschichten austauschen können und
- für all dies positive Bestätigung und Ermunterung erfahren haben.

Zweisprachigkeit

Heute wird es als wertvoller, die allgemeine Intelligenz steigernder Impuls angesehen, wenn Kinder mit mehreren Sprachen aufwachsen, wenn z.B. die Mutter Deutsch und der Vater Spanisch als Muttersprache haben oder wenn in der Kernfamilie eine, in der Umgebung jedoch eine andere Sprache vorherrscht. Früher

Kinder eignen sich mit Leichtigkeit fremde Sprachen an

glaubte man noch, dies würde zu geringerer Sprachkompetenz in beiden Fällen führen. Im erstgenannten Fall erlernt das Kind wie von selbst (vgl. Kapitel Die Sprachentwicklung) beide Sprachen, selbst wenn sie abwechselnd von beiden Eltern verwendet werden – früher meinte man noch, dass eine klare Trennung (die Mutter trägt zur häuslichen Unterhaltung nur auf Deutsch bei, der Vater hingegen sagt alles auf Spanisch) den Erwerb beider Sprachen erleichterte, doch das gilt heute als unnötig. Selbst der simultane Erwerb einer dritten Sprache, z.B. der des Au-Pair-Mädchens, gelingt bis zu einem gewissen Niveau, das von der Enge seiner Beziehung zum Pflegekind

abhängt. Der verunstaltete Laienbruder Salvatore, eine Figur aus Umberto Ecos Roman »Der Name der Rose«, dem nachgesagt wird, alle Sprachen durcheinander und keine davon richtig zu sprechen, müsste in seiner Kindheit schon sehr ungewöhnliche Sozialisationsbedingungen gehabt haben. Wer je erlebt hat, wie zweisprachig aufgewachsene Kinder blitzschnell, je nach Gesprächspartner, zwischen den Sprachen hin- und herschalten, wird sich begeistert daran erinnern. Von Verwirrung keine Spur.

Wenn in Familie und Umwelt verschiedene Sprachen gesprochen werden, z.B. bei Migranten, lernen Kinder die andere Sprache gewissermaßen auf der Straße. Dafür bringen sie ein natürliches Bedürfnis mit, denn es gehört zum Problemlöseverhalten, sich die Umwelt anzueignen, und wenn dazu ein anderes Kommunikationssystem zählt, so wird dies ebenfalls vereinnahmt. Die auf der Straße erlernte Sprache bewegt sich begreiflicherweise auf dem Niveau der Modell-Sprecher, was Wortschatz, Dialekt und sprachliche Nachlässigkeiten anbetrifft, doch es ist als Grundlage für den vollständigen Erwerb, z.B. angeleitet durch die Schule, durchaus geeignet. Ein Kind, das eine Zweitsprache – wo auch immer – erwirbt, zu der ein anderes Schriftsystem (Kyrillisch, Arabisch usw.) gehört, sollte nach Möglichkeit später die Chance bekommen, auch dieses zu erlernen, damit ihm zwei vollwertige Kommunikationssysteme zu Gebote stehen.

➡ **Sprechen**
Kinder, die nicht zweisprachig aufwachsen, sollten:

> • in einer anderen Sprache aus ihrer Umwelt grüßen, sich bedanken, um Entschuldigung bitten können usw.,
> • in einer anderen Sprache aus ihrer Umwelt fluchen und/oder schimpfen können und
> • ein Liedchen oder einen Sinnspruch kennen.

Schreiben

Ob man Kinder schon vor der Einschulung in die Geheimnisse der Schriftsprache einführen soll, ist ein alter Streitfall. Wir würden vorsichtig zuraten. In jedem Fall geht von den kleinen geheimnisvollen Symbolen eine Art von Zauber aus, der auf Kinder intensiv wirkt. Man kann sie dabei beobachten, wie sie Schrift imitieren, wie sie Briefe kritzeln (komplett mit Umschlag und selbst gemalter Briefmarke), Listen aus kurzen Schlangenlinien aufstellen, wie sie laut aus Büchern vorlesen oder die Zeitung aufmerksam durcharbeiten, ohne es zu können. Dabei denken sie sich entweder Geschichten aus oder sie orientieren sich an Illustrationen oder sie reproduzieren das, was sie vom Vorlesen erinnern – hier ist der erwachsene Zuhörer mitunter ziemlich überrascht ob der Exaktheit, mit der Texte wiedergegeben werden.

Wenn Kinder vor dem systematischen Erwerb des ABCs, der zumeist in der Grundschule vor sich geht, Wörter zu schreiben lernen, so funktioniert das nach anderen Regeln. Sie behandeln Wörter in diesem Fall wie Bilder, die sie mit der Genauigkeit, zu der sie wahrnehmungsmäßig-motorisch fähig sind, komplett kopieren.

➥**Schreiben**

Kinder, die schreiben können, sollten ...

- in den feuchten Tau auf dem Rasen Buchstaben laufen können,
- in Sand und Schnee Buchstaben eingraben können,
- aus Wassertropfen Buchstaben auf den Gehweg träufeln und sie in der Sonne verdampfen sehen können,
- auf die mit Atemluft bedampfte Fensterscheibe Buchstaben malen können,
- aus Kieseln, Stöckchen, Blüten oder dergl. Buchstaben legen können,
- andere Arten des ganzheitlichen Schreibens finden können und
- die Buchstaben, aus denen ein Wort besteht, in anderen Umgebungen (Wörtern in Zeitung, Buch, Leuchtreklame, auf Verpackungen usw.) erkennen können.

Alle Kinder sollten...

- einen Stift sicher und kontrolliert (d.h. wie ein Erwachsener) in der bevorzugten Hand halten können,
- schon einmal eine Rechnung, einen Brief, eine Urkunde, ein Nummernschild, einen Wegweiser, die Schrift von einer Verpackung oder einer Reklametafel gekritzelt – d.h. den Schreibvorgang imitiert – haben,
- ihr Geschriebenes schon einmal im Spiel »vorgelesen« haben und
- Lob dafür geerntet haben, dass sie sich darauf freuen, das Schreiben zu erlernen.

Orientierung

Kinder sollten über die Geografie ihrer engeren Heimat Bescheid wissen. Sie sollten wissen, in welcher Straße, in welchem Viertel, in welcher Stadt sie wohnen und mindestens noch, in welchem Land. Solche Kenntnisse sollten sich ihnen stufenweise erschließen, etwa durch Spaziergänge oder auch Fahrten mit dem Rad, die sich um

Fixpunkte herum ausdehnen, etwa einen Baum, einen Kirchturm oder einen Bergrücken in Heimatnähe, die man noch von weitem sehen kann. Bei weiteren Touren sollten den Kindern Zwischenstationen vertraut werden, die ihnen einen Eindruck von Ferne bzw. Nähe zur engeren Heimat geben, das können z.B. Punkte neben der Autobahn oder der Eisenbahnlinie sein (Ja, schon, aber heute kommen wir aus der anderen Richtung ...). Wir erinnern uns, dass sich der Sinn für Entfernungen und Entfernungsverhältnisse erst nach und nach entwickelt und dass Kinder unserer Betrachtungsgruppe in Erdkunde vermutlich mit Pauken und Trompeten durchfallen würden, weil sie Berlin kurz hinter Salzgitter-Barum und Amerika gleich neben Amberg vermuten. Wenn man ihnen die Chance gibt, sich ihre geografische Umwelt behutsam zu erschließen, so führt man sie dahin, dass sie ihr Weltwissen und ihre Sicherheit in der Welt erweitern. In unserer Betrachtungsgruppe können Kinder auch bereits mit Landkarten umgehen; manche kleinen Menschen sind von ihnen sogar ziemlich fasziniert, und der geänderte Maßstab scheint ihnen keine Probleme zu verursachen. Bevor sie lesen können, werden sie natürlich von Karten mit mehr realistischen Elementen stärker angesprochen, z.B. von Plänen mit Bildsymbolen.

Sechsjährige sollten die Himmelsrichtungen benennen können. In der näheren Umgebung merken sie sich ohnedies markante Punkte (Abends ist der Himmel immer dort über der Raffinerie rot), in der Fremde hilft ihnen das Gedichtchen von der Sonne, die im Osten aufgeht, im Süden ihren Lauf nimmt, im Osten untergeht und im Norden nie zu sehen ist. So können die Kinder auch mit Zeit umgehen lernen: Wenn die Sonne ganz hoch steht, sollte man zum Essen nach Hause gehen, wenn sie langsam zu sinken beginnt, sollte man das Spielen bald einstellen.

➥**Orientierung**
Kinder sollten ...

* wissen, wo sie wohnen (im Haus, in der Straße, im Viertel auf Wunsch: in der Stadt und im Land),
* ihr Haus, ihre Straße sowie einige Charakteristika/Sehenswürdigkeiten ihrer Stadt auf Bildern identifizieren können,
* ahnen, dass Dinge anders aussehen können, wenn man sie von einem anderen Standpunkt aus betrachtet,
* ahnen, wann sie sich ihrer Heimat (Haus, Viertel, Stadt usw.) nähern und wann sie sich davon entfernen,

- wichtige Wege in der ihnen angemessenen Form kennen (Geradeaus bis zur Dauerpfütze, dann links herum bis zum kläffenden Hund, dann wieder rechts herum bis zu dem wilden Garten mit dem Autowrack, und dann bin ich da),
- neugierig sein auf anderer Menschen Heimat,
- gern verreisen, aber doch ein bisschen lieber wieder heimkehren,
- davon erzählen können,
- die Himmelsrichtungen mit ihrer engeren Heimat als Mittelpunkt benennen können,
- einige Gedichte, Lieder und Geschichten über Heimat, Verreisen usw. kennen.

Verkehr

In unserer Jugend, d.h. in den 1950er und 1960er Jahren, war der Hauptaufenthaltsort der Kinder die Straße. Unsere liebste Rodelbahn war dort, wir spielten dort das Hüpfspiel, das wir »Huckekasten« nannten, Fuß- und Federball usw. Die gefährlichsten Objekte auf der Straße waren seinerzeit Pferdeäpfel; Autos kamen so selten, dass wir sie interessiert betrachteten, statt sie zu fürchten. Unüberwindbare Hindernisse waren lediglich Flüsse, die tiefer waren als unsere geliebten Gummistiefel hoch. Ein verwehendes Echo aus der Urzeit ...

Heute gibt es an Hauptverkehrsadern kleine Dörfer, wo man ohne Bedarfsampel nicht mehr über die einzige Straße kommt, gibt es neue, absolut unüberwindliche Barrieren, Autobahnen und Schnellzuglinien, muss man sich beim Spielen von Autos weit fernhalten, damit der Besitzer keinen Herzschlag bekommt wegen der Kinder, die zu nahe bei seinem angebeteten Vehikel Bälle treten. Sich mit elementaren Regeln des Straßenverkehrs auszukennen, ist für Kinder heute im wahrsten Wortsinn überlebenswichtig. Sorg- oder Respektlosigkeit gegenüber Kraftfahrzeugen aller Art muss bisweilen teuer bezahlt werden, in Deutschland starben im Jahre 1995 23 von einer Million Kinder.

Verkehrsregeln zu lernen funktioniert bei Kindern genau wie alles übrige Lernen am besten aktiv und/oder am Modell, d.h. in Form von Exkursionen mit Erwachsenen, die sich korrekt verhalten; theoretische Unterweisungen sind sinnlos. Selbermachen und Übung machen auch hier den Meister. Die Kinder vor den Gefahren des Verkehrs dadurch bewahren zu wollen, dass man sie möglichst weit davon entfernt hält, ist ebenso falsch, wie mit dem Übungsprogramm erst dann zu beginnen, wenn die Schule beginnt. Uns scheinen übrigens Kinder in mittleren Städten am stärksten gefährdet. In der Großstadt gibt es zumeist sichere Fußwege und gut entwickelte öffentliche Transportsysteme (deren Nutzung natürlich ebenfalls eingeübt werden sollte), und auf

Das richtige Verhalten im Verkehr sollte praktisch geübt werden

dem Land ist der Verkehr zumeist nicht so dicht.

Bahnhöfe waren früher auch weniger gefährlich als heute, da Superexpresszüge mit Tempo 200 ohne Halt durch sie hindurchheizen und einen Sog entwickeln, der alles verschlingt. Kinder sollten auf die weiße Sicherheitslinie aufmerksam gemacht werden; sie können den für sie äußerst faszinierenden Bahnbetrieb auch dann gut verfolgen, wenn sie hinter dieser Linie stehen.

Wer mit Kindern im Auto unterwegs ist, sollte sich seiner Vorbildfunktion bewusst sein, denn auch hier wird intensiv gelernt. Fouls, Revanchefouls, Fluchen, Beleidigen, kleine und große Regelbrüche, all die Ausrutscher, die sich Mami und Papi täglich leisten (weil sie sich im Auto für unsichtbar halten, in Wahrheit aber lediglich anonym sind), könnten Kinder dankbar in ihr Verhaltensrepertoire übernehmen, und auch die verdammte Bequemlichkeit, selbst die 50 m bis zur Bäckerei im Wagen zurückzulegen, könnte Schule machen. Das sollte man nicht unterschätzen.

➡**Verkehr**

Kinder sollten ...

- die Besonderheiten des Straßenverkehrs auf für sie wichtigen Routen genau kennen und darauf sicher reagieren können,
- wichtige generelle Verhaltensregeln für Fußgänger kennen, z.B. nach rechts und links schauen, bevor man die Straße überquert, im Zweifelsfall lieber warten oder bis zum nächsten sicheren Überweg laufen, nie unaufmerksam sein, nie spontan agieren, nie bei Rot über die Straße laufen, nie die Autotür von innen öffnen, ohne durch die Heckscheibe geschaut zu haben,
- die Funktion einer Ampel kennen und die Ampel bedienen können,
- einige Verkehrszeichen kennen und deuten können,
- Respekt, aber keine Angst vor Autos und Motorrädern haben,
- das eine oder andere Lied zum Thema kennen,
- von ihren Erlebnissen auf der Straße berichten können,
- Erwachsene korrigieren können, die sich im Verkehr falsch verhalten, und
- Stolz und Zufriedenheit darüber empfinden können, dass ihnen noch nie etwas passiert ist.

Telefonieren

Die meisten Kinder telefonieren für ihr Leben gern. Wenn irgendwo der Apparat klingelt, sausen sie los, heben ab und plaudern drauflos. Offenbar macht es ihnen keine Schwierigkeiten, Schemata zu finden, in welche die komplizierten Vorgänge passen, die dazu führen, dass der Gesprächspartner zwar gehört, nicht aber gesehen werden kann. Im Wesentlichen handelt es sich dabei übrigens um die Überführung von Schallwellen in elektrische Impulse bzw. elektro-magneti-

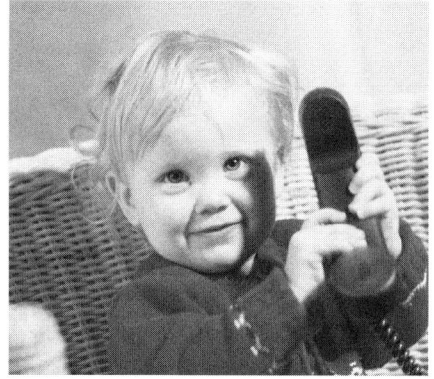

Die Stimme am Telefon übt eine starke Anziehungskraft auf Kinder aus

sche Strahlung und zurück. Das aktive Telefonieren kann erst beginnen, wenn die Kleinen mit Zahlensymbolen umgehen können, also mit ca. 4 Jahren.

➥**Telefonieren**
Kinder sollten ...

> • sich am Telefon mit ihrem vollen Namen melden können,
> • Anrufer vertrösten können,
> • kurze Meldungen erinnern und weiterleiten können, wenn die ge-
>   wünschten Erwachsenen nicht zu erreichen sind,
> • bei Nichtverstehen nachfragen können,
> • die eigene Telefonnummer auswendig kennen,
> • die Telefonnummern einiger wichtiger Bezugspersonen auswendig
>   kennen, und
> • wegen solcher Leistungen schon einmal Befriedigung empfunden
>   haben.

Medien

Fernsehen

Zum wichtigsten und einflussreichsten Medium haben wir schon in einem besonderen Kapitel (Ich glotz' TV) etwas ausführlicher Stellung genommen. Jetzt wollen wir vorstellen, was Kinder darüber wissen müssen. Fernsehen gibt es in Deutschland in der jetzigen Form seit etwa 50 Jahren. Anfangs nahm niemand diese Einrichtung so richtig ernst, doch der kanadische Medientheoretiker Marshall MacLuhan sprach schon um 1960 vom »schüchternen Riesen«. Nun, die Zeit der Schüchternheit ist vorbei. Heute ist das Fernsehen zum tragenden Bestandteil unserer (Frei-)Zeit geworden, so unverzichtbar, dass TV-Geräte nicht mehr ohne weiteres vom Gerichtsvollzieher gepfändet werden dürfen. Früher gab es Programm von 17:00 bis 23:00 Uhr, am Sonntag schon ab 11:00 Uhr. Kinder hatten nur wenige eigens für sie gemachte Sendungen, meist kamen sie für ihr Programm von der Straße herein, schauten 45 Minuten zu und spielten dann draußen weiter (oft voll

Die Kinderserie »Käpt'n Blaubär« ist so erfolgreich, dass sie es 1999 bis in die Kinos geschafft hat

mit Ideen, auf die sie das Fernsehen eben erst gebracht hatte). Die Nachrichten waren nur mit wenigen Bildern und mit noch weniger Filmen, sondern vorzugsweise mit Grafiken bestückt, Spielfilme gab es selten, Serien waren eher harmlos, dafür zeigte man umso mehr Magazine, die für Kinder nicht interessant waren. Trotz des geringen Angebots an Sendungen hockte dennoch zumeist die ganze Familie vor dem Schirm, wer wusste schon, wann's wieder was Gutes zu sehen gab. Wenn man Kindern von heute aus dieser Zeit berichtet, sind sie voll des Mitleids für die armen alten Leute ...

Wie funktioniert eigentlich Fernsehen? Im Wesentlichen beruht die Technik auf der Umwandlung von Licht, oder besser Lichtunterschieden, in Strom (das geschieht in der TV-Kamera) und zurück (das passiert in der Bildröhre im Fernsehapparat). Ein Elektronenstrahl tastet dabei ein Fenster zeilenweise ab und schneidet aus den Streifen ein komplettes Bild, von dem genau 25 Stück in eine Sekunde passen; das Einzelbild funktioniert etwa so wie ein Spiegel, der aus Dutzenden kleiner Streifen untereinander besteht. Übertragen wird das Ganze, indem man Strom in rasend schnellem Wechsel durch die Leitung schickt (Modulation). Wo die Kabel enden, da werden die Impulse in Strahlung umgebaut. So kann man übrigens auch Farben in Strom übersetzen und verschicken. So, jetzt wissen Sie's ...

Geschnitten wird beim Film tatsächlich mit der Schere, beim Fernsehen hingegen durch Hin- und Herschalten zwischen verschiedenen Kameras, durch Ausschalten der Kamera und zeitverzögertem Wiedereinschalten oder durch Weglassen von aufgezeichnetem Material. Fernsehbilder speichert man, ähnlich wie Töne, in Form von Magnetimpulsen; das heißt dann MAZ (Magnetaufzeichnung).

Wenn die Familie im Besitz einer Videokamera ist, so kann dies als Grundlage für tolle Spiele (Fernsehen selber machen) dienen, die dem Medium gleichzeitig etwas von seiner Magie nehmen. Aus einem billigen kleinen Notizblock lässt sich auch prima ein Daumenkino basteln; auch dies setzt Aktivität an die Stelle passiver Berieselung.

Fernsehen mit Kindern

Das Fernsehverhalten gucken sich Kinder (fast) immer von den erwachsenen Bezugspersonen ab, daran führt kein Weg vorbei. Es braucht sich niemand zu wundern, wenn die Kleinen ebenfalls wahllos und aus Langeweile (weil einem nichts Besseres als Freizeitgestaltung einfällt) vor dem Kasten hängen und zügig davon abhängig sind. Soll man also das Fernsehen abschaffen, solange die Kinder noch klein sind? Wenn Sie es als Eltern durchhalten, ebenfalls nicht fernzusehen, wäre dies wahrscheinlich die beste Methode zur Immunisierung. Sie brauchen übrigens nicht ohne Fernseher in die Elternschaft einzutreten, eine Abschaffung hat zu jeder Zeit, also auch zwischendurch, einen positiven Effekt. Falsch wäre es, eine (kleine) Glotze dort aufzustellen, wo die Kinder nicht herankommen. Besonders beliebt scheint in diesem Zusammenhang das elterliche Schlafzimmer zu sein, welches dann mit Klebestreifen über dem Schlüsselloch und einem Tuch vor dem unteren

»Die Sendung mit der Maus« mit ihren Lach- und Sachgeschichten zeigt Trickfilme und Wissenswertes

Türspalt zur Lichtfalle umgebaut wird, während der TV-Ton so heruntergefahren wird, dass Papa und Mama gewaltig die Ohren spitzen müssen, um die Dialoge des Spätfilms zu verstehen. Solcherlei verborgener Konsum geht leicht nach hinten los, etwa wenn Junior wach wird und, weil er etwas braucht, plötzlich im geheimen Fernsehzimmer steht. Dann steckt man ziemlich tief im Erklärungsnot.

Wir raten nicht zur Fernsehabstinenz, wir halten das TV für eine durchaus wertvolle Informationsquelle und schauen auch ab und zu selbst ganz gern fern. Das Fernsehen sollte jedoch im Haushalt mit Kindern eine Existenz am Rande führen, es sollte nach Möglichkeit stets von größeren Teilen der Familie genutzt werden, und es sollte nicht dazu führen, das Vorlesen, das Anschauen von Bilderbüchern und (später) das Selberlesen zu vernachlässigen. Nur im Verband mit dem Medium Buch kann das Medium TV in Schach gehalten werden.

➥**Fernsehen**
Kinder sollten ...

> • wissen, dass es Fernsehsendungen mit Wahrheitsgehalt und Sendungen mit Spielhandlung gibt,
> • den Unterschied zwischen einem Trick- und einem Realfilm kennen,
> • nur bestimmte Sendungen allein sehen.

Unserer Meinung nach können Sie den öffentlich-rechtlichen Sendern in Bezug auf die Altersfreigabe oder -eignung vertrauen. »Sandmännchen«, »Löwenzahn«, »Die Sendung mit der Maus«, »Sesamstraße« oder aber die Vierteiler mit der »Augsburger Puppenkiste« sind völlig unbedenklich und bieten zudem noch jede Menge Stoff zum Nachdenken, Nachmachen oder Reden. Auch dem »Kinderkanal« kann man vertrauen, obwohl dort schon etwas mehr Schrott gezeigt wird. Achten Sie z.B. darauf, dass Ihnen das Fernsehen nicht den Stoff zum Vorlesen klaut.

Generell abzulehnen sind die Frühprogramme mit Trickfilmserien, die manche Werbesender bereits ab 6:00 Uhr ausstrahlen. In den Vereinigten Staaten haben solche Programme die Funktion, den Eltern morgens, vor allem am Wochenende, ein bis zwei Stunden mehr Bettruhe zu verschaffen. Als Faustregel sollten Sie um US-amerikanische und japanische Erzeugnisse generell einen Bogen machen, denn sie sind echte Fantasiekiller und dienen in erster Linie als Rahmen für Reklame, die direkt auf Kinder zielt, und damit auf Ihre Nerven und Ihr Portemonnaie.

Für Notfälle, d.h. wenn wirklich einmal nichts Geeignetes im Kasten ist, können Sie sich mit einem Vorrat an (fertig gekauften oder – besser – selbst aufgenommenen) Videokassetten versehen, aus dem die Kinder auswählen dürfen. Ähnlich wie bei Vorlesebüchern ist es unerheblich, wie oft die darauf gespeicherten Programme schon gelaufen sind. Vierzig Mal »Lord Schmetterhemd« oder achtzig Mal »Der kleine dicke Ritter« – Hauptsache, das Material hält es aus. Bei solchen selbst gemachten Programmen haben Sie die Gewissheit, nichts falsch zu machen.

Die Figuren der Sesamstraße zählen schon zu den Klassikern im Kinderfernsehen

Kinder mit Eindrücken aus dem Fernsehen nicht allein lassen

Die Kinder haben während des Ansehens nicht nur das Bedürfnis herumzuzappeln und sich vielfach lautlich zu äußern, sondern auch, das Gezeigte zu kommentieren. Es gibt Theoretiker, die sagen, dass man Kinder nicht korrigieren sollte, wenn sie etwas im Fernsehen als falsch verstanden signalisieren. Wir finden hingegen, dass man als Eltern eingreifen darf und soll (Stichwort Fremd- und andere unverständliche Wörter); das Problem ist lediglich, dass die Kinder Ihre Einwendungen nicht uneingeschränkt akzeptieren werden. Besser ist es, Sie gestatten den Kleinen ihre eigene Auffassung und ergänzen jene lediglich um Ihre persönliche Meinung oder Ideen, auf welche Sie die Sendung gebracht hat. Die berühmte »Nachkriegsmaus« (Was – Sie wissen nicht, was das ist?) ist z.B. ein toller Einstieg über Gespräche (und Aktionen) zum Thema Familiengeschichte. Wir halten es ganz allgemein für den besten Umgang mit dem Medium, wenn Sie aufgreifen, was Ihre Kinder an Inspirationen daraus mitnehmen. Auf diese Weise kann man vom Fernsehen sogar etwas lernen. Nehmen wir einmal an, Sie schauen sich mit Ihren Kindern gemeinsam eine Sendung wie »Tiere vor der Kamera« oder »Wunder der Erde« an; solche Filmberichte sind nie vollständig, werfen stets mehr Fragen auf, als sie beantworten. Genau diese Fragen können Sie dann mit den Kindern diskutieren: Sie können auf Karten den Schauplatz ermitteln, Zusatzinformationen zum Gezeigten beschaffen (Lexikon), einen Zoobesuch arrangieren, Geschichten heraussuchen und Bilder zum Thema anregen. Je seltener das Fernsehereignis, je sorgsamer ausgewählt und je intensiver nachbereitet, desto besser. Mit der Zeit wird Ihnen ein sechster Sinn für geeignete Sendungen wachsen.

Wenn Sie einmal das Experiment machen, Kinder das im Fernsehen Geschaute nacherzählen zu lassen (Hab' ich nicht gesehen, erzähl' doch mal ...), werden Sie deutlich merken, dass dieses Medium nicht so sehr den Intellekt als vielmehr das Gefühl anspricht. Die kleinen Nacherzähler schildern in erster Linie die Emotionen, die sie durchlebt haben, Belustigung, Dramatik usw. Fordern Sie die Kleinen behutsam auf, TV-Geschichten so wiederzugeben, dass auch ein Uneingeweihter die Struktur erkennen kann – diese Form des Weltwissens kann später einmünden in die so genannte TV Literacy, d.h. den bewussten Umgang mit typischen Darstellungsformen des Fernsehens.

Was man um keinen Preis tun sollte, ist, Kinder ins Bett zu schicken, ohne die letzten Fernseherlebnisse durchgesprochen zu haben; Sie können sich nicht darauf verlassen, dass den Kleinen alles ebenso harmlos vorgekommen ist wie Ihnen, dass sie nicht schlimme Dinge mit in ihre Träume einbauen.

Kindern keinen eigenen Fernsehapparat anvertrauen
Auch wenn diese Entscheidung zu lang anhaltenden Tränenkaskaden und Wutausbrüchen führt, die immer wieder einmal hochkochen, sobald das Kind wieder neue Kumpel kennen lernt, die über einen eigenen Apparat verfügen – zögern Sie das eigene Fernsehgerät so lange wie möglich hinaus. Bleiben Sie hart. Irgendwann wird das nachlassen.

Die Auswahl des Programms bewusst angehen
Suchen Sie mit Ihren Kindern gemeinsam Sendungen aus, die die Kleinen allein oder die ganze Familie gemeinsam anschauen möchte. Zur Information verwenden Sie am besten eine TV-Zeitschrift, die etwas mehr über den Inhalt von Sendungen vorstellt. Manche Zeitschriften bieten den Lesern auch vorfabrizierte Listen; Sie müssen sich in Ihrer Auswahl aber nicht auf speziell empfohlene Kindersendungen oder -filme beschränken. Kinder können auch an Wissenschaftsmagazinen oder Naturdokumentationen Spaß haben. Wenn Sie nur dabei sind, dürfen es auch Vorabendseifenopern oder milde Actionserien sein. Je einfacher gestrickt, desto besser. Beispiel »Großstadtrevier« – hier gibt es nette Probleme, durchsichtige Verwicklungen, identifikationsgeeignete Charaktere (und das Gegenteil), und am Ende siegt stets das Gute. Na bitte!
Treffen Sie die Fernsehauswahl regelmäßig, z.B. für eine Woche, sprechen Sie mit den Kindern über die Auswahlkriterien, markieren Sie ausgewählte Sendungen.

Ausgleich zum Fernsehen schaffen

Nach dem TV-Genuss sollte unbedingt getobt werden, um die Folgen des Stillsitzens zu mildern. Dies dient übrigens nicht nur dem körperlichen Chill-out, die Kleinen müssen auch emotional wieder auf den Boden gebracht werden. Wer je Kinder beim Fernsehen beobachtet hat, wird ermessen können, welchem Stress sie dabei ausgesetzt sind, sowohl positivem als auch negativem. Sie haben noch nicht die erwachsene Gelassenheit, alles nur als Show zu betrachten.

Kinder sollten auch nicht in abgedunkelten Räumen hocken und mit Tunnelblick auf die Glotze starren. Es ist besser, wenn sie in größerer Distanz zum Gerät sind (auch wegen der schädlichen Strahlung) und sich obendrein zwischendurch ein wenig abreagieren können, z.B. den Sitz- oder Hockplatz wechseln, eventuell auf Mamis/Papis Schoß, wenn's gar zu schrecklich wird.

Eltern sollten auch versuchen, Konkurrenztätigkeiten wie das Vorlesen, das gemeinsame Singen und andere Aktivitäten so attraktiv wie möglich zu gestalten, um die Gefahr zu minimieren, dass das Fernsehen diesen den Rang ablaufen könnte. Wenn sich die Gelegenheit bietet, das Fernsehen zu vermeiden, sollten Familien unbedingt zugreifen.

Den Fernsehkonsum verringern

Je früher die Kleinen mit dem regelmäßigen Fernsehen beginnen, desto stärker werden sie insbesondere in ihrer Sprachentwicklung gestört. Das kommt vielen vielleicht etwas komisch vor, da das Fernsehen doch jede Menge Gesprochenes (und Gesungenes) bietet. Das ist schon korrekt, doch bietet es dies in der falschen Form an. Wie man sich erinnert, lernen Kinder ganzheitlich, spielerisch und sozial. Das Fernsehen lädt aber nicht zum ganzheitlichen oder spielerischen Lernen ein, und ein sozialer Lernakt kann auch nicht zustande kommen. Die Kinder hocken passiv vor dem Schirm bzw. vollführen Aktivitäten, die nicht zum TV-Ton passen. Interaktion findet nicht statt, mit wem auch? Wer sollte sie vom Fernsehschirm aus bestätigen? Außerdem stürmt zu viel Lernmaterial auf die Kleinen ein, mit dem sie schon wegen der reinen Fülle überfordert sind. Ohne eine selektive Einschränkung des TV-Konsums, ohne vorbereitende, flankierende und nachsorgende Maßnahmen durch echte Bezugspersonen ist Fernsehen für Vorschulkinder ein Risiko, für Kleinkinder aber eine Katastrophe. Also, keine Teletubbies, bitte ...

Untersuchungen haben gezeigt, dass Kinder, die schon früh (vorzugsweise) allein vor dem TV-Gerät hocken, nur einen kleinen, einfachen Wortschatz aufbauen, dass sie sich Aussprachefehler einhandeln und keine Sprachgewandtheit erwerben. Da Sprache und kognitive Entwicklung gemeinsam blühen, wird Letztere zumindest leiden – drohend vereinfacht: Kinder, die nicht so gut sprechen lernen, werden auch nicht so gut denken lernen. Solche Kinder werden im späteren Leben auch nicht auf die Kraft des Wortes bauen, sie werden in Auseinandersetzungen mit sprachgewandteren (d.h. zum Teil ganz normal entwickelten) Kindern den Kürzeren ziehen; man sagt ihnen außerdem nach, dass sie schneller und häufiger zu Gewalt als Mittel der Konfliktlösung griffen, ganz einfach, weil ihnen die Argumente ausgehen, wenn sie überhaupt welche haben. Zum Thema Fantasiemangel und eingeschränktes Vertrauen in die eigene Kreativität haben wir ja schon im Kapitel »Ich glotz' TV« Stellung genommen.

Nicht mit Fernsehen oder Fernsehentzug belohnen bzw. bestrafen
Eine solche Handhabung kann dazu führen, dass die Kinder dem Fernsehen einen besonderen Stellenwert beizumessen beginnen. Je geringer der Wert, den erwachsene Bezugspersonen diesem Medium in Worten und Taten attestieren, desto geringer auch sein Wert für die Kleinen.

Bilderbücher
Vom Wert des Buches war schon des Öfteren die Rede, doch rührt seine segensreiche Wirkung nicht nur von jenen geheimnisvollen schwarzen Krakeln her, deren Gebrauch man erst erlernen muss. Auch Bücher ohne Schrift bzw. Textbücher mit vielen Illustrationen, mit denen Kinder sich ohne erwachsene Anleitung beschäftigen können, sind der Entwicklung förderlich. Sie bieten zwar im Grunde denselben Stoff wie das Fernsehen, tun dies jedoch in kindgerechter Art und Weise. Beim Anschauen von Bilderbüchern können die Kinder ihr eigenes Tempo bestimmen, alle Dinge so oft, so lange und in der Reihenfolge betrachten, wie sie es für wünschenswert halten. Außerdem können sie selbst bestimmen, welches Thema es sein soll, vorausgesetzt, der Haushalt verfügt über eine umfängliche Bilderbuchsammlung. Im Verband mit Erwachsenen betrachtet, wird das Blättern in einem Bilderbuch zum sozialen Akt, der intensiven Austausch über das Betrachten ermöglicht und einführt in die Welt der Symbole. Der frühe selbstständige Umgang mit Büchern öffnet auch den Weg hinein in die Fähigkeit zur aktiven Muße.

Bilderbücher gibt es schon für Menschen ab sechs Monaten (im Zweifel berät der Fachhandel); solche Literatur ist dann unempfindlich, essbar und einfach aufgebaut, enthält nur wenige bunte Bilder von Sachen, die den Kleinen bereits vertraut sind. Die höchste Form der Bilderbuchs repräsentieren große Folianten, die ganze Weltbilder entwerfen und dabei kaum ein Thema auslassen – in Gesellschaft, etwa auf dem Schoß der Erwachsenen hockend, trauen sich Kinder ja auch an jedes Thema heran. Bilderbücher regen die Fantasie an, indem sie auffordern, das Gesehene zu kommentieren, Situationen und Geschichten aus den Bildern herauszulesen, Bekanntes anders dar- und Neues vorstellen. Bilderbücher stellen auch zumeist erste ästhetische Erfahrungen bereit, denn den Kindern prägen sich auch künstlerische Merkmale der Illustrationen im weitesten Sinne ein, sie beeinflussen die bildlichen Ausdrucksmöglichkeiten der kleinen Betrachter positiv. Sechsjährige sind durchaus in der Lage, sich bei ihren eigenen artistischen Bemühungen, z.B. bei Farben und Formen, an der Ästhetik von Bilderbüchern zu orientieren, bis hin zum Versuch der Kopie.

Was sollte man beim Kauf von Bilderbüchern beachten? Wir raten dazu, sich auch von eigenen (erwachsenen) Vorlieben und Sympathien leiten zu lassen, nach Themen zu suchen, zu denen Kinder Interesse äußern bzw. die man in interessante Aktivitäten einbinden kann (Besuch auf dem Bauernhof), Bücher mit Bildern zu wählen, auf denen viel zu entdecken ist und solche, in denen Beziehungen oder Entwicklungen abzulesen sind, etwa im Stil des berühmten Werkes »Hier wächst ein Haus, dort ragt ein Kran ...«. Wunderschön sind auch all jene Bücher, die aus kleinen große Charaktere werden lassen, die mit Sprach- und Bildwitz auch manche Eigenheiten der Erwachsenenwelt aufs Korn nehmen. Was wir ablehnen, sind Bilderbücher, die in Ergänzung zu TV-Trickfilmen oder -serien auf den Markt geworfen werden. Wenn Kinder die Wahl haben zwischen einer bewegten und einer unbewegten Version ein und desselben Bildes, werden sie eventuell der animierten Fassung den Vorzug geben. Anschauen, Begreifen, Nachvollziehen zu animieren und damit Weltwissen bereitzustellen, scheinen uns diese hastig gemachten Bilderbücher bzw. Comic Strips nur sehr bedingt zu leisten.

Es brauchen übrigens nicht immer Bilderbücher für Kinder zu sein. Wenn Kinder Interesse an bestimmten Sachgebieten äußern, können Sie auch auf illustrierte Jugend- und Erwachsenenbücher zurückgreifen. Wenn Sie z.B. die Gelassenheit aufbringen, mit Kindern zusammen in Ihren teuren Kunstbüchern zu stöbern, sei's drum ...

➥**Bilderbücher**
Kinder sollten ...

> • über eine große Auswahl an Bilderbüchern verfügen,
> • schon früh mit Bilderbüchern umgehen können,
> • fähig sein, mit Bilderbüchern auch selbstständig umzugehen,
> • Muße im Umgang mit Bilderbüchern entwickeln können,
> • Beziehungen und Geschichten aus Bilderbüchern ablesen können,

- anderen Menschen Bilderbücher erklären können,
- schon einmal eine Bibliothek besucht haben,
- sich selbstständig Bücher aussuchen können,
- immer wieder Bücher geschenkt bekommen und
- über ein selbst gemachtes Buch verfügen, das ihre eigenen Geschichten erzählt.

Computer

Dass heutzutage schon Vorschulkinder mit Computern hantieren, halten wir nicht für problematisch. Fasziniert von der vielschichtigen Erscheinung des Rechners sind sie sowieso, ähnlich wie vom Fernsehen oder anderen Maschinen im weitesten Sinne. Sobald die Kleinen über eine gewisse motorische Geschicklichkeit gebieten (d.h. etwa ab 4 Jahren), mit Maus oder Richtungstasten umzugehen, kann man mit ihnen einfache Computerspiele spielen oder sie z.B. Zeichenprogramme ausprobieren lassen. Das bringt den Kindern zwar so gut wie nichts, da sie keine umfassende sinnliche Erfahrung mit den Dingen machen können, es schadet aber auch nicht. Es kann auch durchaus passieren, dass Kinder wegen des geringen Aufforderungscharakters einfacher Computerspiele mehr oder minder rasch die Lust daran verlieren. Die Auswahl der Programme müssen Eltern (noch) selbst besorgen, denn unserer Erfahrung nach gibt es zwar jede Menge Bücher und Magazine über Computerspiele, jedoch keine qualifizierte Hilfestellung, was davon für Kleinkinder geeignet sei. Ganz anders sieht es bei Spielcomputern für Kinder aus, z.B. bei einfachen batteriebetriebenen Plastikkästen mit auswechselbaren »Festplatten« aus Pappe, die blöd piepsen oder immer dieselben Sprüche absondern – wir halten dies für eine Art von Sondermüll. Dann schon lieber ein echter Rechner!

➥Computer

Kinder sollten ...

- keine Scheu vor dem Computer haben,
- fantasievolle Computerspiele (wie z.B. die Verkehrssoftware von Janosch oder die Verkleidungsspiele mit Pippi Langstrumpf) spielen dürfen,
- sinnliche Erfahrung von virtueller Erfahrung unterscheiden können.

Religion

Wir finden, dass Religion direkt oder indirekt einen wichtigen Teil unseres Daseins bildet, dass sie zu unserem Leben quasi dazugehört, trotz aller Verweltlichung. Wir lassen unsere Kinder immer noch taufen, kommunizieren bzw. konfirmieren, wir heiraten immer noch kirchlich, wir wünschen uns immer noch eine religiöse Zeremonie für unser Begräbnis. Wir bekräftigen immer noch – als Beamte oder vor Gericht – einen Schwur mit dem Zusatz: So wahr mir Gott helfe. Viele von uns würden sich nicht als fromm bezeichnen, dennoch richten wir uns, ohne darüber nachzudenken, sehr oft nach Grundsätzen, die letztlich aus der Religion stammen. Positive Haltungen wie Mitleid, Barmherzigkeit, Toleranz oder Nächstenliebe werden durch die Religion hervorgehoben und wohlwollend angezeigt, negative Haltungen werden entschieden abgelehnt, als Sünde nämlich. All dies ist durchaus tauglich, als Regelsatz für das Miteinander von Menschen zu

Ausschnitt aus dem Klosterneuburger Altar, um 1180

dienen. Die sieben Todsünden der christlichen Religion, als da wären Neid, Jähzorn, Genusssucht, Faulheit, Wolllust, Völlerei und Geiz, sind Untugenden, denen man mit weltlichen Gesetzen nicht beikommen kann. In den zehn Geboten finden sich immer noch Vergehen, die auch ein nicht gläubiger Mensch verabscheut. Gebete können in schweren Stunden Trost verschaffen, denn die Bitte um Hilfe ist auch ein Sammeln, ein Konzentrieren und Nachdenken. Gebete können Kraft geben, schlimme Lagen zu überstehen, vermutlich können sie sogar Selbstheilungskräfte aktivieren.

Kinder haben, wie wir schon weiter vorn gesagt haben, einen natürlichen Hang zur Religion. Eine kritische Haltung tritt erst im Teenager-Alter zutage. Die in vielen Weltreligionen übereinstimmend existierenden Konzepte vom Anfang der Welt, von gutem und schlechtem Verhalten und von dem, was nach dem Tode geschieht, sind für Kinder gut verständlich und helfen ihnen in angemessener Weise beim Begreifen der Welt. Aktivitäten während des Gottesdienstes, also Bewegungen, Lieder und Gebete sind ein gutes Modell, Gemeinschaft ganzheitlich zu erfahren, ebenso das weltweite Auftreten bestimmter Gegenstände, wie Gotteshäuser, Schmuck, Innendekoration oder religiös bestimmte Handlungen, etwa das Kreuzschlagen.

Wir halten es nicht für ein Problem, Kindern zu verstehen zu geben, dass es zwischen den Konfessionen und auch Religionen weit mehr Gemeinsamkeiten als Unterschiede gibt. Kinder neigen von Natur aus dazu, fremdartige Dinge lediglich als anders einzuschätzen, nicht als unter- oder übergeordnet. Jede Art von Dünkel kann ihnen nur von außen eingepflanzt werden. Die Behauptung, diese oder jene Religion sei dieser oder jener anderen Religion überlegen, Ablehnung oder gar Hass gegen Angehörige anderer Religionen und die Angst vor einer Übermacht anderer Religionen können nur von Erwachsenen kommen.

Kindgemäße Medien zum Thema Religion, etwa Kinderbibeln, Bilderbücher mit Geschichten aus der Bibel (»Wie buchstabiert man Gott«) oder Vorlesestoff, Lieder und Gebete für Kinder, aber auch Informationsmaterial über andere Religionen (z.B. die beiden Bände Kinder erleben die Weltreligionen« von Monika Tworuschka) lassen sich problemlos über den Buchhandel beschaffen.

➡Religion
Kinder sollten ...

> • wissen, dass sie in Gott gut aufgehoben sind,
> • erfahren, dass religiöse Handlungen kein Zwang sein sollen,
> • ein kurzes Gebet kennen,
> • ein langes Gebet kennen,
> • ahnen, was ein guter Mensch ist,
> • ahnen, was falsches oder böses Verhalten ist,
> • die Bedeutung und den Anlass der christlichen Feiertage kennen,
> • wissen, dass es verschiedene Konfessionen gibt,
> • wissen, dass es verschiedene Religionen gibt,
> • wissen, dass es mehrere Wege zu Gott gibt,
> • wissen, dass eine Kirche, eine Synagoge und eine Moschee dieselbe Funktion haben,
> • einige Feiertage anderer Religionen kennen,
> • wissen, wie in verschiedenen Religionen gebetet wird,
> • einen Gottesdienst besucht haben,
> • den Kindergottesdienst besuchen,
> • einige Lieder beherrschen, in denen von Gott die Rede ist.

Körper

Körperfunktionen

Das Interesse am eigenen Körper und an denen anderer Menschen ist Kindern gewissermaßen angeboren. Gefühle wie Scham oder gar Ekel kommen natürlicherweise nicht bei ihnen vor. Besonders fasziniert zu sein scheinen sie von sicht- und fühlbaren Lebensäußerungen, etwa Herzschlag, Magengeräuschen, sich verdickenden Adern (bei Erwachsenen) oder allerlei vegetativen Vorgängen, etwa nachwachsenden Haaren (z.B. Papis Bart), Fingernägeln, sich schließenden Wunden und zusammenwachsenden Knochenbrüchen. Ihr eigenes Wachstum beobachten sie ebenfalls mit Begeisterung; sie scheinen es übrigens nicht von »innen heraus« zu erfassen, sondern orientieren sich an gewandelten Verhältnissen. Wenn sie sich auf einmal nicht mehr mit einem Kopfkissen zudecken können, wenn der Kopf nicht mehr zwischen den Sprossen des Treppengeländers hindurchpasst oder wenn sie neuerdings über eine verlängerte Reichweite gebieten (sodass die Eltern schutzwürdige Gegenstände jetzt weiter oben lagern müssen), so sind dies Erfahrungen, die stärker wirken als die immer höher steigenden Markierungen, die der Papa mit dem Taschenmesser in den Türrahmen einkerbt (wenn ihn die Mama lässt ...), da sie Probleme aufwerfen, die gelöst werden müssen.

Was sollten Kinder über den Körper des Menschen wissen? Wie die Sinnesorgane arbeiten, muss wahrscheinlich nicht extra erläutert werden. Wie das Skelett funktioniert, kann man anhand von Möbelstücken erläutern oder auch anhand großer Rohbauten in (daher heißt das so) Skelettbauweise. Knochen lassen sich auch gut ertasten, etwa an Händen und Füßen oder im Brustkorb. Knochen werden durch Sehnen zusammengehalten, die sich ebenfalls gut ertasten lassen. Was Muskeln leisten, können Kinder auch leicht selbst ausprobieren, etwa wenn sie die Fußspitze heben und senken; in diesem gut nachvollziehbaren Fall verkürzen sich die Muskeln im Unterschenkel entweder vorn oder hinten, wie sich gut ertasten und auch von innen heraus fühlen lässt. Was Nerven sind, lernt jedes Kind spätestens dann, wenn es mit Äußerungen des so genannten Musikantenknochens konfrontiert wird – hier läuft, nebenbei bemerkt, ein wichtiger Nerv (er heißt Ulnaris) außen über einen Vorsprung des Oberarmknochens; ein Schlag darauf erzeugt nachhaltige Schmerzen und Empfindungsstörungen in Unterarm und Hand. Wer nicht auf eine Reizung des Ulnaris warten möchte, dem sei ein einfaches Experiment empfohlen: Eine Hand für längere Zeit in heißes Wasser, die andere in kaltes Wasser getaucht, führt, wenn man beide Hände anschließend in lauwarmes Wasser hält, zu ganz unterschiedlichen Empfindungen – einfach mal ausprobieren ... Und die Gänsehaut? Sie kommt daher, dass Nerven uns Kälte signalisieren und unsere Haut damit reagiert, dass sie die Haare hochstellt, von denen wir leider seit ein paar hunderttausend Jahren kaum noch welche haben.

Ob man als Eltern so weit gehen möchte, Kindern die Funktion der Organe zu erklären, hängt von der Umständen ab. Bei Störungen, etwa Bauchweh mit Erbrechen oder Durchfall bzw. Verstopfung, sollte man das nicht zuletzt zur Beruhigung der Kinder tun. Wenn Sie nicht genug zu wissen glauben, empfehlen wir die Anschaffung eines einfachen Lehrbuchs der Medizin (Der kleine Hausarzt) oder eines computergeeigneten Datenträgers zu diesem Thema – die vereinfachende Umsetzung, die kindgerechte Schilderung von organischen Vorgängen ist sowieso Ihre Sache, denn Medizinlehrbücher für Kinder existieren unseres Wissens noch nicht (wohl aber solche über einzelne Leiden, die auch Kinder befallen können).

Wie es gehen kann, möchten wir anhand eines Beispiels erläutern. Die Lungen sind dazu da, Luft in den Körper zu pumpen. In der Luft sind Stoffe, die wir zum Leben brauchen, z.B. der Sauerstoff, und der wird u.a. in den Lungen der Atemluft entzogen. Sauerstoff weist man nach, indem man das Kind ein Glas über ein brennendes Teelicht stülpen lässt – die Flamme braucht eben auch Sauerstoff, und wenn der verbraucht ist, geht sie langsam aus. Der menschliche Körper lässt sich in diesem Zusammenhang auch gut mit einem Auto vergleichen, dessen (Verbrennungs-)Motor ja auch Luft benötigt. Daher sind vorn, wo der Motor sitzt, auch Öffnungen für die Luft, und das Ausatmen geschieht hinten, durch den Auspuff. Jetzt müssen Sie ihrem Kind nur noch erklären, dass bei der Verbrennung (= Oxidation) nicht immer Hitze entstehen muss, damit es nicht in Panik gerät, es könnte innerlich verschmoren – versuchen Sie es einmal mit dem Beispiel rostenden Eisens, wobei Sie auch gleich noch erläutern könnten, warum Blut rot ist ...

Noch mehr Beispiele? Die Nieren funktionieren so ähnlich wie ein Kaffeefilter, das Herz wie die Pumpe im Aquarium (oder wie eine Wasserpistole ...), der Magen wie ein Kochtopf bei der Eintopfherstellung (dass er ständig in Bewegung ist, weist ein Lauschversuch auf der Bauchdecke nach; ein Schluckauf ist der Versuch des Bauches, den Mageninhalt umzulagern; wenn der Magen leer ist, knurrt er; hat man zu viel Luft verschluckt, muss man aufstoßen – aber das wissen Kinder von selbst); die Leber macht etwa dasselbe, was der Essig (die Galle) mit dem Öl anstellt, wenn man eine Salatsoße herstellt, nämlich das Fett in kleine Bläschen zu zerlegen und im Darm läuft so ziemlich dasselbe ab, was in der Küche geschieht, wenn man Sachen aus dem Supermarkt zum Essen vorbereitet; er trennt nämlich das Essbare vom Rest, macht Ersteres genießbar und entsorgt Letzteres, und zwar fest und als Gas ...

Wie man hoffentlich erkennt, kann es großen Spaß machen, kindlichem Wissensdurst auch in Bezug auf komplizierte Prozesse zu begegnen, und das gilt natürlich nicht nur für Funktionen des Menschenkörpers. Das Vergnügen erwächst daraus, zusammen mit den Kindern für Kinder geeignete Erklärungsmuster zu finden, und aus der Befriedigung, das Weltwissen der Kinder zu erweitern und damit ihre Selbstsicherheit zu steigern.

Worüber Kinder in dem Alter, auf das sich unsere Betrachtung bezieht, wenigstens ansatzweise Bescheid wissen sollten, sind Bezüge zwischen körperlichen und seelischen Befindlichkeiten. Schlechte Laune oder Traurigkeit können z.B. aus Übermüdung erwachsen oder gar aus Hunger. Umgekehrt können gute Stimmung, ein freundlicher Umgangston und Distanz von Sorgen (etwa indem man sie bewusst und gezielt abarbeitet ...) zu körperlichem Wohlsein führen. Jetzt, in diesem Moment bin ich glücklich, jetzt, in diesem Moment geht es mir auch physisch gut ... Es lohnt sich, Kinder auf solche Zusammenhänge aufmerksam zu machen, sie behutsam einzuführen in die Welt zwischen Leib und Seele.

➡**Körper**
Kinder sollten ...

> • die wichtigsten Körperteile benennen können,
> • einige Körperfunktionen in ihnen verständlicher Art und Weise kennen und erklären können und
> • ansatzweise differenzieren können zwischen seelischer und körperlicher Befindlichkeit.

Krankheiten

Kinder sollten ansatzweise Bescheid wissen über Krankheiten und ihre Symptome. Ähnlich wie bei der Erklärung von Bau und Funktion von Körperteilen und Organen kann man bei der Erläuterung von Fehlfunktionen so ziemlich alles in kindgerechte Form umgießen und so den Kleinen nahe bringen. Wie weit man als Eltern dabei gehen mag, welche Leiden man thematisiert, welche Folgen man schildert, ist Sache des Gefühls bzw. des Gesprächsanlasses. In jedem Fall ist die Krankheit eines Kindes auch eine große Chance, Zugewandtheit, Nähe und Fürsorge zu vermitteln und damit Dinge wie Bindung und Vertrauen zu verstärken. Wer je erlebt hat, wie

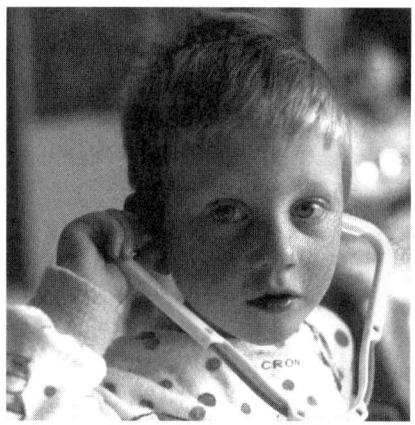

*Mit Kindern über Krankheit und Leiden
zu sprechen erfordert Sensibilität*

eng sich kranke Kinder an Bezugspersonen anzuschließen bereit sind, wird wissen, wovon die Rede ist.

Bei eher harmlosen Fehlfunktionen wie Übelkeit, Verstopfung, Durchfall, Fieber, Schnupfen, Husten usw. lassen sich ohne Probleme kindgerechte Erklärungen finden, die neben der Erweiterung des Weltwissens auch den Effekt der Beruhigung haben können. Bei elterlicher Ratlosigkeit empfehlen wir wiederum den Erwerb einschlägigen Informationsmaterials. Machen Sie aus Mikroben und Antikörpern kleine Wesen, die gegeneinander kämpfen (es muss ja nicht mit dem Tod der Bösen enden, Vertreibung reicht auch ...), machen Sie aus Fieber ein inneres Feuerchen, das schlimme Dinge verbrennt, oder machen Sie aus Schnupfen einen Spülvorgang, der böse Stoffe ausschwemmt. Der auf Kinder gezielten Lust am Fabulieren sind keine Grenzen gesetzt. Und: Schaffen Sie Vertrauen in die Heilkräfte von Natur oder Chemie, je nachdem, ob Sie einer sanften oder einer unsanften Medizin die Stange halten.

➡ **Krankheiten**
Kinder sollten ...

- ansatzweise über das Wesen von Krankheiten, die sie schon einmal betroffen haben Auskunft geben können,
- bei einer Diagnose in einfacher Form behilflich sein können (hier tut's mir weh, es brennt ...),
- bei Krankheit Vertrauen zu Bezugspersonen entwickeln können,
- Glück und Erleichterung bei einsetzender Heilung empfinden können (die Kraft wächst wieder, eine Wunde schließt sich, der Husten lässt nach),
- im Notfall unbedingt intensiv davon überzeugt werden, dass Ärzte zu ihrer Hilfe tätig sind,

- Betroffenheit für (andere) kranke Menschen empfinden und sich dazu äußern können,
- sich des Zustands der Gesundheit immer wieder glücklich bewusst sein können und
- schon einmal über die Zusammenhänge von Gift in der Umwelt und Krankheiten nachgedacht haben.

Tod

Vorschulkinder haben noch kein realistisches Konzept für den Tod, auch wenn sie den Tod von nahe stehenden Personen oder anderen Lebewesen selbst miterlebt haben oder wenn sie z.B. durch Märchen oder aus dem Fernsehen etwas darüber erfahren. Sterben ist für sie so etwas wie Weggehen, tot sein so etwas wie Abwesenheit, eine längere Abwesenheit, denn mit dem Begriff der Ewigkeit können sie noch nichts anfangen. Der Tod erfüllt Kinder zumeist mit Angst. So passierte es, dass eine Vierjährige spontan zu weinen anfing, weil sich ein ihr sympathischer Zeitgenosse in ihrer Gegenwart eine Zigarette anzündete, nachdem der Papa ihr gerade erklärt hatte, dass man vom Rauchen stürbe; sie hatte echte Angst um diesen Menschen.

Dass jeder Mensch einmal sterben muss, sie selbst eingeschlossen, können Kinder erst spät erfassen. Über lange Zeit ist der Tod für sie etwas, was ausschließlich ältere Menschen betrifft, und dies empfinden sie als beruhigende Erkenntnis. Tod als biologisches Phänomen aufzufassen, gelingt offenbar erst Kindern am Ende der Grundschulzeit. Bis dahin spielen sie z.B. unbefangen auch mit toten Tieren, etwa mit einer Jagdbeute. Die Reaktionen von Bezugspersonen auf den Tod Dritter, womöglich auf den von geliebten Menschen, erfüllen Kinder in jeder Phase mit großem Erschrecken und tief empfundener Hilflosigkeit. Wenn sie dann das Gespräch suchen, dürfen trauernde Erwachsene ruhig offen und ehrlich sein; Einwendungen wie »Das verstehst du noch nicht« halten wir für unangemessen. Kinder sollten an der Trauer, die in einer Familie herrscht, teilnehmen (es sei denn, die Trauer ist zu groß und der Trauernden sind zu viele; in diesem Fall sollte man über einen Ortswechsel nachdenken), in die Aktivitäten rings um einen Trauerfall eingebunden werden und an der aktiven Zuwendung und Anteilnahme, die Verstorbenen später angedeiht. Ein Friedhof als Ort der Stille, des besonderen Benehmens und des Gedenkens an die Verstorbenen sollte auch für Vorschulkinder ein vertrauter Ort sein.

Todesahnungen oder gar -angst von ihnen nahe stehenden Menschen übertragen sich unweigerlich auf Kinder. Wir raten auch hier zur Ehrlichkeit und nicht zum (nutzlosen) Versuch, den Kindern etwas vorzumachen. Gegen die schweren Krisen und seelischen Verletzungen, die Kinder durch den Tod von Eltern oder Geschwistern erleiden, hilft nur Abwarten und intensives Aufarbeiten in Form von verstärkter Zuwendung, Gesprächen usw. Wir wünschen keinem Kind solche Erfahrungen.

➦Tod
Kinder sollten ...

> • auf Fragen nach dem Tod ehrliche Antworten erhalten,
> • möglichst nicht vor Nachrichten über den Tod »geschont« werden und
> • in Bezug auf ihre Trauer nicht mit erwachsenen Maßstäben gemessen werden.

Sport

In Zeiten, in denen erschreckend viele Kinder im Test der Schulreife durch Übergewicht, Unterentwicklung oder Nichtbeherrschen einfachster motorischer Vorgänge auffallen, sind Bemerkungen zum Thema Kinder und Sport mehr als angezeigt. Sport wird von vielen Erwachsenen als unnötig bzw. unzeitgemäß betrachtet, weil andere Freizeitaktivitäten mehr Spaß versprechen. Andere wiederum sehen bei sportlichen Aktivitäten die Gefahr, die Kleinen könnten sich zu dem entwickeln, was ein guter Freund einmal als »Leistungsaffen« bezeichnete. Letzteres erscheint uns auf der Altersstufe, mit der wir uns hier befassen, nicht zu drohen, da Kinder nicht zu konkurrierendem Verhalten neigen, es sei denn, sie bekommen es vorgelebt. Die Wissenschaft geht übrigens davon aus, dass auch Desinteresse am Sport bzw. eine Abneigung gegen Sport im Allgemeinen oder gegen bestimmte Sportarten entweder durch Modell-Lernen erworben wird oder aus übertriebener Sorge der Eltern um die Gesundheit der Kleinen erwächst (so was machst du nicht, das ist viel zu anstrengend/gefährlich/schmutzträchtig ...).

Sport für Kinder sollte zum Gemeinschaftserlebnis taugen, das eigene Körperempfinden fördern, einer gewissen Grundfitness und einem Mindestmaß an motorischer Gewandtheit dienen sowie dem Aufbau von Selbstvertrauen bei gleichzeiti-

ger Einübung in den Umgang mit vereinbarten Regeln und (eventuell) einer anderen Form des Naturerlebens. Sport sollte
auch vertraut machen mit Erfahrungen
wie Gewinnen und Verlieren, wobei wir
jedoch einen deutlichen Akzent auf das
auch legen würden. Und Sport für Kinder sollte immer eines nicht sein, nämlich Überforderung.

Sportliche Aktivitäten für Vorschulkinder kann man jederzeit ohne professio-
nelle Geräte oder Räumlichkeiten organisieren, entweder drinnen oder (besser)
draußen. Dafür sind sogar die Einrichtungen ganz konventionell ausgestatteter
Spielplätze geeignet, wenn sie z.B. noch
die etwas älteren Gerätschaften aus bunt
lackierten Metallrohren aufweisen. Drinnen kann man schon einmal mit Klet-

*Bälle aller Art sind gut geeignet als Sport-Spiel
Geräte*

tern, Toben und Kissenschlachten auf den Betten beginnen, mit Purzelbäumen
über den Teppich oder mit Balancieren auf einem Schal, den man auf dem Boden
ausrollt. Generell empfiehlt es sich, Sport und Spielen miteinander zu kombinieren, vielfältige Bewegungsabläufe anzuregen und alles in Gemeinschaft zu tun. Wer
mehr tun möchte, kann auf reichlich Auswahl an Sport-Spiel-Geräten zurückgreifen, etwa große Bälle, Sprossenwände, Pedalos (eine Art von Rollschuhen, die
durch Beinheben und -senken angetrieben werden), Stelzen, Schaukeln, Trapeze
und und und. Bei Ratlosigkeit unter Eltern, Nachbarn und Bekannten, welche
Übung, welches Gerät usw., helfen Bücher zum Thema. Wir empfehlen, freies Radfahren und Schwimmen schon vor Schulbeginn lernen zu lassen, das Erstgenannte
natürlich eingedenk der Gefahren des Straßenverkehrs (vgl. Kapitel Verkehr).
Grundlegende Übungen sollten z.B. auf sicherer Fläche stattfinden, und für weitere
Touren empfiehlt sich das Fahren im (Familien-)Verband, übrigens ein prima Sozi-
alereignis.

Was man als Eltern nutzen sollte, sind Angebote von Vereinen für ganz kleine
Sportsleute. Dort lernen sie eine andere Gemeinschaft mit anderen Strukturen und
Anforderungen kennen, intensivieren also zusätzlich zum körperlichen auch das
soziale Erleben. Von den besonderen Vorzügen des Sports mit Pferden berichten
wir im Abschnitt Kinder und Tiere.

➥Sport

Kinder sollten ...

- Freude an sportlichen Aktivitäten im weitesten Sinne erleben können,
- eine Vorstufe zum Bewusstsein des eigenen Körpers, seiner Funktionen und seiner Leistungsfähigkeit empfinden können,
- ahnen können, wann es genug ist,
- erfahren können, dass Übung den Meister macht, auch im Sport,
- schon einmal Glück und Stolz ob eines Zuwachses an Geschicklichkeit empfunden haben,
- schon einmal mit anderen Kindern oder den Eltern nach sportlichen Aktivitäten geschwitzt haben und müde und schmutzig geworden sein,
- sich schon einmal nach Bewegung gesehnt haben,
- sich nicht als ungeeignet (zu zart, zu faul, zu feige) gefühlt haben und
- einige Geschichten und Lieder zum Thema Sport kennen.

Sexualität

Wir wissen seit Freud und Co., dass Kinder sich aus natürlichem Antrieb intensiv mit dem eigenen Körper befassen und dass sie sich im Laufe ihrer Entwicklung immer besser darin und damit zurechtfinden. Sie sind auch vollkommen glücklich mit dem Geschlecht, das ihnen angeboren ist und dessen Eigenheiten ihnen ebenfalls nach und nach vertraut werden. Das Unglück von Mädchen, kein Junge geworden zu sein, das Freud Anfang des 20. Jahrhunderts zu beobachten glaubte, hängt sehr wahrscheinlich mit der damaligen Geringschätzung der Frau zusammen. Freud beschrieb also eher ein gesellschaftliches als ein biologisches Phänomen.

Wie das eigene und das andere Geschlecht beschaffen sind, das erkunden Kinder auch im praktischen Versuch, wofür die Erwachsenen den hübschen Begriff »Doktorspiele« geprägt haben. Zweck solcher Übungen ist das Durchprobieren aller möglichen Aspekte geschlechtlichen Handelns einschließlich diverser sexueller Rollen, denn Kinder sind bis etwa zum 11. Lebensjahr bisexuell; erst in der Pubertät entwickeln sie eine vollständige sexuelle Identität sowie ein Komplettkonzept von körperlicher und Herzensliebe.

Was diverse Theoretiker als Latenz- oder sexuelle Ruhezeit ansehen, ist in Wahrheit nichts anderes als eine unauffällige, vor der Beobachtung der Erwachsenen versteckte Fortführung der Experimentierphase.

➥**Sexualität**

Kinder sollten ...

> • bei ihrer Orientierung möglichst nicht auf Rollenklischees festgelegt wer-
> den (Jungs tun so etwas nicht, das ist Frauenarbeit usw.) und
> • Eltern bei Tätigkeiten beobachten können, die sowohl geschlechtsspezi-
> fisch (Papa rasiert sich) als auch traditionell geschlechtsunspezifisch
> (Papa kocht, Mama tapeziert) sind.

Natur

Der Großteil der Kinder von heute kommt nicht mehr oder nur noch in sehr ein-
geschränktem Maße direkt mit der belebten Natur in Kontakt. Wenn sie die Welt
der Pflanzen erleben möchten, so müssen sie sich mit Parks oder deren Vorstufen
beschäftigen, um Tiere kennen zu lernen, müssen sie einen Zoo besuchen, den
Wandel der Natur im Verlauf der Jahreszeiten können sie oft nur anhand weniger
Baum-Einsiedler am Rand der Wohnstraßen erfahren.

Wahrscheinlich wird man auch ohne direktes Naturerleben zum vollwertigen
Erwachsenen, und ein verantwortungsbewusster Umgang mit der belebten und
unbelebten Umwelt kann auch Menschen gelingen, die in der Großstadt aufwachsen. In kindlicher Art und Weise angeeignete Erfahrungen der Natur haften jedoch
länger und intensiver, und sie erleichtern jeglichen Zugang zum Thema, gleichgültig wann er erfolgt.

Abenteuer Natur

Das schönste und einflussreichste Erleben der Natur geschieht wohl in unkontrol-
lierten Eckchen, die sich fast überall finden lassen. Hier dürfen Kinder mit der ganzen Person zur Sache gehen, Bäche stauen, Hütten bauen, Tiere beobachten, sie
dürfen sich besudeln und schon einmal kleinere Flurschäden anrichten bei ihrem
Tun. Früher gab es Abenteuerspielplätze, auf denen genau diese Dinge passieren
durften, ja sollten. Leider stören solche Einrichtungen das Schönheits-, insbesondere jedoch das Ordnungsempfinden vieler Erwachsener. Wenn Sie in Ihrer Umge-

bung die entsprechenden Geländebedingungen haben, sollten Sie die Einrichtung eines solchen kontrolllosen Spielplatzes anregen.

➥**Natur**
Kinder sollten ...

- sich schon einmal beim Spielen nasse Füße geholt haben,
- schon einmal einem Kumpel geholfen haben, der sich seinerseits nasse Füße geholt hat,
- sich beim Spielen schon einmal (oder mehrmals) mit anderen Kindern zusammen nach Herzenslust eingesaut haben,
- schon einmal einen Bach gestaut haben,
- schon einmal eine Bude gebaut haben,
- die besten Naturmaterialien für eine solche Konstruktion kennen,
- schon einmal nach einem Vogel gespäht haben, dessen Gesang sie von irgendwoher gehört haben,
- schon einmal eine Pusteblume gepustet haben,
- schon einmal an einem Lagerfeuer gesessen haben und
- schon einmal so lange gespielt haben, dass sie erst durch einbrechende Dunkelheit gestoppt wurden.

Pflanzen

Wer einen Garten besitzt oder benutzt, braucht sich um Interesse von Kindern an der Natur keine Sorgen zu machen. Sie nutzen die Fläche nicht nur zum Spielen, sondern betätigen sich mit großer Begeisterung als Gärtnergehilfen. Sie empfinden es sogar als Spaßsteigerung, wenn sie unter Anleitung selbst ein Stückchen Land bearbeiten dürfen. Mitunter muss man sie bremsen, weil sie nach der Aussaat ständig nachschauen bzw. -buddeln möchten, um nach dem Rechten zu sehen. Außer dass solch eine spielerische Gartenarbeit direkt in die Zusammenhänge von Wachsen und Vergehen einführt, übt sie auch noch die Fähigkeit zur Geduld und zur Muße. Für den Anbau eignen sich problemlose Pflanzen, deren Früchte gleich verzehrt werden können, etwa Radieschen oder Karotten, daneben können von den Kleinen kultivierte Kräuter und Blumen als sinnfälliger Beitrag zum Sozialleben genutzt werden, indem sie den Familiensalat oder die Ästhetik der Wohnung bereichern. Ein Besuch im Baumarkt beweist, dass es sämtliche Gartengeräte auch im Kleinformat gibt.

Wer nicht über einen Garten verfügt, kann zusammen mit den Kindern allerlei Pflanzen in Töpfen anbauen. Auf der Fensterbank klappt das sogar besser als im Freien, weil keine Witterung dazwischenfunkt. Hier braucht man sich übrigens nicht auf unmittelbar verwendbare Pflanzen zu beschränken. Wenn man im Herbst gesammelte Baumfrüchte, z.B. Eicheln, Nüsse oder die Samen in Fichtenzapfen, über Winter im Tiefkühlfach aufbewahrt, kann man sie im Frühling im Topf zum Keimen bringen. Oder man kann sein eigenes Wellensittichfutter kultivieren, indem man es einfach in einen Topf mit Erde streut.

Im Garten machen Kinder auf natürliche Weise die direkte Erfahrung des Wandels der Jahreszeiten: Vorbereitung und Aussaat im Frühling, Wässern, Mähen und erstes Ernten im Sommer, Vollernte und Wintervorbereitung im Herbst. Für etwas weniger intensive Erfahrungen eignet sich aber auch ein Park, den man häufig besucht, oder ein sicheres Stückchen unbearbeiteten Landes. Oder man fährt mit den Kleinen öfter einmal aufs Land.

Bei gemeinsamen Erkundungen in der Natur, die nicht zur Bereicherung des Speisezettels dienen sollen, kommen natürlich ebenfalls wertvolle Erfahrungen zustande. Ein Spaziergang durch die Felder führt zum Getreide, aus dem Brot und Nudeln gemacht werden, oder zum Mais, den man zu Cornflakes verarbeitet, zu Rüben, aus denen der viele Zucker entsteht (im Wesentlichen übrigens durch Kochen) und zum Raps, mit dessen Öl sogar Autos fahren können (deren Abgase dann wie Pommes Frites riechen). Zu sehen ist aber auch die Leere der Landschaft, die künstlich entwickelt wurde, um das Land quasi industriell bearbeiten und ausbeuten zu können, und zu sehen ist vielleicht auch der Einsatz von Kunstdünger und allerlei Gift. Nicht zu sehen ist bestimmt das, was einschlägige Bilderbücher den Kleinen als Landleben vorzuführen versuchen, nämlich Vielfalt in idyllischer Harmonie.

Schnell wachsende Pflanzen wie Kresse eignen sich besonders gut für das Gärtnern mit Kindern

Ein Gang durch einen Wald führt ein in die Anfangsgründe der Ökologie, der Lehre vom Zusammenwirken unterschiedlicher Pflanzen und Tiere auf eine Landschaft. Im Frühling, wenn noch keine Blätter an den Laubbäumen sind, blüht es überall am Waldboden, im Sommer herrscht dort geheimnisvolles Dämmerlicht; die niedrige Vegetation ruht dann. Im Herbst kann man die abgefallenen Blätter (die Bäume lassen sie übrigens fallen, um die Wasserverdunstung im Winter herunterzufahren) zu herrlich weichen Spielpolstern zusammenraffen und aus Kastanien, Eicheln usw. Tiere und Figuren basteln, die man mit Streichhölzern (ohne Schachtel) zusammensteckt. Wenn man etwas tiefer im Laub wühlt, erkennt man, dass es unten wieder zu Erde wird und dass viele kleine oder gar unsichtbare Tiere daran arbeiten. Zu jeder Jahreszeit lassen sich große und kleine Buden (Trollhäuschen) bauen, am besten mit dem vielen trockenen Fallholz, das sich auch leicht bearbeiten lässt. Das geht gleich neben dem Weg, dann hat der Förster nichts zu meckern. Herbstlaub und -früchte kann man mit nach Hause nehmen und dort zu Zimmerschmuck verarbeiten oder zu einer kleinen biologischen Sammlung. Dass der Wald ein prima Abenteuerspielplatz ist und eine Schatzkammer mit vielen Wundern, verstehen Kinder sowieso, dass man ihn aber auch anderweitig nutzt, sollte man ihnen anhand von Schaschlikspießchen, Wandverkleidungen, Möbeln, Weihnachtsbäumen, allerlei Verpackungen, Zeitungen und Büchern erklären. Wer auf die vielen Was-ist-das-Fragen vor Ort angemessen eingehen möchte, sollte sich im Zweifelsfall mit einem einschlägigen Naturführer in Taschenbuchform versehen.

➥ **Pflanzen**
Kinder in der Natur sollten ...

> • wissen, dass Pflanzen Lebewesen sind, die sich ernähren (von Licht, Luft und Mineralien), sich vermehren und absterben,
> • wissen, dass Pflanzen aus verschiedenen Samen heranwachsen,
> • wissen, dass auch aus kleinen Samen große Geschöpfe werden können,
> • ahnen, wie wichtig Pflanzen für die menschliche Ernährung sind,
> • schon einmal Obst direkt vom Ast in den Mund gefuttert haben,
> • die wichtigsten Brotgetreidearten kennen,
> • einige Baumarten an Blättern, Früchten und Bau erkennen können,
> • im trockenen Herbstlaub getobt haben,
> • ahnen, dass kein Lebewesen isoliert von anderen existieren kann und

dass auch wir Menschen zu einem großen Ganzen gehören,
• die Auswirkungen der Jahreszeiten auf die Planzenwelt erlebt haben (im
  Garten, im Park, im Wald, am Saum des Spielplatzes),
• wissen, in welchem Stadium sich die Natur an ihrem Geburtstag befindet,
• an einer Handvoll Erde gerochen haben,
• mit frischem Sägemehl gespielt haben und
• schon einmal selbst ausgesät, gepflegt und geerntet haben.

Tiere

Viele Menschen haben Lieblings- und Ekeltiere, solche, die sie mögen, und solche, die sie nicht mögen. Mit Letzteren können sie nichts anfangen, sie flößen ihnen Unbehagen ein oder sie schmutzen oder sie haben damit persönliche schlechte Erfahrungen gemacht. Bei einigen Erwachsenen lösen bestimmte Tiere krankhafte Angstzustände aus, so genannte Phobien. Am bekanntesten ist in diesem Zusammenhang wohl die Spinnenangst, medizinisch korrekt Arachnophobie genannt, die übrigens – entgegen einem landläufigen Vorurteil – nicht nur Frauen betrifft. Solche Phobien sind vermut-lich erlernt. Man nimmt an, dass Phobiker (das sind Menschen mit einem solchen Leiden) ihre Angst durch Modell-Lernen erwerben, und zwar von Bezugspersonen, die eben-falls unter der betreffenden Phobie leiden. Das führt uns zu den Kindern – sie haben nämlich keine Ekeltiere. Kleine Menschen schrecken vor kei-nerlei Viehzeug zurück, egal wie groß, wie gefährlich oder wie fremd-artig. Eltern sind bisweilen bestürzt ob der Unbekümmertheit, mit wel-cher ihre Sprösslinge z.B. auf wildfremde Hunde zugehen – in Zei-ten, da bewusst aggressiv gemachte Hunde als Ego-Stützen verwendet

Kinder kennen keine Ekeltiere

werden und auf den Straßen unterwegs sind, sicherlich eine angezeigte Reaktion. Draußen in der Natur (und die kann auch in Städten vorkommen) beschränken sich die Gefahren auf kranke Großtiere (Stichwörter Tollwut, Bandwürmer und andere Parasiten), Hygieneprobleme (z.B. Ratten) und stechende bzw. blutsaugende Gliederfüßler (Zecken sind nämlich keine Insekten). Vor Tieren, die durch ihr Gewicht zur Gefahr werden können (z.B. Pferde), sollten Sie Ihren Kindern einen gewissen Respekt vorleben, und dies vielleicht, ohne Panik zu verbreiten, denn nicht immer sind massige Vierfüßler in der Lage, sich behutsam zu bewegen.

Kinder schleppen schon einmal irgendein Fundtier mit ins Haus, das nun bestimmt nicht zum Haustier taugt. Würmer, Schnecken, Raupen, alles, was nicht niet- und nagelfest ist bzw. nicht schnell genug flüchtet, wird in Augenschein genommen, hochgehoben (be-griffen) und mitgenommen. Machen Sie unter solchen Umständen den Kindern unbedingt klar, dass die große Mehrzahl der Tiere draußen besser aufge-

Alles was kreucht und fleucht, weckt das Interesse

hoben ist, dass sich Probleme mit der Nahrungsbeschaffung oder dem Bewegungsdrang solcher Schützlinge ergeben könnten. Ein sensibler Umgang mit dem Problem der Fundtiere ist allemal besser, als Ekelsignale zu verbreiten, führt er die Kinder doch ein in das weite Feld der Ehrfurcht vor dem Leben. Jugendliche Zoogänger oder Fans der landwirtschaftlichen Tierhaltung (siehe dort) bauen gern Gehege für Tiere, wo möglich z.B. Becken für Frösche, Molche und Fische oder kleine Pferche aus Naturmaterial für Insekten, und betätigen sich so als Tiergärtner, nicht immer zum Vorteil der Tiere. Auch in solchen Fällen sollten Bezugspersonen vorsichtig eingreifen.

Viehzeug in passender Größe, Geduldigkeit und Knuddligkeit ist bei allen Kindern sehr beliebt. Es ist übrigens ein Irrtum anzunehmen, Kinder hätten von selbst ein Konzept, wie grob sie mit Tieren umgehen dürften; es scheint vielmehr, als lernten sie aus den Reaktionen der tierischen Spielpartner, wie weit sie bei Zärtlichkeiten, die nicht als solche ankommen, gehen können, ohne Abwehr oder Fluchtversuche zu provozieren. Das scheint übrigens bei Katzen als Haustieren besonders gut zu funktionieren. Bei Tieren, die sich nicht deutlich auf schmerzhafte Behandlung hin äußern (etwa weil sie vermutlich keine Schmerzen empfinden können), kann es bisweilen zu kleinen Brutalitäten kommen, etwa zu zerteilten Regenwürmern, zwangsgeräumten Schnecken oder Käfern ohne Flügeldecken. Hier sollten erwachsene Augenzeugen unbedingt mit Bremsen und Erklären eingreifen. Solche Dinge sind natürlich nicht als bewusst verübte Rohheiten zu interpretieren, sondern geschehen im Zuge aktiven Forschens, wenn sie nicht gar als Hilfe gemeint sind. So wurden die Flügeldecken von Marienkäfern in dem oben genannten (echten) Fall als Behinderung beim Fliegen angesehen und voll Wohlwollen abgeknipst. Kinder sind von Natur aus Tieren gegenüber nicht grausam. Sie werden es erst später, etwa aus Frust oder durch schlechte Vorbilder.

Das natürliche Interesse der Kinder an allem, was da fleucht und kreucht, ist stärker ausgeprägt als das Interesse an Pflanzen, vermutlich weil Tiere durch ihr komplexes Äußeres und ihr vielschichtiges Verhalten stärkeren Aufforderungscharakter haben. Vielfach wissen auch Grundschulkinder noch nicht, dass Pflanzen Lebewesen sind. Der gesuchte Umgang mit Tieren kann als Ausgangspunkt für eine Reihe von positiven Erfahrungen genommen werden. »Tierschutz – Testfall für Menschlichkeit«, hieß es in einem Werbefilm, der kürzlich im deutschen Fernsehen lief. Nun kennt

Die Schildkröte gilt fälschlicherweise als idealer Spielgefährte für Kinder

man zwar historische Beispiele von Menschen, die gegen andere Menschen extrem grausam waren, zu Tieren jedoch so freundlich, dass sie nicht einmal welche aßen. Tier- und Menschenliebe scheinen nicht unbedingt etwas miteinander zu tun zu haben, aller Wahrscheinlichkeit nach wird die ungleiche Verteilung der Sympathie aber erst später erlernt. Dennoch, die meisten Theoretiker gewinnen kindlichem Kontakt mit Tieren Aspekte ab, welche die Persönlichkeitsentfaltung begünstigen. Durch ihre Andersartigkeit in Körperbau, Bewegung und Lautäußerungen regen sie z.B. an zur Beschäftigung mit der Lehre vom Lebendigen. Durch natürliche oder erzwungene Reaktionen auf die Umwelt führen sie in die Lehre von der Ökologie, der wechselweisen Beeinflussung von Mensch, Tier, Pflanze, Klima usw. ein. Und Tiere bieten emotionale und soziale Erlebnisse an, die entsprechende Erfahrungen mit anderen Menschen in sinnfälliger und sinnvoller Art und Weise ergänzen.

➥Tiere

Kinder sollten ...

- ein oder mehrere Lieblingstiere haben,
- einige Tiere lautlich und gestisch imitieren können,
- Tier spielen können,
- Sprüche in der Art von »Quäle nie ein Tier zum Scherz, denn es fühlt wie du den Schmerz« kennen,
- einige Märchen oder andere Geschichten kennen, in denen Tiere vorkommen,
- in ihrer Neigung, Tiere zu vermenschlichen, nur sehr behutsam korrigiert werden,
- einige Lieder kennen, in denen es um Tiere geht, und
- Tiere ihrer Wahl malen oder kneten können.

Kinder und Haustiere

»Ich möchte einen Hund, eine Katze, eine Maus ...« – ein viel geäußerter Wunsch aus Kindermund. Es sollte wohl klar sein, dass eine solche Anschaffung gut überlegt sein muss: Reichen Platz, Zeit und Geld, erlaubt es der Mietvertrag, ergeben sich Hygiene- oder gar Gesundheitsprobleme (Stichwörter Allergien, Parasiten usw.). Welche Ansprüche stellt das gewünschte Haustier, ist es ein eher robuster oder ein heikler Pflegling? Eignet es sich als Spieltier, das Knuddeln verträgt, oder mehr als tiergärtnerisch interessantes Geschöpf, wie etwa exotische Aquarienfische? Gibt es Fachliteratur?

Bei der Planung einer Lebensgemeinschaft mit einem Tier sollten Eltern also vieles vorher bedenken und mit den Kindern absprechen. Und sie sollten darauf gefasst sein, entweder im Verlaufe einer solchen kindlich-tierischen Lebensgemeinschaft immer wieder steuernd eingreifen oder einen Teil der Pflege selbst übernehmen zu müssen, oder beides. Diskutieren Sie also mit Ihrem Kind den Plan, den sehr großen, etwas älteren, mit Blasen- und Gelenkproblemen behafteten Hund, den man eben in einer einschlägigen Fernsehsendung (Herrchen gesucht ...) vorgestellt bekam, aus dem Tierheim zu holen. Informieren Sie sich über andere Wunschtiere, übrigens vielleicht nicht unbedingt bei Zoohändlern, die z.B. immer noch die Auffassung vertreten, Schildkröten seien ideale Spielgefährten für kleine

Kinder – das Gegenteil ist der Fall: Wahrscheinlich haben Schildkröten von allen potentiellen Haustieren die höchste Lebenserwartung (80–100 Jahre) und die geringste Lebensdauer ...

Haustiere fordern Pflege, und zwar in Form eines sich selbst erklärenden, unmittelbar nachvollziehbaren Regelsatzes. Kontinuierliche Fürsorge von Seiten des Kindes wird mit positivem Verhalten des Tieres belohnt, Nachlässigkeiten bei der Pflege werden mit Signalen des Unwohlseins unmittelbar angezeigt. Eltern können bei der Erziehung genau darauf Bezug nehmen (Du möchtest doch nicht, dass es dem Scotti mies geht, oder?), und vermeiden

Die Anschaffung eines Haustieres muss sorgfältig abgewogen werden

so unverständliche, abstrakte Kritik am kindlichen Verhalten. Tierpflege ist also ein prima Einstieg, wenn es darum geht, zu Rücksicht, Zuverlässigkeit und Ausdauer zu erziehen.

Haustiere sind auch gut geeignet, die soziale und emotionale Entwicklung zu optimieren; sie werden in Rollenspiele integriert, dienen als Zuhörer (bisweilen sogar als Sorgentante), ermutigen Bindungen und fördern die Entwicklung von Selbstwertgefühl, indem sie uneigennützig Zuneigung signalisieren bzw. durch Gesundheit im weitesten Sinne eine erfolgreiche Pflege bestätigen. Zahlreiche Beispiele aus der therapeutischen Praxis deuten an, dass Kontakte zwischen Kindern und Tieren emotionale Hemmungen abbauen können. Wir möchten nicht so weit gehen wie manche Theoretiker, die einen Hund als Geschwisterersatz für Einzelkinder empfehlen, aber diskussionswürdig finden wir diesen Vorschlag allemal.

Hinweisen möchten wir noch auf Sport mit Pferden. So praktizieren z.B. Reitvereine die Kombination aus Akrobatik und Reiten, das Voltigieren, schon für Vorschulkinder. Hier kommen Bewegung, Naturerleben und Sozialkontakte in ganz besonders intensiver ganzheitlicher Form zusammen.

➥**Haustiere**

Kinder, die mit Haustieren aufwachsen, sollten ...

> • Zuneigung von Seiten des Tieres erfahren haben,
> • die wichtigsten Bedürfnisse der Tiere kennen,
> • wissen, was ihr Tier ihnen mitteilen möchte,
> • die Pflege zu einem vereinbarten Anteil selbst ausführen können,
> • Scham wegen Vernachlässigung eines Tieres empfinden können,
> • ahnen, dass es Unterschiede zwischen der Zuneigung eines Tieres und der eines anderen Menschen gibt,
> • mit anderen jugendlichen Tierhaltern »Fachgespräche« führen können und
> • ob erfolgreicher Pflege und intensiver Zuwendung (z.B. Kunststückchen einüben) zu einem Tier schon einmal Befriedigung oder Stolz empfunden haben.

Naturspaziergang

In den 1950er und 1960er Jahren gab es eine Vielzahl von Kinderbüchern, bezeichnenderweise für Mädchen und Jungen, die den Werdegang eines Knaben vom einfachen Naturliebhaber zum Förster als Thema hatten. Förster war seinerzeit auch noch einer von drei Traumberufen für Jungen (neben dem Feuerwehrmann und dem Lokomotivführer). Heute gehen die Vorlieben bezüglich Traumkarriere offenbar in ganz andere Richtungen. Gleichwohl bietet ein Familienspaziergang durch Wald und Flur vielerlei Grundlagen für sinnfällige Erfahrungen (vgl. auch Kapitel Kinder und Pflanzen). Für Nicht-Experten lohnt in jedem Fall die Anschaffung eines handlichen Naturführers, damit man auf Fragen der Kinder antworten kann. Park und Wald bieten zu jeder Jahreszeit etwas, doch gibt es produktive Phasen, in denen »viel los ist«. Beispiele? Kein Problem: Im Frühling laichen selbst im kleinsten Tümpel die Amphibien (wann, das sagt Ihnen der Verkehrsservice im Radio, der vor Krötenwanderungen warnt), außerdem hallt die ganze Gegend wider vom Gesang der Vögel. Wenn Kinder sich hierfür interessieren, kann man Audio-Kassetten oder Compactdiscs anschaffen, welche die anonymen Sänger identifizierbar machen. Ende September röhren in manchen Wäldern die Hirsche; es gibt an vielen Orten extra ausgewiesene Parkplätze, sodass man den Tieren sogar vom Auto aus zuhören kann. Besser ist es jedoch, dieses Konzert, das auf Kinder einen großen Eindruck macht, im Freien zu belauschen. Bei Schnee kann man Tierspuren finden, die ganze Geschichten erzählen. Außerdem gibt es in der kalten Jahreszeit in vielen Revieren Wildfütterungen, deren ökologischer Sinn zwar umstritten ist, ihr Erlebniswert jedoch nicht.

Es muss nicht immer die Beobachtung heimlicher Tiere sein. Schon mühelos von den Kindern durchzuführende Miniaktionen können großen Wert als Einführung in die Lehre vom Leben haben. Was lebt unter großen Steinen? Was dümpelt im Tümpel? Was lebt unter der Rinde morscher Bäume? Was fliegt von Blume zu Blume? Was hat diese Spur hinterlassen? Wer macht dieses Geräusch? Wer hat hier geknabbert? Wer hat dieses Nest gebaut (Vorsicht, vielleicht ist es bewohnt ...)?

Umweltbewusstsein im weitesten Sinne lässt sich bei einem Spaziergang in Wald und Park mühelos vorleben und erklären. Wenn Eltern sich in der Natur wenig auffällig (d.h. störend) verhalten, wenn sie ihren Müll wieder mitnehmen (um ihn daheim kontrolliert wegzuwerfen) und wenn sie insgesamt schonend mit Pflanzen und Tieren umgehen, so wird sich dies zumeist auf die Kinder übertragen.

Wenn Eltern das Erleben von Wald und Park intensivieren möchten, so können sie ihre Kinder z.B. zu Berichten von Waldgängen auffordern, ihnen Bilderbücher (oder andere Medien) zu diesem Thema beschaffen, Lieder zum Thema vorstellen und nicht zuletzt anregen, ihre Eindrücke malerisch oder zeichnerisch wiederzugeben.

Tiere und Pflanzen lassen sich am besten in der Natur studieren

➡Naturspaziergang

Kinder in der Natur sollten ...

- ihr Benehmen auf die besondere Umgebung einstellen können,
- ein Empfinden für schonenden Umgang mit Natur entwickeln können,
- einige heimische Wildtiere kennen,

- einige Vögel am Gesang erkennen,
- einige Wildtiere, die sie gesehen haben, mimisch-lautlich imitieren können,
- eine Wald- oder Parkszene malen oder zeichnen können,
- einige Tierspuren identifizieren können und
- ahnen, dass der Wald ein System aus vielerlei Elementen ist, die voneinander abhängig sind.

Zu Besuch beim Bauern

Die meisten Stadtkinder kennen unsere Nutztiere nur aus dem Fernsehen oder aus Bilderbüchern. Es soll schon vorgekommen sein, dass Kinder bei ihrem ersten Aufenthalt auf dem Land verwundert nachfragten, warum die Kühe denn anders als lila-weiß gefärbt seien. Ein Besuch auf dem Bauernhof ist für Kinder in jedem Fall ein besonderes Erlebnis; man sollte allerdings wissen, dass Landwirtschaft heute wenig mit den Idyllen zu tun hat, die immer noch in Kinderbüchern verbreitet werden. Statt kleiner Höfe mit bunter Tierschar findet man heute eher Agrarfabriken, die wie Industriebetriebe funktionieren. Ausgemergelte Turbo-Milchkühe oder Hallen mit 5000 oder mehr Schweinen auf engstem Raum sind offenbar nötig, um eine Massenversorgung mit landwirtschaftlichen Produkten sicherzustellen, gewiss jedoch kein positives Erlebnis für kleine Kinder (außerdem wird so etwas selten der Öffentlichkeit zugänglich gemacht).

Kinder sollten einmal die Tierhaltung auf einem Bauernhof gesehen haben

Wer also nicht das Glück hat, einen Ökobauern und/oder Nebenerwerbslandwirt mit gemischter Tierhaltung zu kennen, der kann auf speziell eingerichtete Schau-Bauernhöfe zurückgreifen, die es häufig in der Nähe von Ballungsräumen gibt, wenn man nicht gleich Urlaub auf dem Bauernhof macht. Hier können Kinder problemlos Tiere anfassen, füttern oder bei ihrer Pflege helfen. Außerdem können sie im Stroh toben und allerlei Nahrung zu sich nehmen, die gleich nebenan erzeugt wird, bekommen also die Chance auf rundum ganzheitliches aktives Erleben. Unserer Erfahrung nach haben Kinder übrigens keine Probleme mit tierischer Kost, außer sie hatten eine persönliche Beziehung zum »Lieferanten« ... Der Wunsch, sich rein vegetarisch zu ernähren, damit (anonyme) Tiere am Leben bleiben können, kommt erst bei älteren Kindern vor. Ein Aufenthalt auf einem Bauernhof ist jedoch immer ein Erlebnis, das zum Nachdenken über die Ursprünge unserer Nahrung anregen kann. Ob es nun gleich um das Dabeisein beim Schlachten gehen soll, hängt davon ab, ob Sie die Zusammenhänge bei Bedarf (d.h. bei Schock) angemessen klären können.

➥**Beim Bauern**
Kinder sollten ...

> - die Gerüche und Geräusche eines Bauernhofes kennen gelernt haben,
> - wissen, woher die Milch, Eier, Wurst kommt,
> - ahnen, dass sie mit ihren Ernährungsvorlieben direkt auf die landwirtschaftliche Tierhaltung Einfluss haben,
> - ahnen, dass es Tieren in vielen landwirtschaftlichen Betrieben nicht gut geht,
> - ahnen, warum das so ist,
> - schon einmal in einem von Fliegen summenden Kuh- oder Schweinestall gewesen sein,
> - mit Nutztierbabys gespielt haben,
> - im Stroh getobt haben,
> - von ihren Erlebnissen berichten können,
> - ein Bild von einem Bauernhof, den sie besucht haben, gemalt haben und
> - einen Besuch auf einem Bauernhof als angenehme, vielschichtige Erinnerung speichern können.

Zoobesuch

Ein Besuch in einem Zoo oder Wildpark ist nach wie vor ein echtes Highlight unter den Freizeitaktivitäten mit Kindern. Sie sind ähnlich wie Erwachsene fasziniert von der Vielgestaltigkeit des Lebens und erweitern ohne Zögern ihre Schemata um neue tierische Formen, Gerüche, Töne und Verhaltensmuster. Dass Tiere sehr groß sein können, zeigt der Elefant, dass Vögel nicht immer fliegen müssen, zeigt der Strauß. Doch sollte man Kinder nicht mit Massen von Eindrücken überfordern, die schon auf manche Erwachsene ohne besonderes Faible für Zoologie ermüdend wirken. Wie in Museen (vgl. Kapitel Kinder und Kunst) erlahmt bei zu viel Ähnlichem rasch das Interesse, sind Auswahl- und Reihungskriterien von erwachsenen Spezialisten festgelegt, auch werden die Wege bald zu lang. Besser ist es, einen kurzen bis mittellangen Spaziergang zu gestalten, auf den man sich am Eingang zu jedem Tiergarten einstellen kann, weil dort Lagepläne aufgestellt sind. Oder fragen Sie die Kinder (wenn sie sich schon ein bisschen auskennen), was sie unbedingt sehen möchten. Um ihre Pfleglinge vor dem Stumpfsinn zu retten, veranstalten fast alle Zoos kleine Zirkusnummern. Die sollten Sie nicht versäumen. Vorsicht bei Fütterungen der großen Beutegreifer – Blut, rohes Fleisch und wild gewordene Bestien haben schon viele kleine Besucher zutiefst verunsichert (weshalb die meisten Tiergärten solche Mahlzeiten unter Ausschluss der Öffentlichkeit ablaufen lassen). Viele Zoos bieten auch geführte Touren an bzw. neuerdings Rundfahrten mit allerlei ungewöhnlichen Verkehrsmitteln (Seilbahnen, Boote usw.), die jedoch das Erleben von den Tieren auf ganz andere Eindrücke ablenken können.

Mit Sicherheit der wichtigste Programmpunkt beim Besuch im Zoo ist ein Besuch der überall vorhandenen Streichelabteilungen. Okay, den Papa, der früher keine TV-Sendung mit Prof. Grimek oder Dr. Dr. Dathe ausließ, wird die Auswahl

Die exotischen Tiere des Zoos hinterlassen einen nachhaltigen Eindruck – nicht nur bei Kindern

der dort verfügbaren Tiere nicht vom Hocker reißen. Doch die Kinder sind begeistert von den Ziegen, Kaninchen, Eseln usw., auf die sie dort treffen und die extra zum Be-Greifen ausgesucht worden sind und zum Füttern. Die Mama sieht mit Unbehagen, dass Ziegen auch Kinderkleider essen, wenn sie das vor Ort gekaufte Futter aus den Händen der Kinder verputzt haben; auch duften die Streicheltiere häufig streng und nachhaltig – doch die Kleinen sind selig und haben ein wunderbar ganzheitliches Erlebnis.

Wenn Aktivitäten mit Kindern zum Schau-Programm eines Tierparks gehören, sollten Eltern das unbedingt mitnehmen. Bisweilen trifft man auf regelrechte Zooschulen. Da kann man beim Schlüpfen von Vögeln zusehen, bei der Pflege von ganz jungen Tieren oder bei der Zubereitung des Futters. Auch Multimedia-Information gehört inzwischen zur Ausstattung von Zoos; sie sind jedoch häufig mit schriftlichen Botschaften durchsetzt, kommen daher erst für Schulkinder in Frage, wenn es um selbstständiges Erkunden gehen soll.

Ein heikler Punkt bei Tierparkbesuchen ist das Thema der artgerechten Haltung. Vor allem ältere Einrichtungen sind nicht auf dem neuesten Stand und gleichen eher Tierknästen, was Kinder natürlich bemerken können. Versuchen Sie in einem solchen Fall, den Kindern klarzumachen, in welcher Zwickmühle sich Tiergärtner befinden, die zwischen Artenschutz, Freizeitwert und Wirtschaftlichkeit hin- und hergeworfen sind.

➥**Zoobesuch**
Kinder, die Zoos oder Tierparks besuchen, sollten ...

- Lieblingstiere haben,
- von ihren Lieblingstieren erzählen können,
- Lieblings- und andere Tiere malen können,
- Lieblings- und andere Tiere gestisch-lautlich imitieren können,
- schon einmal in Kontakt mit Tieren auf der Streichelwiese gewesen sein,
- darüber berichten können und
- schon einmal Unbehagen wegen der Unfreiheit der Zootiere empfunden haben.

Umwelt

Zu unseren liebsten Spielplätzen gehörten vor ca. 40 Jahren noch Müllkippen aller Art – in der heutigen Zeit gewiss eine schauerliche Vorstellung. Man darf allerdings nicht vergessen, dass es sich seinerzeit nicht um Hausmülldeponien handelte, sondern eher um Sammelsurien von Sachen, die dort nicht hineinpassten; heute würde man den Abfall, mit dem wir dort spielten, vermutlich zu Sperrmüll oder Bauschutt erklären bzw. in die Altkleidersammlung geben. Und ganz allgemein betrachtet, warfen die Leute früher einfach weniger weg. Passiert ist jedenfalls nie etwas.

Kinder sollten eine intakte Naturlandschaft erleben

Heute sind Müllkippen eine Bedrohung für die Welt. Sie müssen für Riesensummen speziell hergerichtet oder nachträglich sicher umkonstruiert werden. Sie geben allerlei Gifte an Luft, Boden und Wasser ab, sind tickende Zeitbomben. Europäische Kinder kommen an derlei Todeszonen zum Glück nicht heran, solche in der so genannten Dritten Welt hingegen müssen bisweilen darin leben.

Kinder sollten von Anfang an Müll als etwas Problematisches kennen lernen, ihrer eigenen Sicherheit wegen natürlich, aber auch, um sie frühzeitig für ökologische Fragestellungen sensibel zu machen. Die großen Schwierigkeiten mit Stoffen, die irgendwann zum Problem werden, werden sich Kindern nicht leicht erschließen, im kleinen Rahmen lassen sich jedoch mühelos Elemente des Weltwissens bereitstellen, die später vielleicht einmal große Strahlkraft entwickeln können. Der Umwelt- und damit der Menschen- und Naturschutz funktioniert nur, wenn sich alle daran beteiligen.

Kinder sollten schon möglichst früh Müll als etwas Problematisches kennen lernen

Der beste Müll ist natürlich der, den man nicht macht. Selten lassen sich keine Alternativen finden zu abfallträchtigen Erwerbungen oder Tätigkeiten. Ein Gang über einen Markt füllt die

Einkaufstasche zum einen mit leckeren Dingen, bietet viel zu sehen und viele Kontakte und man behält nach dem Kochen und Aufessen nur wenig Müll übrig, der obendrein keine Probleme macht. Autowaschen in Spezialanlagen oder Waschstraßen ist für Kinder ein mindestens ebenso großes Vergnügen (auf Schutzkleidung achten!). Getränke schmecken aus Pfandflaschen auch nicht schlechter als aus Aluminiumdosen. Der »Gelbe Sack« ist zwar sehr bequem, doch seine rasch wachsende Fülle und der Umstand, dass man fürs Wegbringen zahlen muss, wird auch Kindern nicht geheuer vorkommen. Wenn sich die erwachsenen Bezugspersonen umweltsensibel und -gerecht verhalten, wird das zumeist auf die Kinder abfärben. Kinder können ermessen, dass manche Dinge wieder zu Erde werden, andere – z.B. uralte Plastiktüten neben der Autobahn – nie. Müll aus Protest zu machen bzw. ihn dort fallen zu lassen, wo man gerade geht und steht, kommt erst in der Pubertät ins Programm.

➡**Umwelt**
Kinder sollten ...

- auf Probleme, die Müll verursacht, aufmerksam gemacht werden,
- Methoden der Müllvermeidung kennen,
- zwischen natürlichen und künstlichen Verpackungen unterscheiden können (Eier, Nüsse und Bananen gegen Alu-Dosen, Plastiktüten und aufwendige Schaupackungen),
- wissen, dass Auto- und Flugzeugabgase giftig sind,
- wissen, dass man sich vor den meisten Gewässern wegen der Schadstoffbelastung hüten muss,
- wissen, dass bestimmte Stoffe niemals verschwinden,
- einige Geschichten und Lieder rings um das Problem »Müll« kennen,
- andere Menschen auf umweltschädliches Verhalten aufmerksam machen können und
- schon einmal Stolz ob umweltgerechten Verhaltens empfunden haben.

Naturwissenschaften

Klima

Dass es Jahreszeiten gäbe, sei für ihn nur insoweit interessant, als dass die Tische einmal draußen und dann wieder drinnen stünden, sagte einmal ein passionierter Caféhausgänger aus der Großstadt Wien. Manchmal hat man den Eindruck, Stadtkinder wüchsen auch heute noch unter ähnlichen Bedingungen auf, mal muss man sich dick anziehen, mal eher dünn, mal gibt es feuchten Dreck, mal trockenen, aber ansonsten ändert sich die Welt nicht großartig. Ein derartig eingeschränkter Blickwinkel ist bedauerlich, denn Kinder erleben den Wechsel der Jahreszeiten sehr bewusst und sehr intensiv. Im Frühling dürfen sie endlich wieder nach draußen, Sandkasten und Spielplatz werden wieder in Betrieb genommen, im Sommer können sie (theoretisch) 18 Stunden lang halb nackt draußen spielen oder sich im Schwimmbad ergehen, es gibt frische Erdbeeren und frischen Spargel, nach dem das Pipi immer so komisch riecht, im Herbst gibt es Früchte aller Art und buntes Laub, worin man herrlich toben kann, und wenn der Winter Schnee bringt, so sind die tollsten Sport-Spiele möglich. Ansonsten ist er die Zeit der Feste und nicht die Zeit der Gewitter, vor denen viele Kinder Angst haben. Ob's stürmt, schneit, wie aus Kannen gießt oder die Sonne brennt, den Kleinen macht das nichts aus. Sie scheinen automatisch zu wissen, wie man sich schützt, und ziehen aus (fast) jeder Witterung das maximale Vergnügen.

Die Entfernung eines Gewitters lässt sich leicht berechnen – das kann Kinder von ihrer Angst ablenken

Kinder fragen viel zum Klima, mit dem sie leben. Wenn Sie als Eltern angemessen auf solche Fragen reagieren möchten und kein studierter Meteorologe sind, sollten Sie sich (wieder einmal) mit Büchern oder anderen Datenträgern kundig machen. Auch klimatische Phänomene lassen sich kindgerecht verdeutlichen, stärken damit das Weltwissen und steigern die Weltsicherheit. Wolken bestehen aus so kleinen Wassertröpfchen, dass sie fliegen können; der dicke Wassertropfen aus dem Hahn fällt schnell zu Boden, der feine Nebel aus der Pflanzenspritze schwebt dafür ein Weilchen. Regentropfen brauchen einen Kern, an dem sie sich festhalten können; diese Kerne kann man auf dem Autoblech finden, wenn der Regen abgetrocknet ist – Regen ist also nicht zum Waschen geeignet. Wolken schweben zwischen 0 m (Nebel) und maximal 13 km; wie schnell sie sind, lässt sich bei Sonnenschein mit Schäfchenwolken gut erkennen, weil deren Schatten dann zügig über das Land flitzen. Wie weit ein Gewitter entfernt ist, kann man auszählen; Blitz (Übersprungs-funke zwischen unterschiedlich stark geladenen Luftzonen, von viel nach wenig) und Donner gehören zusammen (die Luft zerreißt, ähnlich wie Papier), doch das Licht reist schneller, mit Lichtgeschwindigkeit nämlich. Der Donner ist lahm, er braucht etwa 300 m/sek; wenn man also 21, 22, 23 zählen kann zwischen Blitz und Donner, dann ist das Zentrum des Gewitters noch ca. 1 km entfernt.

Noch mehr spannende Sachen? Bitte sehr: Das Abendrot, eine ganz tolle Sache für Kinder, entsteht dadurch, dass das Sonnenlicht schräg durch die Atmosphäre scheinen muss. Dabei werden alle Teile seines Spektrums bis auf die langen Wellen (rot) herausgefiltert, denn der Weg durch die Lufthülle ist einfach länger. Die Atmosphäre wirkt also wie ein dickes Tuch, das ja, gegen das Licht gehalten, auch weniger Helligkeit durchlässt als ein dünnes Gewebe. Einen Regenbogen kann man mit Taschenlampe und Pflanzenspritze nachmachen, dabei lernen die Kinder gleich etwas über den richtigen Betrachterstandpunkt, nämlich zwischen Lichtquelle und Tröpfchenschleier. Wenn Sie das Phänomen der Polarisation kindgerecht schildern möchten, brauchen Sie ein Prisma, das (weißes) Sonnenlicht in seine Bestandteile aufspaltet. Damit können Sie dann auch erläutern, warum der Himmel blau ist ...

Ein paar Wetterregeln gefällig? Nebel mit Regen verheißt für längere Zeit schlechtes Wetter, Abendrot einen schönen kommenden Tag, Morgenrot einen schlechten, Morgennebel im Sommer kündet von drohenden Gewittern, abendliche Schäfchenwolken von schönem Wetter am nächsten Tag. Fliegen die Schwalben tief, droht Regen, sind sie hoch droben unterwegs, hält schönes Wetter an.

➥**Klima**
Kinder sollten ...

* einige Wetterregeln kennen, am besten in Form von Sprüchen (Abendrot, schön' Wetter droht),
* einige Lieder zum Thema Wetter kennen,
* zwischen Wolkenformen unterscheiden können,
* in großen Wolkenhaufen Tiere o. Ä. entdecken können,
* einen Sommer- oder Wintertag als Bildthema verwirklichen können,
* wichtige Tage (Geburtstage, Kirchenfeste usw.) mit dem entsprechenden Wetter identifizieren können,
* einen Drachen steigen lassen können,
* wissen, warum und in welcher Richtung Schatten wandern,
* sich auf den Frühling (Sommer, Herbst und Winter) freuen können,
* sich freuen können, wenn der Papa mit dem Auto durch eine große Pfütze fährt,
* in ihrer Angst vor Gewittern nicht ausgelacht werden,
* schon einmal Zugvögel bei der Wanderung gesehen haben,
* ein Thermometer lesen können und
* wissen, warum sie den Regenbogen nicht anfassen können.

Welt und All

Nach unserer Erfahrung sind Kinder vom Sternenhimmel immer ziemlich fasziniert. Wenn sie z.B. die Aufgabe übernehmen, eine Nachtszene zu malen, dann ist
der Himmel auf solchen Bildern stets mit Sternen übersät, und stets ist ein sichel-
förmiger Mond dabei. Leider ist der nächtliche Himmel hierzulande nur in wenigen Gegenden frei von Störungen; Dreckdunst, vor allem aber ausufernde
künstliche Beleuchtung erschweren es, die Gestirne zu sehen. Wenn Sie in einer
Landschaft ohne Schmutz und Streulicht (so heißt der verschleiernde Einfluss
von Kunstlicht korrekt) leben oder mit Kindern zu Besuch dort sind, machen
Sie die Kleinen unbedingt auf den Himmel aufmerksam. Zeigen Sie ihnen unsere
Heimatgalaxie, die gute alte Milchstraße, zeigen Sie ihnen markante Sternbilder –
mindestens den großen Wagen und (im Winter) den Orion, die sind am leichtesten
zu entdecken –, zeigen Sie ihnen Sternschnuppen, lassen Sie sie ahnen, dass wir am
Rande der Unendlichkeit leben.

In einer klaren Nacht lässt sich unsere Galaxie gut erkennen und erklären

Welche Wunder können Sie Kindern mitteilen? Wir leben auf einem riesigen oben und unten abgeflachten Ball (vielleicht haben Sie einen Globus daheim?), der sich um sich selbst dreht, in 24 Stunden einmal. Auf der sonnenzugewandten Seite ist Tag, auf der anderen Nacht (Ball + Taschenlampe). Zusammen mit acht anderen Himmelskörpern (Planeten) bildet die Erde mit der Sonne unser Sonnensystem. Im Zentrum steht dieselbe, ein glühender Ball, in dem ein Stoff (durch Kernschmelzung = Fusion) in einen anderen verwandelt wird. Die Sonne ist 1,3 Millionen Mal so groß und 1/3 Millionen Mal so schwer wie die Erde, unser Heimatplanet, der in einer elliptischen Bahn pro Jahr einmal um diesen Stern kreist, und zwar im Abstand von ca. 150 x 10⁶ km – die Sonne ist also ganz, ganz, ganz riesengroß, riesenschwer und ganz weit weg. Dennoch erreichen uns ihre Strahlen, und weil die Erde bei ihrer Drehung ein bisschen schlingert, kommt mal mehr, mal weniger Strahlung (= Wärme) bei uns an. So erklären sich die Jahreszeiten. Der Mond kreist um die Erde; sie hält ihn aufgrund ihrer Masse genauso bei sich, wie die Sonne beide auf Kurs hält. Der Mond ist ein kugelförmiger Klumpen aus Stein und Staub. Mit einem guten Fernglas kann man die vielen Krater erkennen, die durch Brokken aus dem All verursacht wurden, die auf ihm einschlugen (das gibt es auf der Erde auch, doch da es hier so etwas wie Wetter gibt, sind die Einschläge zumeist abgeschliffen). Bis zum Mond sind schon Menschen geflogen, dafür mussten sie 385 000 km zurücklegen, also eine ganz schön lange Strecke, viel weiter als bis nach Italien. Der Mond leuchtet nicht selbst, er spiegelt das Licht der Sonne wider. Und wenn die Erde zwischen Sonne und Mond steht und einen Schatten auf ihn wirft (der immer kreisförmig ist), kann man ihn oft nicht ganz sehen. Der scheinbar zunehmende Mond wird übrigens von rechts nach links dicker.

So, jetzt müssen Sie den Kindern nur noch die Befürchtung nehmen, sie könnten von der gerundeten Erdoberfläche rutschen, die Bewohner der Südhalbkugel müssten eigentlich sofort abstürzen (wir raten zur Vorstellung der Erdanziehungskraft, das geht am besten mit einem Gegenstand, den Sie zu Boden fallen lassen), die Sonne könnte irgendwann keinen Brennstoff mehr haben (stimmt, in einigen Milliarden Jahren) oder Kometen könnten die Erde vernichten (das kann tatsächlich passieren).

Wenn Sie sich für die Kinder oder mit den Kindern schlau machen wollen, so fin-

den Sie in vielen Tageszeitungen Grafiken mit dem aktuellen Monats-Sternenhimmel bzw. Fachliteratur ohne Ende bzw. – besonders hübsch – selbst leuchtende Sternenkarten. Besuche von Sternwarten oder Planetarien sind nette Impulse, eignen sich als Lernaktivität aber erst für Schulkinder. Wenn die Kleinen nicht durch die Natur angeregt werden (können), so findet sich als Einstieg bestimmt eine Zukunftsserie im Fernsehen.

➥ **Welt und All**
Kinder sollten ...

- schon einmal einen schönen Sternenhimmel gesehen haben,
- schon einmal unter einem offenen Sternenhimmel eingeschlafen sein,
- einige auffällige Sternbilder mit Namen kennen,
- eine Sternschnuppe gesehen und sich dabei etwas gewünscht haben,
- wissen, dass es im Sommer länger hell ist und im Winter länger dunkel,
- schon einmal bewusst die zunehmende Wärme des kommenden Sommers und die wachsende Kälte des kommenden Winters erlebt haben,
- ein Bild mit einer Nachtszene malen können,
- einige Lieder kennen über Sonne, Mond und Sterne und
- eine leise Ahnung von der Größe der Welt haben.

Physik

Alles, was sich von selbst bewegt, scheint Kinder ungeheuer zu beeindrucken. Ob es nun das Maschinelle, Automatische an sich ist oder ob es nicht eher um die Fülle an Eindrücken geht und um das Wunderbare der Abläufe, können wir nicht entscheiden. Bei Apparaten mit wenig »Action«, etwa Hifi-Komponenten ohne viele Knöpfe und ohne sichtbare Reaktionen, bleiben Kinder jedenfalls eher unbeteiligt, selbst wenn im Inneren toll komplizierte Dinge ablaufen. Dafür wirken einfache Geräte, etwa Korkenzieher, Dosenöffner, mechanische Bleistiftspitzer, Fahrradpumpen o.Ä. umso stärker.

Unsere Umwelt birgt physikalische Phänomene

Die Faszination der Technik, die übrigens nicht automatisch, sondern durch Vorleben bei Jungen stärker als bei Mädchen entwickelt wird, sollte man nicht ungenutzt verrauschen lassen bzw. warten, bis sich die Schule dieser annimmt. Dort kann man sowieso nur eingeschränkt darauf eingehen.

Allen, die nicht als Ingenieur ausgebildet wurden, empfehlen wir (schon wieder) die Anschaffung von Fachliteratur oder anderen Datenträgern; erkundigen Sie sich im Fachhandel z.B. nach interaktiven Technik-Dokumentationen auf CD, die Sie allerdings (noch) zumeist für Kinder übersetzen müssen. Was immer hilft, ist der Brockhaus für Kinder. Weiterhin raten wir zu Besuchen in einschlägigen Museen, wobei Sie aber darauf achten sollten, dass dort praktische Vorführungen geboten werden, am besten speziell für Kinder ausgearbeitet. Wenn die Kleinen bei solchen Shows selbst Hand anlegen können, umso besser. Ein echtes Highlight sind z.B. Dampfloks in Aktion (Deutsches Dampflok-Museum, Bochum-Dahlhausen, oder zahlreiche private Clubs) oder Dampfschiffe, weil sie eine leicht nachvollzichbarc Tcchnik aufweisen. Da sind dann sowohl Opa als auch Papa und Kind in ihrem Element: Erst schauen, dann mitfahren und, bitte, während der Fahrt keine Blumen pflücken, aber währenddessen oder hinterher Bratwurst und Limo. Wenn man dann noch das Lied von der »Schwäbsche Oisebahne« vorstellt, ist der Lernspaß perfekt. Aufmerksam machen möchten wir noch auf die so genannten Kinderakademien, von denen in letzter Zeit ein regelrechtes Netz zu entstehen scheint. Dort können die Kleinen unter Aufsicht und (auf Wunsch) fachkundiger Anleitung allerlei physikalische Experimente durchführen, die eine Kombipackung Spaß und Wissen bieten, übrigens auch für mitgereiste Eltern ...

Die Kinder sollten einfache Geräte in ihrer Wirkungsweise mit ihren eigenen Worten und Schemata erklären können. Dafür sollten diese Maschinen entweder ihre Funktion offen zur Schau tragen oder (besser) zerlegbar sein. Ein Fahrrad ist in dieser Hinsicht in vielfacher Form geeignet: Seilzüge oder Hydraulikleitungen zur Kraftübertragung finden sich hier, eine Kette samt Ritzeln (das Geheimnis der Übersetzung), eventuell ein Dynamo zur Stromerzeugung (Bewegung + Magnetismus = Strom) und Ventile, die Druck nur in eine Richtung durchlassen. Eine Luftpumpe erzeugt Druck dadurch, dass die Luft durch eine kleine Öffnung gepresst wird (Pneumatik); schraubt man das Reduzierstück ab, strömt die Luft im selben Verhältnis aus wie ein, entwickelt dadurch aber keine Kraft. Eine Wasserpistole oder eine große Spritze (aus der Apotheke, natürlich ohne Nadel) arbeiten nach demselben Prinzip (Hydraulik). Wunder der Technik, unmittelbar zur Hand.

Ein echtes Wunderland ist die Werkstatt von Papa oder Opa, wo so spannende Sachen zum Einsatz kommen wie Wasserwaage, Zange, Handbohrer usw. Wenn Kinder (und das betrifft nicht nur Jungen!) beim Heimwerkeln mithelfen dürfen, sind sie selig, während sie gleichzeitig etwas bewirken, hinterlassen und Weltwissen sammeln. Vielleicht versuchen Sie es einmal mit dem gemeinsamen Bau von

Der Werkzeugkasten hat Einiges zu bieten

Spielzeug, dann schlagen Sie mehrere Fliegen mit einer Klappe. Ein Besuch auf einem Kirchturm zeigt die Mechanik der Uhr von hinten – großes Staunen. Eine alte Mühle (es gibt jedes Jahr einen Mühlentag oder den Tag des offenen Denkmals) zeigt auch deutlich, wie sie funktioniert, und das oft genug mit nachwachsenden Materialien. Außerdem erfahren Kinder dort etwas über das Alter der Dinge, über lange Geschichten, die Gegenstände erzählen könnten, über den Wert des Bewährten. Um großes kindliches Interesse am Auto (und seiner Physik) brauchen Eltern sich nicht zu kümmern, das ist immer von selbst vorhanden. Unsere heutigen Fahrzeuge sind jedoch zumeist so kompliziert konstruiert, dass die Vorgänge im Verborgenen stattfinden, dennoch findet sich leicht der eine oder andere Aspekt von Welterfahrung.

Wenn Kinder etwas sicherer mit den Bauelementen aus dem Lego Technik-System (oder anderen entsprechenden Marken) umzugehen in der Lage sind, können Eltern den Nachbau von einfachen Maschinen bzw. mechanischen Einheiten anregen und unterstützen. Oder: Ein Wasserrad, das von einem Bach angetrieben wird, verbindet das Erleben von Mechanik mit dem von Natur, ein selbst gebauter Drachen führt unter denselben Umständen in die Gesetze der Dynamik ein.

Natürlich müssen Kinder lernen, mit den gefährlichen Eigenschaften von Geräten umzugehen; sie sollten zu Respekt, aber nicht zur Angst vor Hitze, Strom oder mechanischen Risiken angehalten werden. Landkinder lernten z.B. den Strom früher dadurch kennen, dass sie allerlei harmlose Mutproben mit elektrischen Weidezäunen anstellten. Um Kinder vor den Gefahren der Physik zu bewahren, sollte man sie nie unbeaufsichtigt mit verletzungsträchtigen Geräten hantieren lassen; im Ernstfall darf man auch einmal losbrüllen ...

➡ **Physik**
Kinder sollten ...

- einfache Geräte und Maschinen handhaben und in ihren Wirkungsweisen beschreiben können,
- die Risiken, die solche Geräte bergen, kennen und respektieren,
- Radios und Kassettenrecorder bedienen können,
- ein einfaches Konzept von Elektrizität haben (Reiben am Teppichboden, Funken beim Ausziehen von Pullovern – bei Dunkelheit ein echtes Schauspiel, an- und ausschalten),
- ahnen, unter welchen Bedingungen man Strom erzeugt und dass er bezahlt werden muss,
- ahnen, dass manche elektrischen Geräte entbehrlich sind,
- ahnen, warum alle Dinge nach unten fallen,
- bewusst wippen und schaukeln können,
- flache Kiesel über das Wasser tanzen lassen können,
- bewusst Vibrationen erlebt haben,
- schon einmal auf einer mechanischen Waage gestanden haben (zu finden in manchen Apotheken),
- einen Drachen steigen lassen können,
- Kanalsysteme im feuchten Sand der Küste gebuddelt haben,
- mit dem Anstellwinkel der Hand experimentiert haben, die sie bei (langsamer) Fahrt aus dem Autofenster halten,
- ein einfaches Windrad aus einem Stück Karton bauen können,
- schon einmal ein Blatt Papier durch Drüberpusten (das geht auch mit einem Fön) zum Schweben gebracht haben (das wäre dann der Bernouille-Effekt),
- schon einmal einem Regenbogen nachgelaufen sein und
- mit einer Lupe Papier zum Schwelen bringen können.

Chemie

Die Lehre von den Stoffen ist leider nur wenigen Menschen ein echtes Interessens-gebiet oder gar Hobby. Die meisten lernen sie erst in der Schule kennen, und dies scheint dann unter so ungünstigen Bedin-gungen zu geschehen, dass die Mehrheit kei-nen Zugang zu ihr findet. Wir, die uns das genauso betroffen hat, finden das sehr schade, denn wir sind ständig von Chemie umgeben, beim Kochen, Putzen, Heimwer-ken, im Auto und bei Krankheiten z.B., und das heißt, dass auch die Kinder damit zu tun haben, spätestens und schlimmstenfalls dann, wenn die rapide steigende Zahl der Allergien zuschlägt.

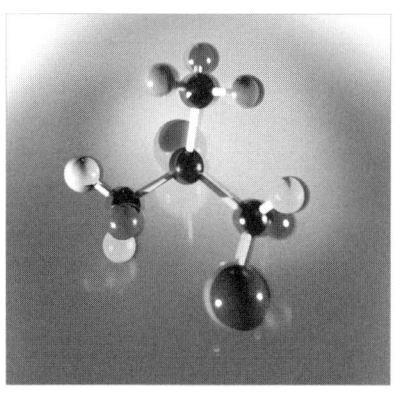

Verborgene Molekülstrukturen lassen sich sehr gut anhand von Modellen erklären

Man kann Kindern schlecht erklären, dass die Welt aus winzig kleinen Teilchen besteht, deren totale Fülle immer noch nicht ganz analysiert ist, aber man kann sie darauf aufmerksam machen, wenn sich irgendwo chemische Prozesse ereignen. Ganz toll geht das in der Küche. So bekommt man z.B. das Wasser aus einem Glas komplett in einem anderen, gleich großen Glas unter, das bis zum Rand mit Watte gefüllt ist. So merken Kinder, dass scheinbar dichte Materialien mit lauter Hohlräumen durchsetzt sind – das sind nämlich die Lücken zwischen den Atomen und Molekülen. Wenn man eine reiche Zuckerwasserlösung in einem geeigneten Gefäß kocht und einen Faden hinein-hängt (unten beschweren), so werden sich beim Abkühlen Kristalle daran absetzen. Ein Blick durch eine Lupe wird dasselbe Phänomen bei Schneeflocken enthüllen. Moleküle sind nämlich bestimmten Ordnungsgesetzen unterworfen, wenn sie zusammensein wollen. Wildes Kleben gibt es nicht. Das Experiment mit dem Tee-licht, das unter einem darübergestülpten Glas erlischt, haben wir schon weiter vorn vorgestellt. Zum Thema Sauerstoff und Oxidation gibt es aber noch mehr Spiel-chen: Wenn man ein Bild o.Ä. mit Essig auf ein Stück Papier malt und jenes dann (vorsichtig) erhitzt, so wird das Essigbild dunkel hervortreten, weil der Essig (Säure) eine niedrigere Entzündungstemperatur hat. Auf diese Weise kommt man zu einer billigen Geheimtinte. Und wenn Sie ganz feine Eisenfäden, z.B. aus Putzschwäm-men, über eine Kerzenflamme halten, so können Sie sogar Stahl zum Brennen und Tropfen bringen. Ein prima Material für unterhaltsame Experimente ist Backpulver. Wenn man ein Häufchen davon in ein Gefäß mit Wasser einrührt, bekommt man jede Menge Schaum, und wenn man das Ganze anschließend erwärmt, entsteht ein

Gas, das ein Streichholz ohne Pusten zum Erlöschen bringt (Kohlendioxid). Dieses Gas macht auch die Blasen ins Gebäck; wir nennen das dann locker. So ähnlich funktioniert übrigens auch ein Automotor ...

Auch im Bad gibt es tolle Sachen zu entdecken. Wie funktioniert z.B. Seife bzw. Waschpulver? Man kann ja beobachten, dass klares Wasser allein bestimmte Schmutzarten nicht beseitigt, z.B. wenn es sich um fettigen/öligen Schmutz handelt. Mit Seife geht es besser, denn sie zerteilt Fett in kleine Tröpfchen, die sich dann mit Wasser ausspülen lassen. Das funktioniert so ähnlich wie die Herstellung von Salatsoße aus Essig und Öl. Waschpulver (genauer gesagt, die geheimnisvollen Tenside) lädt Schmutz und Wäsche unterschiedlich auf; beim Waschen springt der Dreck dann regelrecht aus dem Gewebe, so wie ein Magnet einen anderen abstößt. Und bestimmte Verunreinigungen bekommt man nur mit bestimmten Reinigern ab. Lackspritzer gehen z.B. nicht mit Wasser und Seife weg, dazu braucht man Benzin oder Terpentin. Lack trocknet nämlich, weil ein dem Terpentin ähnlicher Stoff verdunstet, und wenn man das wieder zuführt, wird auch der Lack wieder feucht und kann (mechanisch) abgerieben werden.

Man sieht, das ganze Haus eignet sich fortwährend als Chemielabor. Und es eignet sich als Lernfeld, vor welchen Stoffen man sich hüten muss. Ein wichtiger Erfahrungsbereich, der mit Chemie zu tun hat, ist der des Gesundheits- und Umweltschutzes. Schärfen Sie die Aufmerksamkeit der Kinder gegenüber giftigen, gefährlichen und umweltbelastenden Materialien, aber füllen Sie sie nicht mit Scheu vor den Stoffen, aus denen die Welt besteht. Machen Sie sie darauf aufmerksam, dass bestimmte Stoffe so gut wie nie vergehen und so zum Umweltproblem werden, dass andere Stoffe sich in gefährliche Substanzen verwandeln können und dass man wiederum andere Stoffe vor dem Verfall bewahren muss.

➡**Chemie**
Kinder sollten ...

- ein aufmerksames sinnliches Gespür für unterschiedliche Materialien haben, die sich fühlen, schmecken, riechen, sehen und sogar hören lassen,
- ahnen, dass es synthetische und natürliche Stoffe gibt,
- die wichtigsten Warnzeichen kennen, die auf Verpackungen angebracht sein können und
- sparsam und behutsam mit Chemie umgehen lernen.

Mathematik

Unserer Auffassung nach darf man Kinder schon vor der Einschulung mit Zahlen operieren lassen. Sechsjährige können nämlich bereits mit Mengen und Verhältnissen operieren, die ihnen vertraute Dimensionen repräsentieren, also mit Mengen von eins bis sechs (Würfel beim Brettspiel) bzw. bis zehn (wegen der Fingerchen), oder mit Begriffen wie groß (ich), größer (Geschwister) und am größten (Eltern) oder klein (Wohnzimmer), kleiner (mein Zimmer) und am kleinsten (Gästeklo). Sie ahnen auch, dass sie zwar schnell sind, ein Auto aber viel, viel schneller. Sie können auch mit gewandelten Verhältnissen umgehen, z.B. erkennen sie, dass nicht das Kissen schrumpft, sondern dass sie selbst wachsen, oder dass ihr Kuchen in der kleinen Ausgabe weniger Zutaten braucht als der große, den die Mama (oder der Papa) für die ganze Familie backt. Kompliziertere mathematische Bezüge können sie ebenfalls erfassen, wenn es sich z.B. ums Teilen (Ich habe hier zwei/vier/sechs Gummibärchen, wie viele kriegt dann jeder von euch beiden?) oder Malnehmen (Wenn ihr nun eure Gummibärchen auf einen Haufen tut, wie viele sind das dann zusammen?) handelt, doch gehen Sie dabei Schritt für Schritt experimentell vor. Rechenoperationen sind also in der Regel an Aktivitäten mit konkreten Dingen gekoppelt; vollends in die Welt der abstrakten Zahlen und Relationen einzuführen, kann man der Grundschule überlassen.

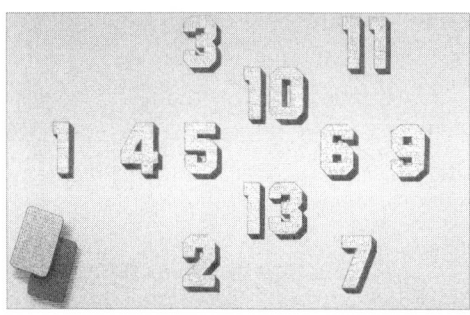

Mit Zahlen können Kinder schon vor der Einschulung umgehen

➡**Mathematik**

Kinder sollten ...

- mindestens bis zehn zählen können (auf Wunsch auch weiter),
- einfache konstante Relationen ermessen können,
- einfache variable Relationen ermessen können,
- einige Sprüche und Lieder kennen, in denen es um Zahlen geht, und
- auf Wunsch Zahlensymbole identifizieren können.

Politik

Kinder mit Aspekten von Politik vertraut zu machen, halten wir für kein Problem. Sie erfahren z.B. aus Märchen etwas über Macht und Herrschaft, und wenn die Eltern sich zur Politik äußern oder sich darin vielleicht sogar engagieren, so steht dem Erwerb von Weltwissen auf diesem Gebiet nichts im Wege. Man kann mit einfachen Formeln das Wesen der Demokratie erläutern, am besten natürlich anhand von Beispielen, welche die Kinder unmittelbar betreffen. Kleinen Menschen nahe zu bringen, was welche Partei will, in einer Zeit, da sich alles in der geheimnisvollen »Mitte« drängt, halten wir schon für schwieriger. Man muss aber sowieso nicht damit rechnen, dass Kinder unter zehn politisch wesentlich anders ticken als ihre Eltern. Wenn jene dann mit »ihren« Politikern an einem Wahlabend z.B. vor dem Fernseher mitfiebern, wenn sie sich freuen oder traurig/wütend sind, je nach Stimmenzahl, dann überträgt sich anwesenden Kindern durchaus so etwas wie eine Ahnung, was Politik sei.

➡Politik
Kinder sollten ...

> - wissen, dass es hierzulande keinen echten König mehr gibt,
> - den Begriff »Regierung« kennen,
> - den Begriff »Wahl« kennen,
> - die Begriffe »Mehrheit« und »Minderheit« kennen,
> - ahnen, wie politische Entscheidungen zustande kommen,
> - ahnen, dass sie eines Tages daran beteiligt sein werden, und
> - von erwachsenen Bezugspersonen weder Desinteresse noch Resignation in Bezug auf Politik vorgelebt bekommen.

Geschichte

Vorschulkinder haben kein Interesse an nackten Daten, Fakten, Hintergründen und Zusammenhängen. Wenn der Papa oder die Oma (oder eine andere Bezugsperson mit Lebenserfahrung) jedoch aus fernen Tagen berichten, wenn es greifbare Objekte gibt, welche die Zeiten überdauert haben und diese Eigenschaft

Modellwerkstatt zur Druckgeschichte, Deutsches Museum München

auch sinnfällig übertragen, dann sind auch ganz junge Menschen für Geschichte zu begeistern. Kinder sind auch fähig zu erfassen, dass es einen Unterschied gibt zwischen »alt« im Sinne von erneuerungsbedürftig und »alt« im Sinne von wertvoll und erinnerungsbeladen. Vergilbte Fotos, abgeliebtes Spielzeug, Gebrauchsgegenstände (Werkzeug, Kleidung, Möbel) mit sinnlich erfahrbaren Spuren der Benutzung lassen Kinder ahnen, was Zeit ist und wie das Leben der Menschen darin eingebettet ist, darunter auch ihr eigenes.

In seinem Roman »Der Fänger im Roggen« lässt der US-amerikanische Autor Jerome Salinger seinen jugendlichen Helden Holden vom Museum als einem Ort schwärmen, wo die Zeit stillsteht, wo die Dinge sich nicht verändern, wo alles so bleiben darf, wie es ist. Ein solcher Gedanke ist Sechsjährigen natürlich fremd, sie sind für einen Gang (oder mehrere) durch ein Museum unter ganz anderen Fragestellungen immer zu haben. Nur dürfen erwachsene Begleiter nicht den Fehler machen, ihre eigenen Vorlieben zum Ordnungsfaktor zu erheben. Sie sollten lieber den Kindern die Führung überlassen. Auch sollte man sich auf einige wenige Exponate beschränken, um die Kinder nicht mit Eindrücken zu erdrücken, und schließlich muss auch beachtet werden, ob die Kinder auch einen guten Blick auf die Dinge haben, die zumeist für größere Besucher arrangiert worden sind (vgl. dazu auch die Kapitel Zoobesuch und Kinder und Kunst). Wie bei allen Aktivitäten rings um Museen eignen sich kindgerecht arrangierte Fachführungen und Shows, die zum Selbermachen auffordern, am besten als Rahmen für die Begegnung mit der konservierten Geschichte. Ganz toll ist es, wenn Kinder selbst etwas herstellen und ihre Produkte mit nach Hause nehmen dürfen. Fragen Sie vor Museumstouren mit Familie nach Aktionen für Kinder und geben Sie Einrichtungen den Vorzug, wenn sie so etwas haben, auch wenn Sie persönlich andere Museen bedeutender finden.

Die Begegnung mit der Geschichte anderer Menschen, die nicht zur Familie gehören, kann überall stattfinden. Alte, unbewohnte Bauwerke, komplett oder in Trümmern (checken Sie die Sicherheit ...), üben auf Kinder eine große Anziehungskraft aus, zum Teil über mehrere Generationen hinweg, und dies nicht nur, weil sie dort kontrollfreie Zonen vorfinden. Erzählen Sie ihnen etwas über die Vergangenheit dieser Gemäuer, z.B. über die Kinder, die dort einmal wohnten, über Geheimgänge und verborgene Schätze. Besorgen Sie Bilder- oder Vorlesebücher über längst vergangene Zeiten, über Römer, Germanen, Kelten, Ritter, Räuber oder ganz normale Leute. Besuchen Sie ein kommerzielles Ritterturnier, schenken Sie Ihren Kindern Holzschwerter und -schilde bzw. die entsprechenden Playmobil-Figuren. Wir raten zur Vorsicht bei TV-Programmen, die sich mit geschichtlichen Ereignissen befassen; sie sind in letzter Zeit stark mit sehr realistischen Gewaltszenen in Hollywoodmanier durchsetzt, daher – wenn überhaupt – erst für ältere Kinder geeignet. Aufmerksam gemacht sei hier auch auf die hervorragend gestalteten Zeichentrickfilm-Serien des Franzosen Albert Barillé (Was ist Zeit? usw.), die sich wegen der Fülle der Information jedoch ebenfalls eher für Schulkinder eignen.

Wenn es um Naturgeschichte geht, lassen sich ohne Probleme regelrechte Wissensdurststrecken finden. So grassiert seit einiger Zeit auch unter deutschen Vorschulkindern das Dinosaurierfieber. In diesem Zusammenhang kann man TV-Filme, Bildbände, Besuche von Naturkundemuseen und die Bereitstellung von passenden Spielzeugfiguren kombiniert als Grundlage für den Erwerb von Welterfahrung nutzen.

➥ **Geschichte**
Kinder sollten ...

- schon einmal ein historisches Museum besucht haben,
- schon einmal »Vergangene Zeiten« gespielt haben,
- einige Objekte mit dem Charakter von Zeitkapseln in Händen gehabt haben,
- Bilder- und Vorlesebücher zu geschichtlichen Themen kennen,
- das eine oder andere Lied über die Vergangenheit kennen,
- schon einmal ein Bild mit einem historischen Thema gemalt haben,
- ahnen, dass der Krieg das schlimmste aller Dinge ist, und
- eine feine Ahnung vom Wandel der Zeiten haben.

Kunst

Kinder sind die idealen Galeriebesucher. Sie gehen mit einer absolut frischen und vorurteilslosen Begeisterung an alle möglichen Kunstwerke heran, ohne sich um Thema, Stil und Technik zu kümmern. Sie stellen keine Fragen wie: Was soll denn das sein?, und Bemerkungen wie: Das kann ich auch! wollen sie nicht als Abwertung, sondern als Ankündigung verstanden wissen. Unserer Erfahrung nach malen, zeichnen und formen alle Kinder gern, und sie lassen sich dabei auch von anderer Leute Arbeiten anregen. Ihr unvoreingenommenes Interesse an der Kunst schwindet erst mit Einsetzen der Pubertät, wenn sie nämlich ein Empfinden für Wirklichkeitstreue entwickeln, mit dem ihre eigenen Bemühungen um Ähnlichkeit der Abbildung nicht länger Schritt halten, von wenigen Ausnahmen abgesehen. In dieser Phase erlischt die spontane, seelisch offene Haltung denn auch total, wenn sich nicht z.B. die Schule einschaltet und andere, intellektuelle Wege zum Kunstwerk aufzeigt.

Kunstwerke für Kinder sind Kunstwerke mit hohem Aufforderungscharakter. Sie sollten die Sinne ansprechen, indem sie Farben, Farbkombinationen, Formen, Linien und Strukturen aufweisen, die sich nachvollziehen lassen, indem sie etwas vom Prozess ihrer Herstellung berichten und indem sie Geschichten erzählen oder Situationen nachstellen, welche die Kinder verstehen. Kindern ist es dabei offenkundig egal, ob es sich um gegenständliche oder ungegenständliche Bilder und

Bis zur Pubertät gehen Kinder mit großer Begeisterung an Kunstwerke heran

Objekte handelt, wie alt und wertvoll sie sind, und auch der Rang der Künstler interessiert sie nicht, es sei denn, dass sich damit eine Geschichte verbindet.

Natürlich kann man Kinder nicht einfach mit in ein Kunstmuseum nehmen, wo sie eventuell lange auf Einlass warten müssen, wo sie viel zu viele Bilder und Objekte sehen, die sich zumeist irgendwie ähneln (weil sie so angeordnet sind, wie Erwachsene es für richtig halten) und die sowieso zu hoch hängen oder in zu hohen Glaskästen stehen. Es ist zwar verständlich, wenn die Kleinen alles anfassen möchten, doch das hat die Museumsleitung leider selten gern.

Wenn man mit Kindern ein Kunstmuseum aufsuchen möchte, sollte man nach Möglichkeit vorher eine Auswahl z.B. der Gemälde treffen, die man anschaut. Es macht übrigens nichts, wenn man selbst nicht allzu viel Ahnung von der Materie hat. Die Kinder machen sich schon ihre eigenen Interpretationen. Hübsch ist es, wenn man im Laden der Galerie Postkarten kaufen kann; die kann man mit nach Hause nehmen und den Kindern als Orientierungsobjekt für Selbstversuche zur Verfügung stellen, im Sinne der ganzheitlichen Erfahrung. Wenn man kein Kunsthistoriker ist, sollte man die Kleinen speziell ausgebildeten Museumspädagogen anvertrauen, die in nachmittäglichen oder Wochenendkursen hinführen, interpretieren helfen und praktische Aktionen an Ort und Stelle anleiten. Viele Kunstmuseen bieten solche Kurse sogar für verschiedene Altersstufen an; die kleinen Teilnehmer sind durch die Bank begeistert.

Wenn man Kinder im weitesten Sinne künstlerisch tätig sein lassen möchte, sollte man ein paar Regeln beachten. Kaufen Sie unbedingt gutes Material und Werkzeug, achten Sie auf gesundheitliche Verträglichkeit, lassen Sie die Kleinen richtig loslegen (Arbeitskleidung, Spritzschutz – Kinder malen mit dem ganzen Körper) und greifen Sie nur auf Bitten ein. Heben Sie die Hervorbringungen auf, notieren Sie die Entstehungszeit, lassen Sie Arbeiten rahmen und hängen Sie sie auf bzw. fangen Sie geformte Objekte ab und stellen Sie sie irgendwo aus. Wenn Sie nicht die Kinder als Juroren benutzen, wenn es darum geht, was ausgestellt werden soll, erklären Sie Ihre eigenen Kriterien (»Ich mag Vulkanausbrüche«, »Mir gefällt das Zusammenspiel von Figuren und Hintergrund« oder »Ich finde die Farben so toll«). Veranstalten Sie einen Mal- oder Knetnachmittag als soziales Ereignis mit anderen Kindern/Familien, regen Sie großformatige Gemeinschaftsarbeiten (auf Tapete) an. Fürs Formen brauchen Sie keine Brennerei, es gibt an der Luft härtende Modelliermasse und den guten alten Salzteig. Versuchen Sie es auch einmal mit Bildern und Objekten aus Naturmaterial, z.B. aus Blüten, Ästchen, Moos, Gräsern, Sand, Muscheln usw., direkt draußen.

Kinder begeistern sich für jedwede künstlerische Technik, egal ob Malen mit den Händen, mit Pinseln oder mit Kreide (z.B. solche, mit der man auf der – kindersicheren – Straße malen kann), ob Zeichnen mit Farb- oder Bleistiften, ob Formen mit Knete oder Ton, ob Laubsägearbeiten, Papierschnitzel-, Kiesel- oder Stofffetzchenmosaiken oder andere Klebearbeiten. Selbst das Malbuch mit Umrisszeichnungen zum Ausmalen, das viele Ältere aus ihrer Kindheit kennen, kommt nach wie vor an.

Kinder können und wollen nicht gegenständlich abbilden, sie sind nicht dem optischen Schein auf der Spur, sondern dem Wesen der Dinge, wie es ihnen wichtig ist. Daher neigen sie in unserer Betrachtungsgruppe z.B. zu Röntgenbildern, also Häusern oder Autos mit komplett sichtbarem Innenleben. Generell produzieren sie eher schematische Darstellungen, die sie aus geometrischen Formen (Quadrate, Dreiecke, Kreise usw.) zusammensetzen, und postieren Figuren und Gegenstände auf einer Grundlinie, die häufig mit dem unteren Rand des Bildträgers identisch ist. Konstruiert das Kind eine eigene Grundlinie (oder mehrere), spricht man vom Standlinienbild. Schwebende Gegenstände (Wolken, Vögel, Flugzeuge usw.) heften sie analog an die Bildoberkante, die Sonne knallen sie meistens in eine obere Ecke. Es gibt auch Landkartenbilder, wo die Szenerie wie aus dem Überflug wiedergegeben wird, Gegenstände und Figuren hingegen in Seitenansicht. Menschen werden im sog. Primitivschema dargestellt, bei Sechsjährigen mit allen Körpermerkmalen, also fünf wuchtigen Fingern je Hand. Farben werden in diesem Alter noch spielerisch frei verwendet, mit einem starken Hang zu heftigen Kontrasten, kommen jedoch nach und nach der empfundenen Realität entsprechend zum Einsatz. Eine Wiese ist dann immer schön grün, in der grünen Baumkrone hängen dann immer schöne rote Früchte, Gesichter sind immer schön orange, Wasser und Himmel immer schön blau. Beim Formvermögen lässt sich in unserer Altersstufe ein starker Hang zum Kombinieren von stereometrischen Grundformen (Würfel, Kugeln usw.) beobachten.

➡ **Kunst**
Kinder sollten ...

> • Stift, Kreide oder Pinsel sicher im Griff haben,
> • die Farben Rot, Gelb, Blau, Grün, Orange, Lila, Braun, Schwarz und Weiß mit Namen kennen,
> • Farbtöne als hell, normal und dunkel identifizieren können,
> • Vergnügen an Farbkontrasten haben,
> • schon einmal mit den Händen oder dem ganzen Körper gemalt haben (es

gibt abwaschbare oder besser: abbadebare ungiftige Körperfarbe im Handel),

- zu bestimmten Anlässen (Karneval, Geburtstagsparty) geschminkt werden bzw. dies selber tun können,
- sich die künstlerische Bewältigung jedweden Motivs aus ihrem Erfahrungsbereich zutrauen,
- einfache Schemata vom Menschen und ihnen vertrauten Tieren, Pflanzen und Gegenständen zeichnen und malen können und
- Beziehungen zu Dingen haben, die auf sinnlichem Wohlgefallen gründen, z.B. Frisur, Lieblingskleidung (diese Farbe steht mir ...), Tapete, Mobiliar, Teppich, Ausstattungsgegenstände, Bücher, Bilder oder Ausblicke.

Musik

Kinder lieben Musik, gleichgültig ob als Zuhörer oder Ausführende. Nie wieder im Leben singen Menschen so gern und nie wieder fällt es ihnen so leicht, Lieder oder gar ein Instrument zu erlernen, wie in der Kindheit. Erwachsene erinnern sich das ganze Leben lang an Dutzende von Liedern, an Melodie samt Text, die sie in der Kindheit einmal gesungen haben. Das komplizierte Zusammenspiel von symbolischen Zeichen und Bewegungen, also Noten lesen, umsetzen und Instrument bedienen, klappt bei sehr jungen Menschen erheblich besser als bei Älteren; es scheint sogar ein Problem zu sein, im Erwachsenenalter noch das Notenlesen zu erlernen.

Kinder sind von Natur aus musikalisch, ein bestimmtes Niveau erreichen alle, solche mit einer speziellen Begabung (sog. musikalische Intelligenz) natürlich leichter und schneller. Am Anfang steht das Wahrnehmen. Kinder können Geräusche unterscheiden, einordnen (laut/leise, hoch/tief usw.) und nachahmen, z.B. verschiedene Motorgeräusche, Schalter, quietschende Türen, und sie können prima Tiere nachmachen, meistens stimmlich und pantomimisch zugleich. In unserem Alter können sie auch andere Menschen akustisch mühelos imitieren.

Leider singen die wenigsten Erwachsenen gern freiwillig, außer sie sind nicht mehr ganz nüchtern oder allein im Auto unterwegs. Das ist schade, denn vom Familiensingen, am besten mit Instrumentalbegleitung, geht ein starker Impuls aus.

Er schafft emotionales Wohlbehagen, stärkt die Familienbande und reizt Kinder zum Selbermachen. Wenn Eltern nicht einmal in der Badewanne losschmettern mögen, lohnt sich der Kauf von Audio-Kassetten o.Ä. mit Kinderliedern; ob es sich dabei um Klassiker handelt oder um extra geschriebene zeitgenössische Kinderlieder, ist Geschmackssache. Um nachgesungene Melodien aus der Reklame kommt sowieso niemand herum. Empfehlenswert sind allemal Lieder, bei denen zusätzliche Aktivitäten angesagt sind, etwa das Imitieren von handwerklichen Arbeiten (Wer will fleißige Handwerker seh'n), Zahlen (wobei es schwierig ist, die populären, aber politisch nicht korrekten Zehn kleinen Negerlein zu vermeiden), das ABC (Bibos ABC-Lied aus der Sesamstraße oder das Lied von der Katze im Schnee) oder Tierstimmen (noch ein englisches Lied, Old MacDonald Had a Farm). Wenn man Nachbarn mit anderen Muttersprachen hat, so sollte man diese bitten, den Kindern ein Lied aus ihrer Heimat vorzusingen. Ansonsten bietet sich eine Fülle von englischem Liedgut von diversen Tonträgern bzw. aus Funk und Fernsehen als Repertoire an; wer kann, sollte den Kindern übersetzen, was sie da nachsingen.

Wenn es um Instrumentalmusik geht, kann das ganz schön teuer werden. Schon ein Klavierhocker repräsentiert den Gegenwert mehrerer luxuriöser Abendessen im Restaurant, und die Stunden müssen auch bezahlt werden (hier sind Musikschulen mit Gruppenunterricht eine billigere Variante, die obendrein das soziale Erleben

Kindern fällt das Musizieren noch sehr leicht

Das Erlernen eines Instruments ist eine große Chance für Kinder, setzt aber auch die Mitarbeit der Eltern voraus

Gemeinsames Musizieren macht Spaß und fördert das Miteinander

von Musik sicherstellt). Übrigens sollten Eltern nicht lässig annehmen, wenn sie einen Profilehrer beschäftigten, so entbände sie das von aller Mitarbeit. Sie vergessen das ständige Üben, Ermuntern, Motivieren ... Dennoch – es ist eine große Chance, wenn ein Kind ein Instrument erlernen möchte. Ab vier Jahren können Eltern solch einem Wunsch nachkommen. Welches Instrument es sein soll, kann man der Wahl des Kindes überlassen, entweder gibt es Miniaturausgaben, oder die Schulung funktioniert auch am großen Instrument, z.B. am Klavier. Die Kinder müssen vorher erahnen können, worauf sie sich einlassen: dass Arbeit, Geduld und Konzentration auf der Tagesordnung stehen.

Am Anfang steht jedoch das spielerische Umgehen mit Klangkörpern und Techniken der Klangerzeugung. Trommeln und Rasseln lassen sich leicht aus Alltagsgegenständen basteln. Plastikflaschen, verschieden hoch mit Wasser gefüllt und fest zugeschraubt, bilden ein Mittelding aus Trommel und Xylophon und ergeben einen wunderbar weichen Ton. Ein Karton mit Schrauben lässt sich als Rassel verwenden, ebenso eine Schachtel mit Cornflakes. Der Fantasie der Kinder sind keine Grenzen gesetzt, lediglich der Geduld der anwesenden Erwachsenen. Das Spiel mit solchen Krachmachern trainiert allerdings auch das Gefühl für Rhythmen. Einfache Instrumente lassen sich ebenfalls ohne viel Aufwand selber machen. Der nasse Finger erzeugt auf dem Rand diverser Gläser unterschiedlich hohe Töne, ebenso das Pusten über den Rand verschieden hoch gefüllter Flaschen hinweg, ein straff gespanntes Gummiband oder ein Messer (aus einem Essbesteck) lassen sich zum Vibrieren bringen und führen spielerisch ein in die Welt der Physik: kleine Masse, schnelle Schwingungen, hohe Töne – große Masse, langsame Schwingungen, dunkle Töne.

Bei einem Spaziergang draußen lassen sich auch Klangerzeuger finden und basteln. Trockene Hölzchen oder Steine kann man zu Vibraphonen kombinieren, der Opa kann zeigen, wie man im Frühling ein Weidenpfeifchen bastelt oder wie man auf einem Grashalm trompetet.

Kinder bewegen sich auch gern zur Musik. Eltern können z.B. zum Dirigieren anregen (wenn man passende Klassikplatten hat), zum Tanzen oder gar zur Eurythmie, dem pantomimischen Nachgestalten von Melodien und Rhythmen, wie es in der Waldorfpädagogik vorkommt. Ballettunterricht darf übrigens ruhig schon vor der Einschulung beginnen. Wem das zu versnobt erscheint, der schaue sich nach Volkstanz- oder Brauchtumsgruppen in der Umgebung um.

➥**Musik**
Kinder sollten ...

- die Möglichkeiten der eigenen Stimme ausgelotet haben,
- jede Menge Geräusche nachmachen können,
- verschiedene Formen der Rhythmus-, Ton- und Melodieerzeugung ausprobiert haben,
- ein Instrument selber gebaut haben,
- draußen ein Instrument aus natürlichem Material gebaut haben,
- ahnen, dass Töne Schwingungen sind,
- einen Rhythmus erkennen und richtig (mit Bewegungen) nachempfinden können,
- selbstständig einen Rhythmus produzieren können,
- selbst kleine »Arien« gestalten können, indem sie alltägliche Ereignisse im Verband mit einer einfachen Melodie vor sich hin trällernd beschreiben,
- mehrere Lieder auswendig beherrschen, darunter auch solche in einer fremden Sprache,
- mit mehreren anderen Menschen gemeinsam (als Chor oder im Kanon) gesungen haben,
- die Bewegungsprogramme zu einigen Liedern beherrschen, die zu Aktivitäten auffordern,
- einige Lieblingslieder bzw. -musiken haben,
- einige Vögel am Gesang erkennen und nachahmen können.

Muße

Innere Sammlung, Ausdauer und Ruhe bei bestimmten Verrichtungen kann man nicht theoretisch vermitteln. Man muss sie indirekt, aktiv und als positiv besetzt erfahren. Man kann auch andere Menschen dabei beobachten, wie sie Muße erfahren und verströmen. Man muss Tätigkeiten finden, die sie ermöglichen, Gelegenheiten suchen, bei denen sie sich entwickeln kann, und man muss sich in seiner ruhigen Konzentration selbst bestätigen und in all diesen Aspekten auch von außen bestätigt werden. Die Fähigkeit, Muße zu entwickeln, wächst mit der ermutigenden Zustimmung der Umgebung. Desinteresse, Fremdbestimmtheit und Fantasiearmut im erwachsenen Milieu hemmen den Erwerb der Fähigkeit zur Muße. Sie entsteht aus den Dingen, aus dem Bezug zu ihnen und aus dem persönlichen Wert, den die Arbeit mit ihnen und das Produkt aus dieser Arbeit für einen Menschen haben kann. Muße entsteht bei unwichtigen Tätigkeiten ebenso wie bei Tätigkeiten mit weltgeschichtlicher Geltung, am Anfang steht jedoch immer das Triviale. Sie kann zwar auch inmitten von Hektik entstehen, blüht jedoch – vor allem bei Kindern – eher in ruhiger Umgebung. Hektische Kinder, die ohne äußere Einwirkung von einem Objekt des (scheinbaren) Interesses zum nächsten und zum übernächsten hinüberschalten, kommen so nicht auf die Welt ...

Muße entsteht bei Kindern verstärkt dann, wenn sie sich die Tätigkeit selbst aussuchen können. Dazu ist aber wiederum nötig, dass sie vielfältige Anregungen

Sportarten wie Angeln vermitteln ein Gefühl für Muße

erhalten, woraus die Welt besteht und was man so alles machen könnte, was natürlich wiederum nicht in hektische Betriebsamkeit und Impulsdauerfeuer ausarten darf. Weiterhin brauchen sie Bestätigung in ihrem Tun; »Was machst du denn da für'n Quatsch?« oder »Gib mal her, das machst du nicht richtig/doch nur kaputt« usw. sind Floskeln, die Kinder am besten nie zu hören bekommen sollten. Die oben schon erwähnte ruhige Atmosphäre ist ein entscheidender Faktor; wenn schon kleine Kinder nach Terminplan zwischen allerlei Verpflichtungen einfach keine Zeit mehr haben, muss sich niemand wundern, dass sie auch keine Zeit zur Muße haben. Wenn die erwachsenen Bezugspersonen schon keine Muße entwickeln können, woher sollen es dann die Kinder können. Hektische Spielkameraden scheinen übrigens nicht als Negativmodell zu fungieren. Ein besonderer Störfaktor ist das Fernsehen, das – wie erwähnt – durch seine seltsame Mischung aus Reizüberangebot, emotionalem Stress, erzwungenem Stillsitzen und einschüchternder Vollkommenheit ein echter Mußekiller mit Langzeitwirkung ist. Mit offenem Mund vor der Glotze hockende Kinder darf man nicht mit solchen verwechseln, die viele Viertelstunden lang, vergnügt in sich selbst und in ihre Spielarbeit versunken, Zeit und Raum vergessen. Solche Kinder sind auch eher in der Lage, Konzentration zustande zu bringen, wenn es von ihnen verlangt wird und wenn sie sich die Tätigkeit nicht selbst aussuchen können. Das wird in der Schule von Beginn an verlangt – über die erwartete Leistung im Punkt Konzentration vgl. auch das Kapitel über Schulreife.

Folgende Tätigkeiten haben sich begünstigend erwiesen, wenn es um den Erwerb der Fähigkeit zur Muße geht:

Lektüre
Lesen, egal ob aktiv gemacht oder passiv erfahren, erfordert nicht nur Konzentration, sondern erzeugt auch die Fähigkeit zur Muße.

Basteln
Es gibt sie noch, die Bastelkästen für Kinder, mit der guten alten Laubsäge als Kristallisationskern. Es muss nicht immer ein voll funktionsfähiges Flugzeugmodell mit x Funktionen oder eine Einbauküche sein, die beim Basteln herauskommen, ja es braucht eigentlich (anfangs) überhaupt nichts dabei herauszukommen. Basteln macht einfach Spaß, fördert die Konzentrationsfähigkeit und Motorik und schafft somit Selbstvertrauen. Man braucht es auch nicht geschlechtlich zu differenzieren, Mädchen können auch hämmern, Jungen können auch mit der Strickliesel umgehen.

Sammeln

Sechsjährige fangen langsam mit dem Sammeln von Gegenständen an; vermutlich bricht hier der alte Trieb bei ihnen durch, stammen wir doch von Jägern und Sammlern ab. Egal. Sammeln kann man alles Mögliche, leider auch Dinge, die industriell allein zu dem Zweck hergestellt und verkauft werden, der Sammelleidenschaft Vorschub zu leisten. Wenn Sie Glück haben, kommen Sie um Fußballbildchen, Ü-Ei-Figuren o.Ä. herum und der Nachwuchs beginnt, Blumen zu pflücken, zu pressen und gezielt aufzubewahren. Wenn nicht, dann gibt es für alle möglichen Sammelobjekte Schau- und Tauschbörsen, wo man fehlende Teile direkt nachkaufen kann, statt so lange Tüten oder Eier anzuschaffen, bis die Sammlung komplett ist (wobei dann dummerweise immer wieder andere unvollständige Serien entstehen). Zum Sammeln gehört das ständige Betrachten der Sammlung, die Beschäftigung mit einem bestimmten Fachgebiet (bei Kommerzsammelobjekten eher weniger), die Freude und der Stolz über das Erreichte, das lustvolle Planen der Vervollständigung und eventuell der Austausch mit anderen kleinen Fanatikern.

Kochen und Essen

In Zeiten der Schnellrestaurants und Mikrowellenmenüs ist es schwierig, die Werte des gemeinsamen Planens und Zubereitens von anspruchsvollen Mahlzeiten und eines geselligen Essens hochzuhalten. Es muss ja auch nicht ständig sein. Ab und zu sollten Kinder jedoch das Werden eines (festlichen) Menüs beobachten bzw.

Das gemeinsame Kochen vermittelt ein Gespür für Mengen und Maße

aktiv begleiten können. Wenn Familie und Freunde dann mit sicht- und fühlbarem Wohlbehagen in froher Runde schmausen, erkennen Kinder den Unterschied zwischen Hungerstillen und Speisen, ernten außerdem Lob für die tätige Mitwirkung, erleben, wie Wärme, Nähe und Freude aus dem Anlass wachsen. Außerdem sollten die Kleinen selbst kleine Gerichte zubereiten und kleine Kuchen backen können – schließlich gibt es alle möglichen Koch- und Backutensilien auch im Kleinformat. Wenn sie dies parallel zum »großen« Küchenbetrieb kennen lernen, bekommen sie auch noch einen Eindruck von Mengen, Gewichten und Verhältnissen, von Küchenphysik und -chemie. Außerdem optimiert es die Fähigkeit zur Selbstorganisation, zu Sauberkeit, Sorgfalt und Regelbeachtung. Essen zuzubereiten erfordert auch Geduld – ein Topf, dessen Deckel ständig gehoben wird, kocht überhaupt nicht, sagt das Sprichwort. Ums Warten kommt man also nicht herum, doch ist dies das lustvoll-gespannte Warten auf etwas, das man selbst auf den Weg gebracht hat und dessen Vollendung man harrt. Dies ist etwas völlig anderes als das fremdbestimmte, nutzlose Warten (= Zeit-Totschlagen) zwischen zwei Terminen.

Spielen

Über pädagogisch wertvolles Spielzeug gibt es meterweise Literatur, daher wollen wir nicht auch noch unseren Senf dazugeben. Auch wollen wir uns einen Kommentar zum Thema »Wie viel Spielzeug braucht der Mensch« versagen. Als Eltern ist man stets und ständig in der Zwickmühle, den Kindern Wünsche erfüllen zu wollen und vor Skepsis ob der überquellenden Spielzeuglagerstätten in den Kinderzimmern gelinde zu verzweifeln. Was auf jeden Fall dabei sein sollte, zeigt die folgende Liste.

Handpuppen

Unserer Meinung nach sind Handpuppen (am besten noch selbst gemachte) ein ideales Spielzeug, das sich auch problemlos beschaffen lässt. Sie eignen sich z.B. für Rollenspiele, für Nachinszenierungen und für kleine Shows von kleinen Spielern für kleine (und erwachsene) Zuschauer. Man darf sich nur nicht wundern, wenn die traditionellen Figuren völlig frei eingesetzt werden, ohne Rücksicht auf die geschnitzte oder in Gummi geformte Rolle. Kinder brauchen nämlich manchmal keinen Teufel, keine Großmutter und kein Krokodil, sondern irgendeinen Charakter. Handpuppen bieten einfach perfekte Manipulationsmöglichkeiten, da sie vollständig von den Kindern mit Leben erfüllt werden können, und der Umgang mit ihnen trainiert die so wichtige Beweglichkeit der Finger.

Bauklötze/Legosteine

Die beste Eigenschaft, die ein Kinderspielzeug haben kann, ist seine umfassende Einsetzbarkeit. An Dingen mit schmalem Repertoire und ohne Manipulations- möglichkeiten verlieren Kinder schnell den Spaß, so z.B. an Robotern, die lediglich dumme Verrenkungen, alberne Brummtöne und lächerliche Gehbewegungen voll- führen u.Ä. – die landen dann rasch in dem Sortiment, das kleine Straßenhändler von Wolldecken aus feilbieten. Die unerschöpfliche Vielfalt, in der aus Bauklötzen oder Legosteinen gebaute Sachen auftreten können, markiert das genaue Gegenteil solcher batteriegetriebener Langweiler. Bei Legosteinen raten wir allerdings davon ab, Bausätze für ganz bestimmte Modelle zu kaufen; besser sind Universalbau- steine, aus denen sich alles Mögliche konstruieren lässt. Machen Sie einmal den Versuch, die Kinder aus einigen wenigen aufs Geratewohl ausgeguckten Legostei- nen etwas bauen zu lassen (und kümmern Sie sich bloß nicht um so etwas wie Ähn- lichkeit!). Sie werden sehen, dass so die Fantasie viel mehr gefordert und gefördert wird, und Spaß bringt es dennoch.

Kinderspielzeug sollte vielseitig sein um die kindliche Fantasie anzuregen

Gesellschaftsspiele

Wie bekommt man es hin, dass Kinder verlieren können – eine häufig gestellte Frage. Wir kennen einige Kinder, die z.B. beim Mensch-ärger'-Dich-nicht-Spiel ver- lieren können und dennoch gut gelaunt bleiben. Das Geheimnis scheint zu sein, dass Spielen von diesen Kindern zunächst als soziales Ereignis, das man mit gelieb- ten Mitmenschen betreibt, begriffen wird. Das Spiel wird als etwas Besonderes zele- briert, sowohl in der Vorbereitung als auch in der Ausführung. Betont wird von allen Beteiligten der Spaß, man lacht, man übertreibt Gesten und Sprüche und bleibt dennoch gelassen und freundlich. Gut ist auch, mit den Kindern ein Team zu bilden, das durch Gewinn und Verlust zusammenhält. Verbissenes Gewinnen- Wollen und echter Frust ob der Niederlage färben hingegen negativ ab. Auf diese

Weise erfüllen gesellige Brett- oder Kartenspiele einen mehrfachen Zweck, nämlich als Intelligenztraining, als Sozialakt, als Anregung zur produktiven Muße und als Übungsgrund, Niederlagen verkraften zu lernen (das funktioniert natürlich nur, wenn die Kinder auch ansonsten nicht als Versager hingestellt werden).

Nichtspielzeug

Das beste Spielzeug ist (nicht nur) unserer Meinung nach dasjenige, das Kinder allein oder in Kooperation mit Erwachsenen selbst herstellen, und insbesondere dasjenige, das gar nicht als Spielzeug gedacht ist. Dachboden, Gartenschuppen, Bastelkeller, Küche oder Kleider- und Schuhschrank bergen für Kinder ein geradezu gewaltiges Potential an Spielgeräten und -möglichkeiten. Lassen Sie einmal im Geiste diese Teile Ihrer Behausung an sich vorüberziehen – sehen Sie da nicht jede Menge toller Schätze? Gerade das Unvorhersagbare, das Zufällige der Funde und die damit nötig werdende Entscheidung und Planung von Spielsituationen machen den Reiz solchen Nichtspielzeugs aus, das übrigens nicht unbedingt automatisch zum Rollenspiel animiert. Wir kennen viele Kinder, die für einen (teilweise) zur Verfügung stehenden Kleiderschrank oder ein paar Holzreste plus Werkzeug jedes andere Spielzeug stehen lassen.

Handpuppen mit ihren vielen Verwandlungsmöglichkeiten sind das ideale Spielzeug

WAS GRUNDSCHULKINDER WISSEN MÜSSEN

ELEMENTE DER SCHULFÄHIGKEIT

Der Eintritt in die Grundschule erfolgt in Deutschland mit sechs Jahren plus neun Monaten, das weist der statistische Mittelwert aus. Diese »krumme' Zahl ergibt sich aus der Tatsache, dass Kinder zwar über das ganze Jahr verteilt geboren, jedoch allesamt am selben Tag eingeschult werden. Das Schulgesetz besagt, dass Kinder, die bis zum 1. Juli des Einschulungsjahres das sechste Lebensjahr vollendet haben, bundeseinheitlich ab dem 1. August der Schulpflicht unterliegen. Mit diesem Tag beginnt, verwaltungstechnisch gesehen, das Schuljahr. Zweifel entsteht immer dann, wenn Kinder mehr oder minder knapp nach dem 1. August den sechsten Geburtstag begehen, und in Deutschland führen solche Zweifel häufiger zu der Entscheidung, die Einschulung um ein Jahr zu vertagen, anstatt sie um einige Wochen/Monate vor den sechsten Geburtstag vorzuziehen. Dies ist immer dann möglich, wenn Kinder zwischen dem 1. Juli und dem 31. Dezember sechs werden. Übrigens ist es in Deutschland durchaus möglich, die Einschulung um ein Jahr vorzuverlegen, unabhängig vom Stich-Geburtstag.

Viele Theoretiker und Praktiker kritisieren die späte Einschulung, zumal es in Deutschland geschehen kann, dass Kinder vor der Einschulung überhaupt keine staatliche Institution wie Kindergarten oder Vorschule besucht haben, da Ersterer immer noch nicht flächendeckend existiert und Letztere nur sporadisch vorkommt. Woher die Tendenz stammt, Kinder so lange wie möglich aus der Schule fernzuhalten, vermögen wir nicht umfassend zu ermessen; vermutlich haben Eltern Angst vor dem rauen Klima, dem Leistungsstress o.Ä. und vermutlich glauben sie mitunter sogar, dem Kind einen Gefallen zu tun. Ganz im Gegensatz zu heute gingen früher, in den 1970er Jahren, in Zeiten des Aufbruchs, der Chancengleichheit, der Arbeiterkinder, die an die Uni sollten, fortschrittlich denkende Bildungstheoretiker noch von einer frühen Einschulung als Ideal aus, mit fünf Jahren nämlich; so empfahl es 1969 der Deutsche Bildungsrat. In der DDR begann Schule hingegen mit sieben, wobei man allerdings beachten muss, dass kleine DDR-Bürger fast ausnahmslos vorher durch Krippe (für Ein- bis Dreijährige) und Kindergarten krabbelten bzw. liefen.

Was das späte Einschulen anbetrifft, sind die Deutschen übrigens nicht Weltmeister. Die Skandinavier und einige Schweizer Kantone schulen noch ein wenig später ein, nämlich mit sieben. Im hohen Norden gibt es allerdings eine gesetzlich vorgeschriebene und natürlich auch garantierte ganztägige Vorschule, die ein Jahr vor der Grundschule beginnt. Kleine Niederländer und Briten müssen hingegen schon mit fünf zur Schule. Jung-Holländer können obendrein auf Wunsch bereits mit Ende des vierten Lebensjahres eingeschult werden, und für die jugendlichen Bewohner der Insel gibt es zusätzlich eine Vorschulpflicht ab Ende des dritten Lebensjahres.

In die Schule zu kommen bedeutet einen gewaltigen Einschnitt im Leben eines Menschen und einen wichtigen Wendepunkt. Bis dahin gleicht er einer kleinen Bimmelbahn, die sorg- und ziellos auf Gleisen nach Wahl, im Tempo nach Wahl, nach Zielen nach Wahl dahinzuckelt. Plötzlich befindet er sich auf einer vorgezeichneten Strecke und muss sich zügig (innerhalb von vier Jahren nämlich) bis zu einem Weichenkomplex vorarbeiten, wo die Fahrstraße ins Leben mehr oder minder fix eingestellt wird. Die kleine Bimmelbahn muss sich nach Fahrplänen, Mindestgeschwindigkeiten und vorschriftsmäßigen Haltepunkten richten. Sie ist eventuell zum ersten Mal nicht allein auf dem Gleis, und ihre Leistung wird von fremden Menschen beurteilt, auch dies eine Neuerung. Ein hartes Leben, fürwahr ...

Was heißt schulreif?

In den letzten Tagen der Kindergartenzeit oder in den ersten in der Grundschule müssen alle kleinen Deutschen einen Test der Schulfähigkeit absolvieren. Hier wird untersucht, ob sie körperlich und geistig in der Lage sind, den Anforderungen des Schulalltags zu trotzen; seit einiger Zeit werden auch Sozialkompetenz (Gruppenfähigkeit) und seelische Stabilität der Kinder getestet, weil beide eine wichtige Plattform für angemessenes Verhalten und Benehmen im Lehr- und Lernbetrieb bilden.

Schulreifetests können zweimal geschehen. So wird das Stadium der körperlichen, sensorischen (die Sinne betreffend) und motorischen Entwicklung bisweilen vom schulgesundheitlichen Dienst veranstaltet; je nach Bundesland bzw. Schulbezirk können sie im Kindergarten, in der Grundschule oder in einem Gesundheitsamt stattfinden. Die »geistigen« Tests werden im Kindergarten oder in der Schule veranstaltet, entweder vom schulpsychologischen Dienst oder von speziell trainierten Lehrern. Zumeist haben es die

Vor der Einschulung werden alle Kinder auf ihre Schulfähigkeit hin untersucht

Kleinen jedoch mit einem Generaltest zu tun, der beide Bereiche abdeckt. Welche der vielen Dutzend Schulfähigkeitstests zum Einsatz kommen, liegt im Ermessen der Behörden. Es scheint sogar möglich, dass einzelne Grundschulen ihre eigenen Tests erarbeiten und anwenden.

Welchen Wert haben Schulreifetests? Zunächst haben sie eine rechtlich relevante Wirkung, denn eine behördliche Entscheidung, ein Kind sei (noch) nicht schulfähig, ist bindend und führt zur so genannten Zurückstellung in den Kindergarten oder Aufnahme in eine Vorklasse mit Förderunterricht. Davon abgesehen sind sie jedoch sehr gut geeignet, den allgemeinen Entwicklungsstand von Kindern zu erfassen und zu beschreiben, da sie ein großes Spektrum unterschiedlicher Fähigkeiten, Fertigkeiten und Vorkenntnisse untersuchen, die nicht unbedingt etwas mit der Schule zu tun haben müssen. Darum dienen sie uns in diesem Kapitel als Basissatz. Unserer Erfahrung nach verdienen Schulfähigkeitstests Aufmerksamkeit und Vertrauen, denn sie »akzeptieren« eine ziemliche Bandbreite an Entwicklungsstadien, sind also nicht strikt normierend, ignorieren den Status der Eltern, sind also nicht sozial diskriminierend, und sie gehen in der Regel spielerisch zu Werke, kommen also nicht als stressträchtiges Schockereignis daher. Viele Tests enthalten z.B. gruppenweise zu bearbeitende Aufgaben. Alle uns bekannten Tests sind ihrerseits sorgsam und großflächig getestet worden, bevor man sie zur Grundlage erhoben hat. Ihre Erfinder sind Psychologen und Erziehungswissenschaftler, die eng mit Praktikern zusammenarbeiten und die Verfahren laufend aktualisieren.

Früher war das anders. Ein Schulfähigkeitstest aus den 1960er Jahren strotzt noch von eindeutigen Formulierungen. Da ist die Rede von »durchschnittlicher Intelligenz«, über die Kinder gebieten müssten, von der Fähigkeit zur »Aufmerksamkeit«, vom »Leistungswillen«, von der »Fähigkeit zur Selbstkritik« und vom »Ertragen sachlicher Kritik«. Kinder müssten in der Lage sein, sich in die Klassengemeinschaft einzuordnen, und der Gesundheits- und körperliche Entwicklungsstand fundamentiert in erster Linie noch die Leistungsfähigkeit. Der Schulfähigkeitstest stellt auch in Aussicht, dass die Lehrer besondere Maßnahmen ergreifen können, etwa die »sonderschulbedürftiger Kinder«. Besonders nett finden wir die zu diesem Test gehörenden Musterbeurteilungen (die im Originaldruckbild wiedergegeben sind), auf denen auch die Größe des Heimatortes, der Beruf der Eltern und Kommentare aus dem Kindergarten vermerkt sind. Als Beispiel einer guten Leistung (wohlgemerkt, beim Schulfähigkeitstest) findet sich das Beispiel des Mädchens G., über welche der Kindergarten mitteilt: »Führt gern die Gruppe (...). Sie wird eine gute Schülerin.« Der Vater ist Jurist. Aha! Über den Knaben E., einen mittleren Erreicher, heißt es: »Gehemmter Bub – jüngstes von 10 Kindern«;

logisch, der Vater ist Landwirt. Einen Kindergarten hat E. nicht besucht, aber es wird vermerkt, dass er noch ins Bett macht. Schulreif, aber förderungsbedürftig, heißt es auf dem Formular. Als schwache Erreicherin (»kaum genügend«) wird uns das Mädchen A. vorgestellt, das auf Grundlage des Tests »rückgestellt« wird und eine individuelle Untersuchung und Förderung benötigt. Der Vater ist Frührentner, und der Kommentar des Kindergartens lautet: »In der Schule wird sie's einmal schwer haben!« Und dann gibt es da noch den Höhepunkt, nämlich ein »Kategorieschema der Berufsgruppen«, aus denen die Eltern der kleinen Testpersonen stammen können. Die höchste Kategorie (I) beinhaltet »alle Berufsträger mit voller akademischer Ausbildung, ferner Großunternehmer (mit mehr als 100 Beschäftigten), Direktoren in Industriebetrieben, Offiziere (ab Oberst)«. In der mittleren Lage (III) finden sich u.a. »Techniker (ohne Abitur), mittlere Angestellte, mittlere Beamte, Förster, Landwirte mit 5 ha oder mehr (...) und Soldaten im Unteroffiziersrang«. Ganz unten (Kategorie V) stehen dann »ungelernte und angelernte Arbeiter bzw. Angestellte (...), Küchenhilfen (...), Hausmeister, Boten (...), Taglöhner aller Art«. Bei Vaterwaisen und unehelichen Kindern wird der Beruf der Mutter eingetragen, neben die Gruppenbezeichnung jedoch ein M gesetzt. Die Kategorien müssen nämlich auf dem Testbogen erscheinen – wozu wohl?

Kleines Bonbon am Rande: Für o.g. Liste zeichneten seinerzeit Soziologen verantwortlich. Nun, die Zeit, da man die Schulfähigkeit von Kindern (auch) an Ausbildung und Job der Eltern maß, sind zum Glück lange vorbei.

Wir haben diejenigen Fähigkeiten und Fertigkeiten, die Grundschulanfänger aufweisen sollten, in Großgruppen aufgeteilt, nämlich Körper und Bewegungen, Wahrnehmung, Denkfähigkeit, Abstraktionsvermögen, Gedächtnis, Sprachverhalten, Sozialkompetenz, Arbeitsverhalten und emotionales Verhalten, wobei noch verschiedene Querverbindungen untersucht werden. Es soll hier gezeigt werden, dass sich hinter all den einschüchternden Fachbegriffen ganz normale Aspekte von Entwicklung verbergen, dass – auf Deutsch gesagt – keine Wunder oder Spitzenleistungen von den Kindern erwartet werden. Die Fähigkeiten werden übrigens in der Regel in einer Fünferskala angemerkt, die von »sehr ausgeprägte Fertigkeit« bis »stark beeinträchtigte Fertigkeit« reicht. In der Regel werden die Testergebnisse den Eltern erläutert, und in einigen Fällen wird natürlich auch eine genauere Untersuchung von Defiziten angeregt.

Körper und Bewegungen

Grobmotorik

Dieser Bereich untersucht die Beherrschung des ganzen Körpers durch die Kinder. Sie müssen in der Lage sein, verschiedene z.T. ungewöhnliche Bewegungen unter einen Hut zu bekommen, und dabei das Gleichgewicht halten können. Genau hier häufen sich dem Vernehmen nach Probleme, die sich durch zu intensives Fernsehen und/oder durch zu wenig Bewegung bei Spiel und Sport ergeben. Körperbeherrschung und -gefühl gehören zu den Basisfähigkeiten, die auch auf das allgemeine Wohlbefinden und das Selbstvertrauen wirken.

Die Kinder werden z.B. aufgefordert, auf einem Bein stehend zu balancieren, solange es geht. Erstklässler schaffen dabei übrigens durchschnittlich 15–20 Minuten. In der Fortgeschrittenenvariante sollen sie dann auf einer schmalen Linie (z.B. einem aufgeklebten Kreppstreifen von ca. 2 m Länge) balancierend Füßchen vor Füßchen voran- oder zurückschreiten; die Hohe Schule markiert schließlich das Balancieren über einen Balken, der sich allerdings höchstens eine Spanne hoch über dem Boden befindet. Keine Absturzgefahr also. Bei diesen Übungen wird auch auf die Selbstsicherheit des Kindes geachtet, auf die Genauigkeit, mit der es zu Werke geht, darauf, ob und wann es nach technischer oder menschlicher Hilfe sucht, auf seine Fähigkeit zur Selbsthilfe, etwa indem es ausgleichende Ruderbewegungen vollführt, sowie auf Präzision und Genauigkeit, mit der die Übungen ausgeführt werden.

Aus dem Stand auf einem Bein können weitere Übungen abgeleitet werden, nämlich das Hüpfen (auf der Stelle) auf einem Bein und das Hin- und Herhüpfen, entweder im Schlusssprung oder auf einem Bein über eine Markierung (Klebestreifen) hinweg, und das bis zu fünf Mal. Besonders anspruchsvoll, was die Koordination von Ganzkörperbewegungen anbetrifft, ist das Überkreuzschreiten entlang einer Markierung. Hier sollen die Kinder den äußeren Fuß jeweils zuerst kreuzweise über eine Linie schwingen – das Ganze sieht dann aus wie ein stark übertriebener Fotomodell-Gang. Auch hierbei ist die Gesamtsituation von Interesse. Ist das

Skateboardfahren schult auf spielerische Weise den Gleichgewichtssinn

Kind sicher in seinen Bewegungen, hat es Körpergefühl, verfügt es über Selbstvertrauen, erleichtert oder erschwert es sich die Übungen (Spreizt es die Beine, benutzt es den ganzen Fuß, balanciert es auf Zehenspitzen?), sucht es nach Hilfe, wie groß ist die Konzentration (ablesbar an allerlei Gesichtsverziehungen), wie lange hält es durch, kann es sich selbst helfen – all dies ist für den Beobachter von Interesse.

Weiterhin kann der Körpertest noch das Gehen auf Zehenspitzen bzw. auf den Fersen beinhalten, eine Reihe von Schlusssprüngen (fünfmal, wie ein Frosch), Purzelbäume, Absprung aus der Höhe, Laufen durch einen Raum mit ausgebreiteten Armen ohne anzustoßen (Flugzeug) sowie das Kriechen durch einen improvisierten Tunnel.

Grobmotoriktests werden auch mit Beobachtungen zur Sozialkompetenz verknüpft, d.h. wie geht das Kind mit anderen Kindern um, wenn die Tests gruppenweise gemacht werden. An Gruppenübungen kommt z.B. das Durchreichen von Bällen durch die gespreizten Beine von vorn nach hinten vor, bei dem das letzte Kind in der Riege jeweils mit dem Ball nach vorn laufen muss. Außerdem ist relevant, wie gut das Kind die Anweisungen der Übungsleiter versteht. In der Regel werden die erbetenen Übungen vorgemacht, daher kann man auch noch die Merkfähigkeit in Bezug auf Bewegungsvorgänge untersuchen.

Feinmotorik

Dieser Bereich testet in erster Linie den Entwicklungsstand der Hand-Augen-Koordination und der angemessenen Geschicklichkeit der Hand (auch dies in Zeiten des Fernsehens ein heikler Punkt). In der Schule kommt es (oft zum ersten Mal) darauf an, dass die Hand gut beherrscht wird; dies bedarf wohl keiner Erläuterung.

Die Kinder werden z.B. aufgefordert, Malvorlagen nachzuempfinden oder sinngemäß zu ergänzen, was bedeutet, sie müssen Strukturen oder Gegenstände wahrnehmen, identifizieren, einen Plan zur Nachahmung entwerfen und diesen ausführen. Das Malwerkzeug müssen sie natürlich auch handhaben können. Bei Ergänzungsaufgaben handelt es sich zumeist um Strukturen (Kringel, Zickzacklinien o.Ä.), die nach vorgegebenen Mustern erweitert werden müssen. Recht anspruchsvoll ist die Aufgabe, mit einem Strich einen Weg durch ein kleines Labyrinth zu markieren. Solche Übungen sind zumeist in kleine Geschichten eingebettet. Das Ausmalen von vorgegebenen Flächen, das ebenfalls verlangt werden kann, kennen Kinder, die schon einmal mit den guten, alten Malbüchern gearbeitet haben. Sie haben keine Probleme, nicht über die Begrenzung hinaus zu malen.

Statt zu malen können auch andere Tätigkeiten verlangt werden, etwa das Schneiden mit einer Schere an vorgegebenen Linien entlang (Körper oder Figuren ausschneiden). Hierbei wird auch darauf geachtet, ob das Kind die Schere oder das Papier bewegt. Weitere feinmotorische Fähigkeiten, die nachgewiesen werden sollten, sind Perlen auffädeln, Bauklötzchen oder Holzstäbchen stapeln, ein kleines Mikado-Spiel bewältigen, ein einfaches Kartenhaus bauen, zugeworfene Bälle auffangen oder auch ganz banale Dinge wie Schleife binden, Knopf- und andere Verschlüsse o.Ä. öffnen und schließen oder Flüssigkeiten umfüllen (in der Luxusvariante mit Hilfe von verschieden großen Trichtern).

Außerdem können Kinder aufgefordert werden, Buchstaben mit dem Stift nachzumalen (vom Schreiben kann ja noch keine Rede sein), welche der Testleiter vorschreibt. Über die Beherrschung der schon recht komplizierten Fingerhaltung beim Schreiben/Zeichnen hinaus können auch noch Aufgaben zum Feingreifen vorkommen, etwa Konfetti aufsammeln.

Solche Übungen ermöglichen auch andere Beobachtungen, z.B. die Händigkeit (Links- oder Rechtshänder), die Fähigkeit, mit der rechten Hand vor der linken Körperhälfte (bei Linkshändern natürlich umgekehrt) zu arbeiten, eine ruhige, geschickte Stifthaltung mit einem der Arbeit angemessenen Druck ohne Aufstützen des Handgelenks, und natürlich Aufgabenverständnis (akustisch und kognitiv), Konzentration, Ausdauer und Selbstsicherheit.

Die Kinder sollten außerdem in der Lage sein, einzelne Finger auf Wunsch zu bewegen (vielleicht haben sie das mit einer Handpuppe schon einmal gemacht?) und die Hände/Arme gleichzeitig und unabhängig voneinander zu verwenden. Können die Kinder z.B. bestimmte Fingerstellungen nachmachen (Victory-Zeichen), Finger einzeln bewegen (Zeigefinger kreisen lassen, ohne Arm und Handgelenk zu bewegen) und jede Fingerspitze an die Daumenkuppe bringen (vier Fingerringe)? Vermögen sie z. B. mit jeder Hand einen Kreis in die Luft zu zeichnen, links und rechts verschieden herum oder links einen großen und rechts einen kleinen?

Die Feinmotorik lässt sich auch anhand eines Mikado-Spiels testen

Weitere motorische Fähigkeiten

Was vielen Menschen zuerst einfällt, wenn von Schulreifetests die Rede ist, ist die Übung, bei der man mit der Hand über den Scheitel hinweg das gegenüberliegende Ohrläppchen ertasten muss. Hierbei wird das so genannte Philippinermaß ermittelt. Ebenso wie das Treffen der Nasenspitze mit dem Zeigefinger bei geschlossenen Augen wird das heute noch gemacht, denn das Kind soll nachweisen, dass es bestimmte komplexere Muskel- und Gelenkbewegungen, die vom Übungsleiter gezeigt werden, erkennen, einschätzen und selbstständig nachahmen kann. Es soll, mit anderen Worten, seine Bewegungen planen können. Die Fähigkeit, die etwas komplexeren Bewegungsabläufe zu erinnern, wird ebenfalls getestet, etwa indem man die Kleinen auffordert, vom Übungsleiter mit der Kinderhand durchgeführte Bewegungen nachzumachen, und das bei geschlossenen Augen. In der Luxusvariante geschieht dies auf einem Blatt Papier mit aufgezeichnetem Ausgangspunkt, Weg und Zielpunkt – das Kind kann dann selbst seine Zielgenauigkeit, d.h. sein Empfinden für Dauer und Geschwindigkeit von Muskelbewegungen, ermessen, wenn es die Augen wieder öffnet. Auch der weiter oben vorgestellte Test mit den vier Fingerringen kann mit »Augen zu« durchgeführt werden.

Wahrnehmung

Neben der Körperbeherrschung im Großen wie im Kleinen wird auch die allgemeine Wahrnehmungsfähigkeit getestet. Wir erinnern uns, dass Siebenjährige vorrangig die Dinge durch Be-Greifen begreifen, also kommt einem entwickelten Tastsinn eine wichtige Bedeutung zu.

Bei einer Übung wird das Kind z.B. mit dem Finger oder sanften Hilfsmitteln an verschiedenen Punkten der Hand, des Armes, des Rückens usw. berührt, und es soll den jeweiligen Punkt anschließend zeigen. Bei Hand- und Armberührungen ist eine gewisse Genauigkeit beim Zeigen wichtig. In der anspruchsvollen Variation soll es sogar zwei simultane Berührungspunkte zeigen bzw. mehrere Berührungen in der richtigen Reihenfolge nachmachen. Oder der Übungsleiter malt einfache Symbole (Kreise, Kreuze usw., so genannte Hautzeichnungen), die er dem Kind eventuell vorher auf einem gedruckten Schema zeigt, auf die Handfläche (mit »Augen zu«), und das Kind soll nachher auf dem Schema zeigen, welches Symbol ihm da aufgestreichelt wurde. Andere Tests der Wahrnehmungsfähigkeit mittels Tastsinn untersuchen z.B. die Formwahrnehmung, wenn das Kind mit geschlossenen Augen einfache flache Formen und dreidimensionale Gegenstände ertasten/erfühlen soll, oder das Gefühl für unterschiedliche Oberflächen. Ein solcher Test umfasst z.B. das blinde Erfühlen von je zwei glatten, rauen, weichen usw. Materialien im wilden Wechsel; das Kind soll dann festlegen, welche Proben zueinander passen (das hatt' ich schon ...). Auch blindes Mengenertasten kann vorkommen, z.B. mit Holzperlen in einem Sack. Um Kinder ohne Kenntnisse der Zahlensymbole nicht zu benachteiligen, wird zumeist aufgefordert, eine entsprechende Menge nachzulegen.

Wie gut das Kind sieht, wird auch untersucht. Kann es 10 Sekunden lang einen kleinen Gegenstand beidäugig ansehen? Kann es einem bewegten Gegenstand mit den Augen folgen, ohne den Kopf zu bewegen? Sind die Augenbewegungen dabei leicht und flüssig? Kann es die Wege von Linien (mitunter in verschiedenen Farben), die separat beginnen, dann durch ein Knäuel führen und anschließend wieder separat enden, mit den Augen verfolgen? Kann es aus einer Liste mit zwei unterschiedlichen Gegenständen (z.B. ein Tier zeigend, das einmal nach rechts und einmal nach links gewandt ist) sämtliche Gegenstände im selben Design herausfinden? Bei manchen Tests handelt es sich nicht um Tiere, sondern um geschriebene Wörter; das funktioniert auch ohne Lesen. Kann es

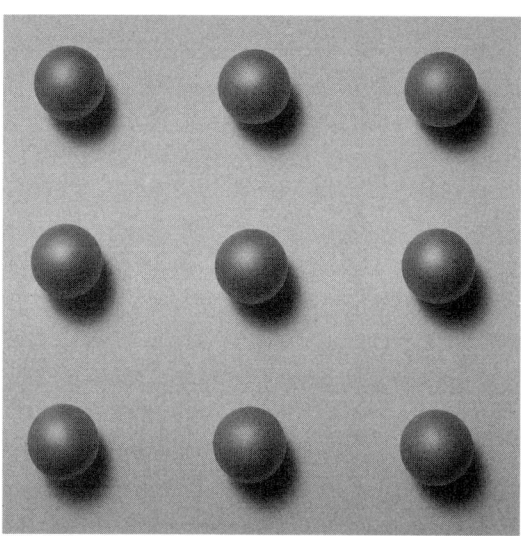

Die Wahrnehmung wird über das Erkennen von Mustern und Kombinationen untersucht

unvollständige Mehrfachschemata (z.B. ein Quadrat aus drei diagonal geteilten zweifarbigen Kästchen) aus einer Liste von ähnlichen Mustern komplettieren? Kann es einfache Buchstabenkombinationen, in langen Ketten dargeboten (lelelele, eieieiei), optisch entschlüsseln und nachmalen? Kann es die Grundfarben sehen und benennen (vgl. Kinder und Kunst)? Kann es Reihen aus Gegenständen unterschiedlicher Farben sinngemäß fortsetzen? Kann es bei der Präsentation von zwei Bildern Ähnlichkeiten und Unterschiede erkennen? Kann es in komplexen Bildern Gegenstände nach Maßgabe finden? Auch hier können statt Bildern geschriebene Wörter gesucht werden. Kann es zwei Halbbilder passend zusammenfügen? Kann es mit einfachen Puzzlespielen umgehen? Kann es aus einem Schema von mehreren Gegenständen, die im Umriss übereinander gezeichnet dargeboten werden, einzelne Gegenstände herausfinden (und nachzeichnen)?

Schließlich kann noch ein kombinierter Hörtest anstehen. Ein einwandfrei funktionierendes Gehör ist nicht nur elementare Voraussetzung für den Erwerb der Sprache (vgl. Kapitel »Die Sprachentwicklung«), sondern dient auch der Kontrolle des Gleichgewichts. Das Kind muss z.B. Ansprachen in normaler Lautstärke verstehen, die aus seinem Rücken, aus ca. 5 m Entfernung kommen. Es muss diverse

Geräuschquellen zum einen benennen, zum anderen auch richtungsmäßig einordnen können; in der fortgeschrittenen Variante wird es nicht aufgefordert, in die Richtung des Geräusches zu zeigen, sondern diese mit Worten zu benennen. Das Kind muss auch in der Lage sein, Ansprachen trotz Störgeräusch zu verstehen, in unserer heutigen, ziemlich stark mit Akustikmüll belasteten Umwelt sicher nur für wenige Kinder ein Problem. Um die Fähigkeit, Klangunterschiede festzustellen, geht es bei Tests wie dem mit vorgesprochenen Wortpaaren, die sich in einem Laut unterscheiden (Beule – Keule, Nabel – Nadel, Gas – Gras usw.); um es interessant zu machen, kommen bei solchen Tests auch immer wieder Paare ohne Unterschied vor. Die Kinder sollen entweder »gleich/anders« feststellen oder den Unterschied benennen. Im Fall von »gleich/anders« muss der kleine Proband natürlich vorher gefragt werden, ob er weiß, was diese Wörter bedeuten.

Denkfähigkeit

Tests in diesem Bereich untersuchen die Fähigkeit von Siebenjährigen, logisch (folgerichtig: wenn – dann; erst dies – dann das ...) zu denken, Bezüge, Abhängigkeiten, Gesetze und Strukturen zu erkennen. Solche Tests sind darauf ausgerichtet, Kinder mit geringerer Sprachfertigkeit oder -lust nicht zu benachteiligen, und sie sind so organisiert, dass Vorkenntnisse keine Rolle spielen. Die Denkfähigkeit wird nicht isoliert untersucht, Gesichtspunkte aus anderen Tests geben quasi nebenher darüber Auskunft.

In der einfachsten Form fordern solche Tests auf, ein bildlich dargebotenes »falsches« Schema zu korrigieren (Hier stimmt etwas nicht); das kann ein Tier sein, dem ein Bein fehlt, oder ein Mensch mit einem Ohr zu viel. Auch der unter Wahrnehmung vorgestellte Test mit den diagonal geteilten Symbolschemata gehört in diese Abteilung. Etwas anspruchsvoller sind Bilder, die über Beziehungen oder Handlungsabläufe Auskunft geben, die das Kind aufdecken soll (wobei das Ausdrucksvermögen gesondert berücksichtigt wird), oder Einzelbilder, die in logisch nachvollziehbarer Reihenfolge geordnet werden müssen. Wenn auf solchen Bildern Menschen miteinander agieren, geben die dazugehörigen Tests auch noch Auskunft über die Sozialkompetenz der Kinder.

Abstraktionsvermögen

Ein Reihe von Untertests checkt – allgemein gesprochen – das Vermögen der Kinder, mit gedachten Dingen umzugehen. Bei den einschlägigen Aufgaben handelt es sich um ziemlich »sanfte« Symbole, denn, wie wir uns erinnern, beginnen die Kleinen am Anfang der Schulzeit ja erst mit formalen Operationen. Geht es z.B. um Mengen, so geht keiner der von uns gesichteten Tests über die Zahl zehn hinaus.

In der einfachsten Variante wird mit Gegenständen operiert, die das Kind in die Hand nehmen darf (!). Der Testleiter lässt sich diverse Mengen geben bzw. diese auslegen. Es können auch schon einfache mathematische Prozesse durchgeführt werden, etwa Addition, Subtraktion (Du hast jetzt drei Dinge – wie viele sind es, wenn ich dir noch zwei dazugebe/dir zwei wegnehme?) oder einfache Divisionsaufgaben (Du hast sechs Dinge und drei Teller – wie viele Dinge kannst du auf jeden Teller legen?). Bei solchen Aufgaben darf das Kind die Gegenstände nicht zählen; es muss die Operationen im Geiste durchführen können.

In einem anderen Test sollen die Kinder nachweisen, dass sie Verhältnisse, d.h.

Das Abstraktionsvermögen wird an einfachen mathematischen Aufgaben getestet

Konzepte wie sehr groß, groß, klein, sehr klein usw. beherrschen, Konzepte wie groß, größer, am größten und klein, kleiner, am kleinsten und Konzepte wie die meisten und die wenigsten. Sie werden z.B. aufgefordert, gezeichnete Gegenstände der Größe nach zu ordnen bzw. einer vorgegebenen auf- oder absteigenden Sequenz von Gegenständen andere Gegenstände zuzuordnen, die in falscher oder durcheinander gewürfelter Sequenz dargeboten werden. So müssen sie z.B. fünf verschieden große Seehunde mit fünf verschieden großen Bällen zum Balancieren kombinieren (Welcher Ball gehört zu diesem Seehund?). Auch sollen sie größere Einheiten von Gegenständen auf mengenmäßige Gemeinsamkeiten, Unterschiede und Sequenzen hin untersuchen können (Beispiel mit Würfeln – wo ist die Zwei/Drei/Vier?/Was kommt zuerst, was danach, was zuletzt?). In diese Abteilung gehört auch der Vergleich von gleich großen Gruppen gezeichneter Gegenstände, die unterschiedlich dicht gestaffelt sind. Das Kind soll in diesem Fall die Erkenntnis nachweisen, dass die Menge nicht von der Fläche abhängt, die von ihr abgedeckt wird.

Gedächtnis

Wir haben schon im Abschnitt über das Lernen auf die Wichtigkeit des Merkvermögens hingewiesen, es ist daher logisch, dass Schulreifetests auch das Gedächtnis der Kinder untersuchen. Die Tests gehen dabei nicht von einem vereinheitlichten Speicher aus, sondern von ganz unterschiedlichen »Schublädchen«, in die unser Gehirnkasten unterteilt ist. Die Testkinder müssen ein funktionierendes Bewegungs-, Wort-, Formen-, Bild- und Tongedächtnis nachweisen, übrigens zumeist mit eingeschaltetem Kurzzeitgedächtnis.

Beim Memory-Spiel schlagen Kinder locker ihre Eltern

Ein Test des Wort- sowie des Tongedächtnisses kann z.B. im Nacherzählen einer kurzen, mündlich dargebotenen Geschichte bestehen, wobei es natürlich auch darauf ankommt, den Sinn des Textes zu erfassen und Konzentration und Arbeitsbereitschaft zu entwickeln. Statt einer zusammenhängenden Geschichte kann auch geschildert werden, wie Koffer, Möbelwagen usw. mit verschiedenen Dingen gepackt werden.

Das Gedächtnis für Formen und Strukturen kann z.B. die Aufgabe testen, bei der Punkte in einer bestimmten Anordnung (und Menge) von einem gezeigten Schema (z.B. einem Würfel) erinnert und aus dem Kopf in ein Leerschema reproduziert werden müssen. Das weiter vorn beschriebene Experiment mit Folgen von Gegenständen in verschiedenen Farben kann in diesem Zusammenhang abgewandelt werden, indem es die Kinder diese Folge aus dem Gedächtnis zu wiederholen auffordert.

Das Bildgedächtnis untersucht ein Test mit einem komplexen Bild, dessen Einzelteile anschließend isoliert vorgestellt werden und von den Kindern als »gesehen« bzw. »nicht gesehen« identifiziert werden müssen. Ein ähnlicher Test verwendet abstrakte Symbole in einem geometrisch angelegten Schema statt sinnvoller Bilder. Dabei können die Kinder auch aufgefordert werden, die gesehenen Symbole aus der Erinnerung nachzuzeichnen – ziemlich anspruchsvoll.

Eine spezielle Untersuchung des Tongedächtnisses geschieht z.B., indem die Kinder Rhythmen nachzuklatschen aufgefordert werden. Wenn es sich dabei um vorgesprochene mehrsilbige Wörter handelt, wobei der erste Durchgang vom Übungsleiter lautlich und bewegungsmäßig beispielhaft durchgeführt wird, geht es zusätzlich um die Fähigkeit, die Anzahl der Silben zu erkennen. Übungen zum Bewegungsgedächtnis finden sich im Abschnitt zur Motorik.

Sprachverhalten

Um sprechen zu können, muss man zum einen gut hören können, zum anderen aber auch seine stimm- und lautbildenden (Artikulations-)Organe im Griff haben. Daher kann, insbesondere bei Auffälligkeiten, die so genannte Mundmotorik getestet werden. Kann das Kind übertrieben lächeln, die Zähne zeigen? Bekommt es die Zungenspitze mit Druck in beide Wangen? Kann es die Wangen dick aufblasen? Kann es die Zunge schnell zwischen den Mundwinkeln hin- und hersausen lassen?

Ein einfacher Test fordert zum Nachsprechen von Wörtern mit ähnlichen Lauten auf (und natürlich auch zur Identifikation dieser Laute). Beobachtet werden soll z.B. die Fähigkeit, stimmhafte und stimmlose Mitlaute (Konsonanten) zu bilden, etwa b, d, g im Unterschied zu p, t, k (Klaus gibt Gas) oder die Zischlaute in »Sahne«, »Zahn«, »Fass« und »Schal«. Die kritischen Laute/Wörter sind dabei in größere Äußerungen eingebettet.

Ein weiter reichender Test überprüft Hörfähigkeit und Lautbildungsvermögen (Bekommt das Kind den Anfangslaut von vorgesprochenen Wörtern heraus und kann es ihn nachmachen?), Bilderkennung und Lautbildungsvermögen (Erkennt das Kind Dinge aus gezeichneten Schemata und kann es den dazugehörigen Anfangslaut nachmachen?) sowie Bilderkennung, Gruppierung und Lautbildungsvermögen (Kann das Kind aus einem Haufen gezeichneter Schemata Dinge zusammenfassen, deren Namen mit demselben Laut beginnen?).

Die Fähigkeit, aus isoliert dargebotenen Lauten/Silben sinnvolle Wörter zusammenzuziehen, untersucht ein weiterer Test. Der Übungsleiter spricht z.B. ooo, p, und aaa vor, und das Kind soll daraus den Opa machen.

Schließlich gibt es noch das Spiel mit Reimen, wobei das Kind aus mehreren vorgesprochenen Wörtern (Hund, rund, Baum) die reimenden Paare heraussuchen muss.

Den freien Redefluss, d.h. die Fähigkeit, ganze Sätze zu formulieren statt einzelner Brocken, wichtige Gegenstände in der entscheidenden Reihenfolge zu benennen oder Handlungsabläufe wiederzugeben, können große so genannte Erzählbilder testen, zu deren Beschreibung der Übungsleiter auffordert. Wenn verschiedene Leute auf diesen Bildern zu sehen sind, können solche Tests auch das Empfinden für Menschen, ihre Beziehungen und ihr Tun überprüfen, wenn es sich um eine Aufgabe für eine Kindergruppe handelt, auch noch das Sozialverhalten (Ausreden-Lassen, Dazwischenreden usw.).

Sozialkompetenz

In diesem Bereich geht es um die Fähigkeit von Kindern, sich in größeren Verbänden zurechtzufinden. Kindergarten- oder Vorschulkinder haben zumeist keine Probleme mit dem Leben in der Gruppe, absolute Anfänger müssen sich erst darauf einstellen. Ein Basiswert an Sozialkompetenz ist kein lässlicher Luxus, sondern eine wichtige Grundlage für vielerlei Lernprozesse. Es gibt auch hier keine Spezialtests; der Übungsleiter beobachtet die Kinder bei anderen Tätigkeiten und erfährt dabei etwas über die folgenden Fähigkeitsbereiche:

Kontakte knüpfen
Nimmt das Kind aktiv Kontakt zu Erwachsenen und anderen Kindern auf? Wie ist sein Benehmen bei der Kontaktaufnahme – geht es schnell, ohne Umwege und aufgeschlossen zur Sache, ist es zurückhaltend, gehemmt, isoliert es sich?

Zusammenarbeit
Kann das Kind sich auch in größere Gruppen einfügen? Kann es zwischen eigenen und Gruppeninteressen unterscheiden? Kann es eigene Impulse, Wünsche und Interessen zurückstellen oder den Zielen der Gruppe unterordnen (z.B. bei Zeitplänen, Gruppenprojekten usw.)? Kommt es mit Regeln zurecht, kann es sich an deren Aufstellung beteiligen? Ist es hilfsbereit? Kann es seinerseits um Hilfe ersuchen? Kommt es damit zurecht, nicht die Führerposition innezuhaben?

Verhalten bei Konflikten
Kann das Kind sich mit Worten zur Wehr setzen? Nimmt es Zuflucht zu aggressivem Verhalten, zu körperlicher Gewalt? Ist es kompromissfähig? Steckt es bei Konflikten auf? Nimmt es rasch bzw. dauernd eine demütige Haltung ein?

Arbeitsverhalten

Unter Arbeitsverhalten haben wir verschiedene Fähigkeiten zusammengefasst, über die Grundschulanfänger gebieten müssen. Sie werden nicht in speziellen Tests überprüft, sondern ergeben sich wiederum aus anderen Aufgaben.

Bereitschaft zur Anstrengung
Sucht sich das Kind, wenn es die Wahl hat zwischen verschiedenen Aufgaben, die schwerer/komplizierter wirkende heraus? Mengenerfassen wäre z. B. hilfreich.

Aufgabenverständnis

Versteht das Kind die Aufgabe rasch und vollständig? Braucht es intensivere Anleitung oder häufige Korrektur durch den Übungsleiter?

Konzentration

Hält das Kind eine gewisse Genauigkeit bei der Aufgabenerledigung durch?

Ausdauer

Hält das Kind Aufmerksamkeit, Anstrengungsbereitschaft und Sorgfalt auch über einen längeren Zeitraum hinweg durch?

Körperliche Belastbarkeit

Zeigt das Kind bei etwas längeren Arbeiten Ermüdungserscheinungen? Verlangt es nach Unterbrechungen?

Arbeitstempo

Wie rasch erledigt das Kind eine Aufgabe? In diesem Punkt sind alle Tests sehr großzügig, außer bei äußerst auffälligem Verhalten.

Emotionales Verhalten

In diesem Testbereich geht es in erster Linie um die seelische Robustheit der Kinder, die in der Schule auf ganz neue Situationen treffen. Sie kommen in einer Gruppe zusammen, die aus wildfremden Kindern bestehen kann, sie werden mit Erwachsenen konfrontiert, zu denen sie erst Vertrauen entwickeln müssen, und sie müssen fremdbestimmte Tätigkeiten erledigen, die ihnen ebenfalls gänzlich neu sein können. Im Idealfall sind Kinder von Selbstvertrauen erfüllt, weitgehend angstfrei, ausgeglichen, mit sich selbst im Reinen, flexibel, belastbar und erfindungsreich. Im Umgang mit anderen Kindern zeigen sie keine Scheu und im Lösen von Problemen keine Hemmungen. Misserfolge verkraften solche Kinder ohne größere Probleme.

Auf der anderen Seite der Skala finden sich Kinder, die zu Angst (und zum Weinen) neigen, zum verschüchterten oder empfindlichen Verstummen, zur Launenhaftigkeit und innerer wie äußerer Unruhe. Stabile Beziehungen zu anderen Kindern kommen bei solchen Kindern selten vor, Verzanken führt zumeist zum Abbruch von Freundschaften. Misserfolge wirken bei ihnen lange und heftig nach, führen vermehrt zu Verzagtheit und flächendeckender Zurückhaltung. Emotionale

Stabilität scheint unmittelbar mit dem Schulerfolg zusammenzuhängen; Selbstgewissheit, Sicherheit im Neugierverhalten und Kontaktfreude wirken sich begünstigend auf Lernvorgänge aus.

Spezielle Tests zur Beobachtung der emotionalen Stabilität gibt es selten, zumeist wird sie aus dem Verhalten bei anderen Übungen herausgelesen. Der Übungsleiter achtet z.B. auf die Spontaneität und Ungezwungenheit beim Angehen von Übungen, auf die Freiheit und die Lautstärke bei sprachlichen Äußerungen, auf die Reaktion bei direkter Ansprache, auf die Impulsivität bei der Kontaktaufnahme und bei der Zusammenarbeit mit anderen Kindern und ganz allgemein auf die emotionale Beteiligung.

Kenntnisse der deutschen Sprache

Zum Nachweis der Schulfähigkeit gehören auch ausreichende Kenntnisse der deutschen Sprache. Was ausreichend bedeutet, liegt im Ermessen der Verwaltung, in der Regel ist die Rede von einem Niveau, das den »Erfordernissen des Unterrichts« genügt. Die Eltern von Kindern mit zu wenig Sicherheit im Deutschen werden bereits frühzeitig angesprochen, entweder werden sie kurz vor dem Übergang oder am Einschulungstag zu einem Beratungsgespäch gebeten. Es kann jedoch auch geschehen, dass Kinder mit nicht ausreichenden Kenntnissen erst im Laufe der ersten Schultage erkannt werden.

Die Praxis des Ausgleichs ist uneinheitlich. Von äußerst wenigen Ausnahmen abgesehen, wird ihn jedoch jede Grundschule anbieten. Es kann sich dabei um Förderunterricht in Deutsch handeln, um spezielle Fördergruppen oder -kurse, um speziell ausgebildete Begleitlehrer oder um den verpflichtenden Besuch von Vorklassen bzw. Eingangsstufen. Gerade in letzter Zeit werden zu diesem Thema diverse stützende Ausgleichsmaßnahmen von Politik und Verwaltung erwogen. Man darf auf das Ergebnis gespannt sein.

Was leistet die Grundschule?

von Felicitas Zierk

Immer noch werden Eltern ausdrücklich davor gewarnt, ihren Sechsjährigen das Lesen, Schreiben oder Rechnen beizubringen, denn die Kinder könnten sich schon im ersten Schuljahr langweilen. Das motorische Training könnte durch eine falsche Haltung des Stiftes beeinträchtigt werden. Die einfache, autodidaktische Rechenoperation an den eigenen zehn Fingern könnte das systematische, später abstrahierende Erfassen des Zahlenraumes von 1 bis 10 stören.

Dagegen haben sich viele Kinder ein oder zwei der genannten Fähigkeiten im Jahr vor der Einschulung schon selbst beigebracht. Sie zählen vorwärts und rückwärts im Zahlenraum bis 10 (diese Fähigkeit wird auch in Schuleingangstests abgefragt) und haben anhand ihrer Finger schon längst entdeckt, dass die Menge der Finger zu- oder abnimmt. Sie haben auch schon bemerkt, dass man für zwei Kinder zwei Bonbons, für vier Kinder dagegen vier Bonbons braucht, wenn das Teilen gerecht zugehen soll. Auf der konkret erfahrbaren Ebene verstehen sie also bereits, was addieren, subtrahieren und dividieren ist. Ihnen fehlt die Verbindung zwischen dem, was sie täglich tun, und der Rechnung an der Tafel, der abstrakten Darstellung ihrer Alltagserfahrung.

In der Regel haben Kinder, bevor sie eingeschult werden, bereits ein mehrjähriges Training mit Stiften hinter sich. Natürlich – so werden hier Grundschullehrer einwenden – erleichtert eine bestimmte Haltung des Stiftes das Schreibenlernen enorm, »falsche« Bewegungen verlernt man dagegen nur sehr mühsam. Richtig, aber halten wir deswegen Kinder in ihren ersten sechs Jahren von Stift und Pinsel fern? Wer Kinder beim Schreibenlernen und -trainieren beobachtet hat, weiß, dass die Aneignung von Schrift über das Malen von Zeichen erfolgt. Auch später, wenn die Kinderhandschrift langsam in eine individuelle Handschrift übergeht, werden Buchstaben wieder eine Zeit lang gemalt. Der eine oder andere Buchstabe wird in mehreren Varianten erprobt, die schönste regelrecht trainiert. Die Beschäftigung mit Zeichen, seien es nun Buchstaben oder Ziffern, beginnt aber schon viel früher. Manche Dreijährige stellen den Zusammenhang zwischen den Zeichen auf einer Seite und der Geschichte, die ein Buch enthält, her. Sie spielen lesen. Schon Fünfjährige können den Schriftzug ihres Namens erkennen und beginnen, einzelne Buchstaben zu isolieren und mit einem Laut zu verbinden. Kinder kommen also keineswegs ungebildet in die Schule, sondern verfügen über ein allerdings sehr unterschiedlich ausgeprägtes Vorwissen.

In den Rahmenplänen für die Grundschule in allen Bundesländern wird die Grundschule als wichtiges Brückenglied zwischen vorschulischem Lernen und dem in Fächer differenzierten Lernen in der Sekundarstufe gesehen. Man geht davon aus, dass Kinder mit unterschiedlichen Voraussetzungen, was sprachliche, soziale, aber auch motorische, ästhetische oder strukturierende Fähigkeiten angeht, in die Schule kommen. Jeder Rahmenplan betont ausdrücklich, dass im Vorschulalter begonnene Lernprozesse fortgesetzt, das Kind bei der Entfaltung seiner Fähigkeiten begleitet und unterstützt werden solle.

Deutlich abgegrenzt wird dagegen in den Lehrplänen der Länder schulisches von vorschulischem Lernen. Während im Vorschulalter spontan, selektiv, »spielerisch« gelernt werde, handele es sich bei schulischem Lernen um eine zielgerichtete, systematische Tätigkeit. Der hessische Rahmenlehrplan betont sogar ausdrücklich die »Wissenschaftsorientierung« der Grundschule. Es solle eine gemeinsame Grundlage geschaffen werden, um »Erkenntnisse zu gewinnen, Realität zu erklären und Lebensprobleme rational und konstruktiv [zu] verarbeiten.« Die fantasievollen Welterklärungen der Kinder müssten in »fachliches und wissenschaftliches Denken« übergeleitet werden. So führt die Grundschule »die Kinder behutsam in das schulische Leben und Lernen ein, mit dem Ziel, die Kulturtechniken zu vermitteln und Lernkompetenz zu entwickeln.« Am Ende der Grundschulzeit sollten die Kinder über »vergleichbare Grundkenntnisse und Fertigkeiten« verfügen, damit die weiterführenden Schulen auf »Wissen, Handlungsmuster und Verfahrensweisen, Einsichten und Verstehen sowie Wertorientierungen aufbauen können, die in den Zielen und Inhalten des Grundschullehrplans beschrieben werden.«

Zweifellos ist es richtig und angebracht, das Wissen der Kinder zu systematisieren, quasi mit ihnen Schubkästen zu entwickeln, in die Wissen eingeordnet, scheinbar vergessen und später wieder »hervorgezaubert« wird.

Muss man aber die fantasievolle Welterklärung der Kinder durch dürre Wissenschaftlichkeit ersetzen? Ist spielerisches Lernen weniger ernsthaft als gezieltes Trainieren? Die spontanen, willkürlichen, spielerischen Lernleistungen, die ein Kind in den ersten Jahren vollzieht, widerlegen diese Behauptung. Der Grund, warum dennoch so streng zwischen schulischem und vorschulischem Lernen unterschieden werden muss, warum sogar schon in der Grundschule »wissenschaftlich« gelernt werden soll, liegt in der Pädagogik selbst. Hier rechtfertigt sich ein Apparat von Curriculumforschern, wissenschaftlichen Beratern und letztlich die Pädagogik als Wissenschaft mittels Hochwertbegriffen. Ginge es allein und »nur« um die Vermittlung von Kulturtechniken, Allgemeinwissen, sozialen Fähigkeiten und grundsätzlichen Wertorientierungen, so verlören womöglich Pädagogen die Aura des Expertentums. Aber die Behauptung von »Wissenschaftlichkeit« wertet auf, gibt der Pädagogik den Schein von Exaktheit, Messbarkeit, Objektivität. Auch dies sind Begriffe, die fast schon religiösen Charakter haben, denn sie werden kritiklos herangezogen, wenn es um die Rechtfertigung von Wissenschaften oder politischen und wirtschaftlichen Entscheidungen geht.

In der Praxis spielt die geforderte Wissenschaftlichkeit des Unterrichts allerdings dann keine Rolle mehr. Auch wenn Kinder im Sachkundeunterricht forschen und handeln, so werden sie zum Schluss doch in ein vorgefertigtes Muster der Weltbetrachtung hineingeführt, das ihre eigenen Entdeckungen und Gedanken verdrängt. Besonders wirkungsvoll bei diesem Verdrängungsprozess sind Lückentext-Arbeitsblätter, Arbeitsblätter mit vorformulierten Regeln und vorgefertigten Erklärungsmustern – probate Mittel, um die Eigentätigkeit der Kinder erlahmen zu lassen. »Wissensschubläden«, die die Kinder

Schule muss im Gegensatz zum Alltag Lernsituationen konstruieren

selbsttätig entwickelt haben, veröden wieder, weil sie nicht mehr gebraucht werden, oder sie führen ein Eigenleben neben dem »Schulwissen«. So ist es kein Wunder, wenn Kinder anfangen, zwischen »Schule« und dem, was sie interessiert, zu unterscheiden. Nebenbei lernen sie auch noch etwas anderes: Je länger die Schulbiografie dauert, desto eher verlernen sie auch, die Dinge als Ganzes wahrzunehmen. Darauf getrimmt, Einzelheiten zu isolieren, Systeme auseinander zu nehmen, fällt es ihnen zunehmend schwerer, etwa Gedichte als Einheit von Form und Inhalt, die Komplexität von Prozessen zu verstehen oder gar Wissen aus einem Fach in ein anderes zu übertragen. Um unsere Welt zu verstehen, brauchen wir aber beide Wege: ganzheitliches wie auch analytisches Denken.

Allerdings würde auch ein ganzheitlicheres Verständnis von Lernen ein Grundproblem von Schule nicht lösen: die Motivation, zielgerichtet zu lernen.

Schule als gesellschaftliche Institution systematischen Lernens hat einen entscheidenden Nachteil gegenüber alltäglichen Lernzusammenhängen. Sie muss Lernsituationen immer erst herstellen. Das heißt konkret: Im vorschulischen Lebenszusammenhang lernt ein Kind begleitend Arbeitsabläufe beim Kochen, beim Aufräumen, beim Reparieren, usw. Das Gelernte steht in einem unmittelbaren Kontext. Die gerade vollzogenen Tätigkeiten sind notwendig, um sich beispielsweise zu reproduzieren oder beim Spiel mithalten zu können, oder sie sind Inhalt des gemeinsamen Interesses. Im Unterricht dagegen müssen Lernsituationen »künstlich« hergestellt werden. Sie sind immer organisiert, stehen in einem didaktischen und methodischen Zusammenhang. Damit fehlt ihnen der »Zauber« der Unmittelbarkeit.

Kinder lernen dann erstaunlich schnell, wenn sie etwas lernen wollen. Englischsprachige Texte der Lieblingsgruppe zu reproduzieren ist auch für einen schlechten Englisch-Schüler kaum ein Problem. Den Gegner beim Fußballspiel am Ball auszutricksen üben Fußballbegeisterte mit wahrer Hingabe. Schüler müssen sich aber mit ihren Lerngegenständen auch dann beschäftigen, wenn sie sie gerade nicht interessant finden. Das bedeutet, dass schulisches Lernen trotz aller Hinwendung zum Kind einem gewissen Zwang unterliegt, der auch durch noch so viel Methodik und kindgerechte Aufarbeitung nicht gelöst werden kann. Die Motivation der Schüler, etwas zu lernen, das mit ihrem unmittelbaren Erleben und ihren gerade aktuellen Interessen in keinem Zusammenhang steht, muss immer wieder neu hergestellt werden. Denn erst im Laufe einer Schülerbiografie gelingt es vielleicht, dass Schüler Begeisterung für das Anhäufen von Wissen, Kenntnissen und Fähigkeiten entwickeln, ohne dass ein unmittelbarer Zusammenhang zu ihrem Alltag besteht. So hat, wie einmal in der Züricher Weltwoche zu lesen war, der Lehrer die Aufgabe, »eine Wandergruppe mit Spitzensportlern und Behinderten bei Nacht durch unwegsames Gelände in nordsüdlicher Richtung zu führen, und zwar so, dass alle bei bester Laune und möglichst gleichzeitig an drei verschiedenen Orten ankommen.«

Das Dilemma der Motivation ist in der Schule nicht zu lösen, dazu müsste man Schule auflösen und den kontinuierlichen Lernprozess wieder privatisieren. So können sich Lehrer wie Eltern letztendlich immer nur darum bemühen, das Interesse für einen bestimmten Gegenstand zu wecken. Alle Schüler wird man nie erreichen, und einige werden nicht das lernen, was intendiert war. Dennoch enthalten Lerngegenstände einen Überschuss an Erkenntnismöglichkeiten, der weit über formulierte Lernziele hinausgeht. So können wir nie genau sagen, ob ein Schüler gar nichts gelernt hat. Womöglich hat er Erkenntnisse gewonnen, die ein Lehrer selbst nicht intendiert hat.

Vergesellschaftetes Lernen heißt auch, dass ein Entwicklungsprozess systematisiert wird. Wissen, Kenntnisse und Fähigkeiten werden gezielt angehäuft, vertieft und – im besten Falle – miteinander verknüpft. »Einrichtungen, die Entwicklungsprozesse auf Dauer stellen wollen, indem sie Gelegenheitsstrukturen vorhalten, die individuelles Lernen herausfordern, folgen notwendigerweise einer inneren Logik der Graduierung des Erreichten: besser/schlechter, höher/niedriger, schneller/langsamer.« Ob dies nun Noten oder Beurteilungen sind, welche Folgen dies nun hat – Versetzung, »Sitzenbleiben« oder Querversetzung in eine andere Schulform – mag dahingestellt bleiben. So resümiert »Die Zeit« vom 25.03.2002: »Entkommen kann man der Bewertung nicht. Auch eine notenfreie Schule entgeht nicht der Graduierung. Versucht die Lehrkraft sich zu entziehen, erledigen die Sache oder die Lerngruppe für sie das Geschäft.«

Die Neugierde, die Kinder entwickeln, wenn sie im alltäglichen Zusammenhang freiwillig lernen, kann also in der Schule nicht sehr weit tragen. Letztendlich muss die Motivation, etwas lernen zu wollen, an jedem Lerngegenstand wieder neu gefunden werden, und nicht jeder Schüler wird am Ende einer Unterrichtseinheit die gleiche Begeisterung über das eigene Können verspüren und den gleichen Lernerfolg vorweisen können. Dennoch kann die Art des vorschulischen und außerschulischen Lernens in der Grundschule aufgegriffen und organischer mit dem »schulischen« Lernen verknüpft werden.

Was lernt man in der Schule?

»Was macht man in der Schule?« – »Du lernst lesen, schreiben und rechnen.« – So könnte ein Gespräch zwischen Vorschulkindern und Eltern beginnen. Doch Grundschulen sollen und wollen mehr. Die Vermittlung notwendiger Kulturtechniken wird in ein Bündel von Bildungszielen, »Erfahrungsbereichen« (Hessen), »Kompetenzfeldern« (Bremen), »Bildungsaufgaben« (Bayern), »Leitthemen« (Thüringen) eingebettet.

Betrachten wir zunächst die Lernziele und deren Begründung. Der thüringische Lehrplan für die Grundschulen fasst seinen Bildungsauftrag wie folgt zusammen:

»Grundbildung zielt auf die Entwicklung der Fähigkeit zu vernunftbetonter Selbstbestimmung, zur Freiheit des Denkens, Urteilens und Handelns, sofern dies mit der Selbstbestimmung anderer Menschen vereinbar ist.

Ziel ist es, alle Schüler zur Mitwirkung an den gemeinsamen Aufgaben in Schule, Beruf und Gesellschaft zu befähigen.«

So setzen sich alle Bundesländer folgende Bildungsziele:

> • das Einüben in partnerschaftliches Lernen, solidarisches Handeln, Einhal-
>   ten von Konventionen,
> • das Entwickeln von Verantwortung gegenüber der Natur,
> • das Schaffen von Bewusstsein für technologische, ökologische, wirt-
>   schaftliche Zusammenhänge,
> • das Fördern des schöpferischen Potentials der Kinder,
> • das Erwerben gesicherter Kenntnisse.

Kinder müssten in einem »zukunftsorientierten Unterricht« auf »das Leben vorbe-
reitet werden«. Deshalb sollten »Sichtweisen einfließen, in denen sich die
Komplexität des Lebens und der Umwelt widerspiegeln. Fachliches Wissen wird
zunehmend ergänzt durch Integrationsaufgaben und die Fähigkeit, Probleme in
Zusammenhängen zu sehen und gemeinsam mit anderen zu lösen sowie sozialen
Prozessen stärkere Beachtung beizumessen.«

Schule sei – so der hessische Rahmenlehrplan – ein wesentlicher Erfahrungsort
der Kinder, der so zur Bildung der Gesamtpersönlichkeit beitrage. »Es ist daher
unerlässlich, dass die Schule nicht nur fachliche Lernziele im Blick hat, sondern das
gemeinsame Leben und Lernen so gestaltet, dass alle Kinder durch diese
Erfahrungen in ihrer Persönlichkeitsentwicklung gefördert werden.« In diesen
Zielen, mal blumiger, mal sachlicher formuliert, sind sich die einzelnen Bundesländer einig. Leichte Akzentverschiebungen, in Baden-Württemberg oder Bayern
etwa die Betonung der religiösen Werteorientierung, in den östlichen Bundesländern dagegen die Forderung, religiöse wie weltanschauliche Überzeugungen zu
achten, geben den einzelnen Lehrplänen lediglich eine regionale Färbung.

Schlüsseln die einen Bundesländer die genannten Lernziele in »Leitthemen« auf,
wie etwa Thüringen:

• Umwelt erfahren, verstehen und gestalten,
• sich in Raum und Zeit orientieren,
• sich selbst finden – in Gemeinschaften leben,
• mit Sprache, Medien und Informationstechniken umgehen,

so sprechen die anderen Bundesländer, z.B. Bremen, von den Kompetenzfeldern
personale, soziale, Sach- und Methodenkompetenz oder von Erfahrungsbereichen,

etwa in Hessen, wie Sprach-, soziale, interkulturelle, ästhetische, Wert-, motorische, räumlich-zeitliche, Mengen-/Struktur-, Natur-/Technik- und Arbeits-/Konsumerfahrungen.

Damit gibt es zwei grundsätzliche Verfahren, sich der »Komplexität des Lebens« anzunähern. Man bildet Oberthemen, wie in Thüringen, die in den vier Grundschuljahren immer wieder aufgegriffen und vertieft werden. Bremen dagegen wählt ein anderes Verfahren, in dem vom Kind ausgehend Kompetenzziele formuliert werden, die an bestimmten Gegenständen erlernt werden sollen.

Das, was sehr allgemein in Erfahrungsbereichen oder Kompetenzfeldern in Rahmenlehrplänen festgelegt wird, konkretisiert sich in der Schule in einzelnen Fächern, wobei durchaus der Anspruch besteht, Themen fachübergreifend zu bearbeiten. Fachübergreifendes Arbeiten heißt, dass zum Beispiel das Thema »Ritter und Burgen« in allen Fächern bearbeitet wird. Im Fach Deutsch werden Texte zum Thema gelesen und besprochen. In Sachkunde etwa werden Burgen als Gebäude und soziale Gemeinschaft bearbeitet. Im Fach Kunst werden vielleicht Burgmodelle gebaut oder gemalt.

Hinter diesem Konzept steht die Idee, übergeordnete Themen möglichst vielseitig und umfassend zu erarbeiten, unterschiedliche Zugänge, die die einzelnen Fächer bieten, zu nutzen. Die Organisation dieser Unterrichtsform ist nicht sehr schwierig. In der Regel arbeiten Grundschulen nach dem Klassenlehrerprinzip, d.h. der Klassenlehrer unterrichtet in seiner Klasse so viele Fächer wie möglich.

Ein Thema wie Ritter und Burgen kann fachübergreifend in verschiedenen Fächern unterrichtet werden

In den ersten beiden Schuljahren umfasst der Fächerkanon Deutsch, Mathematik, Sachkunde, Sport, Religion, Kunst und Musik. Ab dem dritten Schuljahr wird inzwischen in fast jedem Bundesland Englisch unterrichtet. Betrachten wir die Fächer näher.

Deutsch
In der Regel wird dieses Fach in den ersten beiden Schuljahren in die Bereiche Lesen und Schreiben unterteilt. Als eines der beiden zentralen Fächer deckt

es die Bereiche soziale und Spracherfahrung ab. Andere Erfahrungsbereiche wie Struktur- (Grammatik) oder ästhetische Erfahrungen (etwa Klang und Tonfall eines Gedichtes) sind zwar Teil dieses Faches, werden in den Rahmenlehrplänen aber nicht ausdrücklich eingefordert. Der Schwerpunkt der Vermittlung liegt in den ersten Schuljahren im Lese- und Schreiblehrgang. Sprache wird in erster Linie als soziales Medium gesehen. »Sprache dient der Welterkenntnis und -deutung und damit der Entfaltung der Persönlichkeit.« Daneben habe Sprache eine soziale Dimension, denn sie sei das in der Schule alles verbindende Medium und befähige zur Teilnahme an der Kultur. Die Schrift sei als eine neue Qualität von Sprache zu vermitteln. Ziel sei es, die sprachliche Kompetenz des einzelnen Schülers auszubauen. Deshalb solle »jede Lehrerin und jeder Lehrer

(...) die eigene Sprache kritisch daraufhin prüfen, welche Inhalte sie übermittelt, und darauf achten, dass sie Mädchen und Frauen nicht ausgrenzt (z. B. die Gleichwertigkeit männlicher und weiblicher Personalformen beachten: Spielpartner und Spielpartnerin, Sitznachbar und Sitznachbarin),

(...) auch in Arbeitsprozessen nach Befindlichkeiten fragen, zum Beispiel im Anschluss an Partner- oder Gruppenarbeit nicht nur die Ergebnisse, sondern auch die Kommunikationsprozesse, die zu ihnen geführt haben, gemeinsam sprachlich reflektieren und den Kindern das Gefühl vermitteln, dass um Sprache gerungen werden kann,

(...) die Wirkung kindlicher Sprachäußerungen auf sich selbst rückmelden und persönliche Gefühle und Betroffenheiten äußern,

im Bewusstsein dessen, dass Kinder unterschiedliche Spracherfahrungen – auch in nichtdeutschen Muttersprachen – mitbringen, Sprachabweichungen und Sprachvarianten als Ausgangspunkt des sprachlichen Lernens akzeptieren.«

Zweifelsohne ist die Erweiterung der sprachlichen Kompetenz von zentraler Bedeutung für den weiteren Bildungsweg der Kinder. Dennoch erscheint der Zugang allzu technisch zu sein. Sprache wird lediglich als Mittel zum Zweck, aber nicht mehr von ihrer kreativen Seite her betrachtet. Fände Deutschunterricht nur so statt, so würden die Schüler in Gesprächs- und Verhaltensrituale eingeübt, könnten aber nicht selbstständig und angemessen auf unterschiedliche Situationen und Sprachebenen reagieren. So erweitern Texte unterschiedlicher Formen und Stile die sprachliche Ausdrucksfähigkeit, indem sie verschiedene Möglichkeiten zeigen, einen Sachverhalt oder eine Handlung darzustellen. Sprachspiele, Unsinnsreime, Gedichtbausätze regen die sprachliche Kreativität an. Sprachspiele sprechen mehrere Ebenen der Erkenntnis an. Über den Klang kann sich ein Gefühl für Rhythmus und Strukturen entwickeln. Über die Bildung von Ober- und Unterbegriffen, Wortfeldern und Wortfamilien wird der Wortschatz erweitert und strukturiert.

Gedichte auswendig zu lernen wirkt altmodisch, jeder von uns erinnert sich an die Pflichtübung, die schweißnassen Hände beim Vortrag und das unsägliche Geleiere der Strophen. Allerdings entwickelt ein Gedicht erst im lauten Vortrag seine Wirkung. Ein Vortrag eröffnet neue Deutungsmöglichkeiten, denn hier realisiert sich erst die Stimmung, der Tonfall eines Gedichtes. Ein Gedicht »schön« vortragen zu können, schult das eigene Sprachempfinden, macht sensibel für Rhythmus und Musikalität einer Sprache, erleichtert damit auch das Einfühlen in fremde Sprachen. Auswendiglernen – darüber kann man sich streiten. Allerdings braucht auch das Gedächtnis Training. Hier könnte man auch die Hauptstädte der EU lernen lassen. Diese Übung wird aber jedem Schüler schwerer fallen, denn nicht umsonst wurde in Gesellschaften ohne Schriftkultur Wissen über gereimte und gebundene Sprache tradiert. Das Erinnern fällt leichter, die Worte gleiten selbstverständlicher über die Zunge.

Schriftsprache

Lesen und schreiben zu können eröffnet den Kindern nicht nur neue kulturelle Welten. Gleichzeitig werden sie selbstständiger, denn sie sind in diesem Bereich nicht mehr auf die Hilfe von Erwachsenen angewiesen. Haben sie einmal angefangen, so lernen die meisten Kinder mit Feuereifer lesen und schreiben, freuen sich auf den nächsten Buchstaben, üben im Spiel, lassen sich beim Binden der Laute helfen.

Schrift wird zunächst als Bild entdeckt. Ab etwa vier Jahren beginnen sich Vorschulkinder für ihren Namenszug zu interessieren. Sie stellen die erste Verbindung zwischen Zeichen und ihrem Namen, etwas Konkretem, her, suchen und entdecken ihren Namenszug wieder. Im nächsten Schritt wird der Namenszug in einzelne Zeichen aufgelöst. Sie entdecken die Zeichen in anderen Wörtern wieder, zum Beispiel das J von Jan, das A von Jan, das N von Jan. Hier ist der eigentliche Übergang zum Lesen. Haben sie erst einzelne Zeichen wiedererkannt, fragen Kinder andere Zeichen ab und binden sie aneinander.

Leseunterricht in der Grundschule vollzieht diese Schritte nach. Auch hier wird oft vom Namenszug der Kinder ausgegangen, danach werden einzelne Buchstaben isoliert. Die ersten Leseübungen sind Bindeübungen. Ein

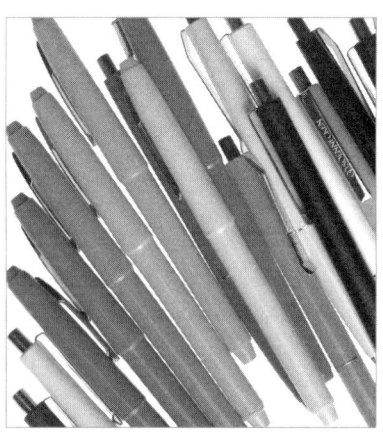

Kinder beginnen zuerst ihren Namen zu schreiben

Konsonant wird mit einem Vokal – in der Regel a oder o, weil diese als Zeichen leicht zu erkennen und zu unterscheiden sind – angebunden. So wird zum Beispiel aus l und a »la«, aus l und o »lo«. Dies wiederum verbunden ergibt »lola«. Prinzipiell wird von Lauten ausgegangen, die mit nur einem Zeichen ausgedrückt werden. Die Zeichenketten werden nach und nach erweitert, sodass aus einzelnen Silben ganze Wörter entstehen. Diese Methode orientiert sich am spontanen Schrifterwerb der Kinder und systematisiert ihn nur. Effektiv ist sie deshalb, weil sie, sobald die Kinder das Prinzip des Bindens einmal verstanden haben, die Schüler befähigt, selbstständig weiterzulernen und sich alle möglichen Zeichen selbst zu erschließen.

Zeitversetzt zum Lese- beginnt der Schreiblehrgang. Doch bevor das eigentliche Training der Buchstaben und des Schriftzuges anfängt, haben die Kinder bereits etliche Übungen zur Handgeschicklichkeit und Hand-Augen-Koordination absolviert. Beim Ausmalen haben sie auf Linien geachtet, beim Ausschneiden die Beweglichkeit der Hand sowie die Hand-Augen-Koordination geübt, in Schwungübungen das leichte Führen des Stiftes und wechselnde Formen geprobt. Erst danach werden die Zeichen geübt, die sie vom Lesen her schon kennen. Auch hier wird wieder vom einzelnen Zeichen ausgegangen, das zunächst mit einem, dann mit zweien verbunden wird. Im Allgemeinen wird die vereinfachte Ausgangsschrift gelehrt. Sie ist recht leicht zu lernen, da sich die einzelnen Zeichen aus den Druckbuchstaben erschließen. Die Kinder müssen also nicht, wie früher üblich, zwei Schriften lesen lernen, sondern können ihre Kenntnisse der Druckschrift schnell auf ihre Handschrift übertragen. Schön ist diese Schrift nicht. Viele Schüler, die die vereinfachte Ausgangsschrift erlernt haben, beginnen später im Alter von 12 bis 13 Jahren in Druckbuchstaben zu schreiben.

Beim Schrifterwerb zeigt sich allerdings auch schon ein grundsätzliches Problem der Grundschule. Einige Kinder brauchen nur die Anregung, letztendlich die Methode, um selbstständig weiterlernen zu können. Andere brauchen für die Verbindung von Laut und Zeichen den Umweg über Bilder und längeres Training. Kinder, die die schulische Verkehrssprache Deutsch nicht oder wenig beherrschen, werden ratlos vor den Zeichen und Silben sitzen, denn sie haben keine sprachliche Struktur, die den Zeichen auf dem Blatt Bedeutung verleihen könnte.

In einer Grundschulklasse sind im Durchschnitt 20 bis 25 Kinder. An welchen Kindern soll sich ein Lehrer orientieren? Egal, welchen Punkt er sucht, er wird notwendigerweise nur einem Teil der Kinder gerecht werden. Ein Teil der Kinder wird permanent unter-, ein anderer dauerhaft überfordert. Die Freude an Schule sinkt innerhalb von etlichen Wochen auf das Durchschnittsmaß. Binnendifferenziert, d.h. letztendlich in Leistungsgruppen zu arbeiten, bedeutet ein deutlich größeres Maß an Unterrichtsvorbereitung und setzt voraus, dass ein Lehrer im Laufe des

Vormittages wirklich Zeit findet, sich den einzelnen Arbeitsgruppen zuzuwenden. Dieses Problem zieht sich durch die gesamte Grundschule und formt recht frühzeitig Schulkarrieren bzw. Bildungsbiografien.

Ist die Alphabetisierung abgeschlossen, wird der Schrifterwerb in zwei Richtungen fortgesetzt. Zum einen werden jetzt Schriftbilder vertieft und automatisiert. Zum anderen soll durch das Nacherzählen von kleinen Geschichten und das Formulieren eigener Texte die Freude am Schreiben erhalten werden. An der Frage des richtigen Schreibens scheiden sich die Meinungen der Fachdidaktiker. Eine Richtung stellt das Ziel Freude am Formulieren in den Vordergrund. Hier dürfen und sollen eigene Texte geschrieben werden, allerdings ohne Korrektur der Rechtschreibung. Vertreter dieser Auffassung befürchten, dass die Kinder, mit der lästigen Korrektur ihrer Texte konfrontiert, die Freude am Schreiben verlören. Die andere Richtung verweist zu Recht darauf, dass sich falsche Wortbilder genauso wie richtige einprägen. In der Praxis bedeutet dies: Jedes Wortbild, das einmal falsch erlernt worden ist, muss mühsam »wegtrainiert« werden. Die Hand muss die Bewegung, die zu dem richtigen Wortbild gehört, neu erlernen, und erst nach einiger Übung kann dann Regelwissen das Handgedächtnis überprüfen und gegebenenfalls das Wortbild korrigieren. Mit der ersten Methode kommt man oberflächlich den Kindern entgegen, man akzeptiert ihre Fehler als Sprachvarianz. Mittelfristig gesehen produziert man eine Gruppe von »Rechtschreibbenachteiligten«, die in ihrer restlichen Schullaufbahn mit massiven Rechtschreibproblemen zu kämpfen haben.

Obwohl das Verfassen von eigenen Texten am Anfang recht mühselig ist, ist es für die Spracherziehung der Kinder ausgesprochen wertvoll. Die Schriftsprache zwingt zum genaueren, schöneren Formulieren, denn Geschriebenes kann nicht so einfach korrigiert oder zurückgenommen werden wie Gesprochenes.

Mündliche Ausdrucksfähigkeit

Sprache sei das Medium jeglichen Unterrichts, stellt der hessische Rahmenlehrplan für die Grundschule fest. So findet Spracherziehung nicht nur im Deutschunterricht, sondern auch in den anderen Fächern statt. Sie ist im besten Sinne fachübergreifend. Auf den Kern reduziert bedeutet sie nichts anderes als die Erweiterung des aktiven Wortschatzes, das Vertiefen, z.T. auch Bewusstmachen und Trainieren von Gesprächsverhalten in unterschiedlichen Formen des Unterrichts. Die Unterrichtsformen der Grundschule sind ausgesprochen variabel. Frontalunterricht im klassischen Sinne ist schon längst dem entwickelnden Lehrgespräch, Einzel-, Partner- und Gruppenarbeiten, Gesprächskreisen usw. gewichen. Jede Sozialform hat ihre eigenen Gesprächsregeln, sodass Schüler tatsächlich in dem sinnvollen Wechsel und Einsatz der unterschiedlichen Unterrichtsformen ein recht breites Spektrum an Gesprächsverhalten entwickeln und vertiefen können. Im Allgemeinen werden in den ersten Wochen nach der Einschulung Regeln für Unterrichtsgespräche mit den Kindern besprochen, später die Akzeptanz der Regeln über Sanktionen bei Regelverletzungen und erneutes Verpflichten der Kinder auf die vereinbarten Regeln durchgesetzt. Ein Sanktionskatalog in dem Sinne existiert nicht, sondern man orientiert sich an den üblichen Normen wie Ermahnen, punktuelle soziale Ausgrenzung (z.B. Heraussetzen aus dem Gesprächskreis, das moralische Brandmarken des Fehlverhaltens eines Schülers). »Strafarbeiten«, die eigentlich nicht vergeben werden dürfen, werden erst vergleichsweise spät als Sanktionsmittel eingesetzt.

Wie erfolgreich allerdings diese Seite sprachlichen wie sozialen Lernens ist, hängt letztendlich von mehreren Gesichtspunkten ab: Größe und Zusammensetzung der Klasse, Persönlichkeit der Lehrer und Schüler, geschickte, der Klasse angemessene Varianz der Sozialformen, soziale Flexibilität der Schüler und Lehrer, und und und ... Diese Liste ist noch erweiterbar. Sie macht deutlich, dass Fehleinschätzungen an sehr vielen Punkten dieses Prozesses möglich sind, die meisten davon aber auch wieder korrigiert werden können, einige allerdings auch weitreichende Folgen haben. Die wichtigste Erkenntnis sollte jedoch sein, dass Unterrichten eben nicht eine Einbahnstraße, sondern ein Kommunikationsprozess ist, der Schülern wie Lehrern hohe Konzentration und Beweglichkeit abverlangt, aber auch beiden Seiten die Chancen zu lernen eröffnet.

Dieses Bewusstsein spiegelt der hessische Rahmenplan durchaus wider (s.o.). In den Konsequenzen für den Unterricht ergeht er sich allerdings in sprachlichen Manierismen. Die Gleichberechtigung der Geschlechter ist trotz nachhaltiger, inzwischen 20-jähriger I-Großschreibung bislang nicht weiter fortgeschritten und ich bezweifle, ob solche Sprachregelungen Wirklichkeit verändern. Im Gegenteil: In der Regel verschleiern sie Realität. Sinnvoll dagegen ist mit Sicherheit, den Kindern grundsätzliche Achtung vor dem anderen Geschlecht in dcr Praxis vorzuleben. Dazu würde es gehören, für Geschlechterparität im Lehrpersonal der Grundschulen zu sorgen, damit nicht weibliche, sondern auch männliche Sicht- und Handlungsweisen den Unterricht prägen (und dies nicht nur in den Fächern Mathematik und Sachkunde).

Die Befindlichkeit der Kinder nach Gesprächen zu erfragen ist gut gemeint, aber typisch für Erwachsene. Kinder im frühen Schulalter drücken ihre Befindlichkeit nonverbal und spontan aus. Sie lachen, weinen, gehen aufeinander los oder umarmen sich. Hier erzählt ein Blick in Kindergesichter sehr viel mehr als die Frage: »Wie fühlst du dich jetzt?« Natürlich sollen Kinder lernen, ihre Gefühle auch mit Worten auszudrücken. Das Sprechen über Gefühle setzt aber gedankliche Distanz zu den eigenen Gefühlen voraus. Erwarte ich nach einem aufregenden Gefühlser-lebnis eine sinnvolle Antwort auf die oben genannte Frage, verlange ich den zweiten vor dem ersten Schritt. Für den ersten Schritt, das Nachdenken über das Geschehene, habe ich aber keinen Raum gegeben. Man verlangt also etwas von den Kindern, was auch Erwachsene nicht können. Im Übrigen, was soll eine solche Frage etwa nach einem Konfliktgespräch? Jeder, der diese Frage stellt, möchte hören »gut« oder zumindest »besser«. Sie ist also keine echte Frage, sondern reine Kon-vention und dient der Beruhigung des eigenen Gewissens. Dies spüren auch Kinder. Sie werden durch solche Fragen nicht dazu erzogen, Gefühle zu versprach-lichen, sondern Gesprächsgewohnheiten zu beachten. Insofern dienen auch solche Floskeln der Spracherziehung und dem Sozialverhalten.

Mathematik
Vordergründig erlernen Kinder in den Grundschuljahren die vier Grundrechenar-ten. In ihrem Alltag haben sie in der Regel mit den Rechenarten schon Erfahrungen gemacht. Sie können mittels ihrer Finger im Zahlenraum von eins bis zehn zusammenzählen, manche auch schon abziehen. Sie haben Schokolade oder Bon-bons untereinander ge- und verteilt. Sie haben Mengen gebildet, sortiert, vielleicht schon Gemeinsames und Unterschiedliches festgestellt. In Rechenoperationen wer-den dagegen Handlungen des Alltags auf eine Zeichenebene übertragen. Sie werden abstrahiert. Je nachdem, wie weit das Abstraktionsvermögen der Kinder bereits ausgebildet ist, fällt ihnen der Schritt in die Abstraktion leichter oder schwe-rer. Im Grunde genommen vollzieht sich hier ein dem Lesenlernen ähnlicher gedanklicher Prozess. Während allerdings beim Lesen ein Ding einem Wortbild zugeordnet werden kann, muss beim Rechnen eine Handlung einer Zeichenkom-bination zugeordnet werden.

Um hier den Schritt in die Abstraktion zu gewährleisten, beginnt der Unterricht nicht gleich mit Rechenoperationen, sondern zunächst mit dem Zuordnen von Zeichen und Mengen. Konkret drückt sich dies in Aufgaben wie folgender aus. Auf einem Arbeitsblatt werden drei Igel, fünf Mäuse, sieben Kinder, zwei Häuser abge-bildet. Die Aufgabe besteht darin, zu sortieren, was zusammengehört, die erkannte Menge einzukreisen und einer Ziffer zuzuordnen. Kinderleicht erscheint diese Auf-gabe, ist sie auch, wenn das Kind schon gelernt hat, von Konkretem auf Allgemei-nes zu schließen. Hat es diesen Schritt aber noch nicht vollzogen, so sind solche Aufgabenstellungen notwendig, um den Zusammenhang zwischen Alltagserfah-rung und der geistigen Tätigkeit herzustellen. In jedem Fall lernen die Schüler aber auf diese Weise, geistige Handlungen wie Rechnen wieder auf konkrete abzubilden. Auch hier werden sich Kinder, wie beim Schrifterwerb, langweilen, andere überfor-

dert sein. Das Problem liegt aber nicht
in einer verfehlten Methodik, sondern
in den fehlenden Möglichkeiten, Lern-
tempi freizugeben (siehe oben).

Auch die Schritte in die ersten beiden Grundrechenarten addieren und
subtrahieren werden ähnlich vollzogen. Bevor die Rechenart abstrahiert,
also »vergeistigt«, wird, muss sie an
konkreten Gegenständen vollzogen
sein, zur Not auch an den eigenen
Fingern. Wie lange diese Phase zu

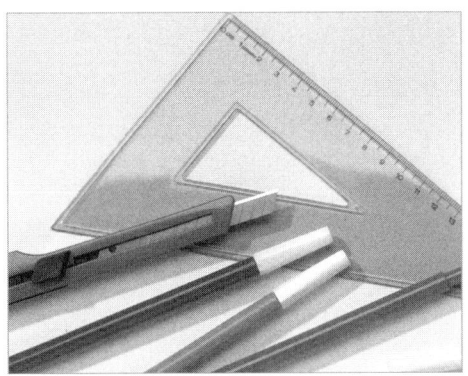

Die Grundschule lehrt die vier Grundrechenarten

dauern hat, ist abhängig von der Zusammensetzung der Klasse, aber auch vom didaktischen Ansatz des Lehrers. Grundsätzlich gibt es hier zwei Auffassungen. Die
eine empfiehlt, die Rechenoperationen addieren und subtrahieren im Zahlenraum
von eins bis zehn zuerst vollständig zu automatisieren, bevor der Zahlenraum
erweitert wird. Die andere argumentiert, dass Strukturen, die bereits im ersten Zahlenraum erkannt sind, z.B. die Tatsache, dass eins und eins zwei ergibt, schon vor
der vollständigen Automatisierung in andere Zahlenräume übertragen werden
kann. Diese Richtung lässt schon nach einer relativ kurzen Zeit mit vollen Zehnern
rechnen. Ein Vorteil dieses Ansatzes ist sicherlich, dass die Kinder sich nebenbei
schon mit dem Zahlenraum bis hundert vertraut machen und der erweiterte Zahlenraum mehr Übungsmaterial zur Verfügung stellt. Allerdings lässt sich das Haupt-
argument der Gegenseite, der Schritt von der konkreten zur geistigen Handlung
sollte vollständig vollzogen sein, bevor erweiterte Zahlenräume eingeführt werden,
nicht von der Hand weisen. Viele Schüler, die Schwierigkeiten mit Mathematik
haben, haben oft genau diesen Schritt nie vollzogen, d.h. sie haben nie die Verbindung zwischen ihrer Alltagserfahrung und der geistigen Operation »Rechnen« hergestellt. So ist es kein Wunder, wenn sie spätestens bei Aufgaben, bei denen verschiedene Rechenoperationen zu verknüpfen sind, wie etwa dem »Dreisatz«,
kapitulieren. Denn sie haben bisher nur Arbeitsschritte auswendig gelernt, aber die
dazugehörenden geistigen Strukturen nicht ausgebildet. Auch Textaufgaben werden zur unüberwindlichen Hürde, ist der Übergang von der konkreten zur geistigen Handlung nicht vollzogen. Textaufgaben stellen die geistige Handlung wieder
in einen konkreten Zusammenhang. Um eine Textaufgabe zu lösen, muss ein Schüler gedankliche Vorarbeit in mehreren Arbeitsschritten vollbracht haben. Er muss
auf der sprachlichen Ebene die dargestellte Situation verstehen und analysieren. Er
muss als nächsten Schritt aus der Situation die geforderte Rechenoperation isolie-

ren, also vom Konkreten auf das Allgemeine schließen. Schließlich soll er die Rechenoperation mit dem richtigen Zahlenmaterial vollziehen, d.h. das angebotene Zahlenmaterial muss sortiert und in die richtige, sinnvolle Reihenfolge gebracht werden. Hat ein Schüler aber keinen Zusammenhang zwischen konkreten Tätigkeiten wie Zusammenzählen und Abziehen und den geistigen wie Addieren und Subtrahieren hergestellt, wird er spätestens an komplexeren Textaufgaben scheitern.

Multiplizieren und Dividieren werden ab der Mitte des zweiten Schuljahres eingeführt. Hier werden die Schritte vom Konkreten zum Abstrakten schon verkürzt vollzogen. Die Multiplikation wird als verkürztes Verfahren der Addition eingeführt, an konkreten Gegenständen geübt, aber recht schnell auf die Abstraktionsebene gebracht, denn das Verständnis der Addition wird schon vorausgesetzt. Die Zahlenreihen des kleinen Einmaleins werden hier erarbeitet und auswendig gelernt. In der Regel wird die Division als Umkehrung der Multiplikation kurz danach eingeführt. Im dritten und vierten Schuljahr werden die vier Grundrechenarten vertieft, schriftliche Verfahrensweisen geübt und der Zahlenraum erweitert.

Neben der notwendigen Kulturtechnik des Rechnens vermittelt bzw. bearbeitet dieses Fach den Bereich der Erfahrung mit Strukturen. Warum ist das wichtig?

Von Strukturen sprechen wir immer dann, wenn wir auf der Erscheinungsebene Ähnliches oder Vergleichbares finden. Die geistigen Tätigkeiten, die wir brauchen, um Strukturen zu erkennen, sind die Fähigkeiten zu vergleichen, zu sortieren, Ober- oder Unterbegriffe zu bilden, d.h. wir bilden geistige Verfahrensweisen, eine Reihenfolge von Arbeitsschritten aus, um zu Ergebnissen zu gelangen. Damit diese Ergebnisse Allgemeingültigkeit erlangen, muss zu der konkreten Erfahrung eine abstrakte Vorstellung, die den Wesenskern der Dinge oder einer Handlung darstellt, hinzukommen. Die Beschäftigung mit Mathematik trainiert die Fähigkeit, solche Strukturen zu bilden, konkret Erfahrungen und Wissen aus einem Bereich so umzubauen und zu ordnen, dass es auf einen anderen übertragen werden kann.

Sachkunde

In diesem Fach finden sich sowohl neue als auch altbekannte Lerninhalte. Es wurde seit den 1970er Jahren nach und nach eingeführt und wird inzwischen in allen Bundesländern, natürlich mit unterschiedlichen Akzentsetzungen, unterrichtet. Eingegangen sind hier die alte Heimatkunde, Anteile aus Physik, Biologie, Geschichte, Sozialkunde, aber auch übergeordnete Themen wie etwa Verkehrserziehung. Die Idee war, schon in der Grundschule vor allen Dingen naturwissenschaftliches Basiswissen, orientiert an den Lebenszusammenhängen der Kinder, zu vermitteln. Klassische Themen der Sachkunde sind »Unser Körper«, »Wie funktioniert eine Glühbirne?«, »Leben in fremden Kulturen«, z.B. Indianer, »Unsere Stadt« oder »Unser Kreis«, »Wie wächst eine Pflanze?«. Zwar sind die Themen auch hier vorgegeben, die Zusammenstellung ist allerdings recht eklektisch. Dennoch bietet dieses Fach Chancen. Werden in den Fächern Deutsch und Mathematik vor allen Dingen geistige Fähigkeiten ausgebildet, so kann hier unmittelbarer der Zusammenhang zwischen konkreten Fähigkeiten, Erlebnissen, Wissen und geistiger Tätigkeit hergestellt werden. Dieses Fach lädt geradezu zum Handeln, Beobachten wie auch zum Verallgemeinern der eigenen Erfahrung ein und nähert sich damit der Form vorschulischer Welterfahrung an. Die Themen können in ihrer Fragestellung unmittelbar an der Erfahrung und dem Wissen der Kinder anknüpfen. Schüler könnten tatsächlich wieder zu Forschern und Entdeckern werden, sogar eigenes Erkenntnisinteresse äußern. Wenn auch hier der Zusammenhang zu Alltagserfahrungen immer wieder organisiert und vermittelt werden muss, so hat dieser Lernbereich doch recht große Chancen, die Unmittelbarkeit des Lernens im Alltag aufzugreifen.

Doch auch hier sind die Möglichkeiten, die dieses Fach bietet, durch die Bedingungen der Grundschule begrenzt. Kaum eine Grundschule besitzt einen naturwissenschaftlichen Fachraum, in dem experimentiert werden könnte. Die Klassen sind für Unterricht in Arbeitsgruppen oft zu groß, manche Lehrer zu bequem oder ungeübt, die Kinder mit dieser Form des Lernens noch überfordert, da sie das Zusammensein in Gruppen im Kindergarten kaum gelernt haben, usw. So bleibt dieses Fach in der Praxis oft hinter den hoch gesteckten Ansprüchen zurück, wie sie im hessischen Rahmenlehrplan formuliert werden: »Aufzucht und Pflege von Zier- und Nutzpflanzen im Klassenraum, Beobachtung und Pflege von Tieren innerhalb oder außerhalb der Schule, Anlage, Pflege und Nutzung eines Schulgartens, (...)«.

Zur Ehrenrettung der Lehrer muss aber auch angemerkt werden, dass in diesem Fach im Kleinen dennoch vieles realisiert wird. So werden z.B. trotz drangvoller Enge Pflanzkästen in den Klassenraum gestellt, um das Wachstum von Pflanzen beobachten zu können, das Skelett am eigenen Körper ertastet, eine Glühbirne zerlegt und Schaltkreise gebaut etc. Erfahrungsbereiche, die dieses Fach berührt, sind je nach Lerngegenstand Erfahrungen mit Natur und Technik, mit Raum und Zeit sowie sinnliche Erfahrungen.

Religions- und Ethikunterricht

Sinnerfahrung und Werteorientierung sind übergeordnete Ziele der Grundschule, die sich auch in anderen Fächern wie Deutsch und Sachkunde finden lassen, deren Vermittlung allerdings zentrales Anliegen dieser beiden Fächer sind.

In den meisten Bundesländern wird nur Religionsunterricht nach Konfessionen getrennt in den Grundschulen erteilt. Konfessionslose oder Schüler mit anderer Religionszugehörigkeit dürfen zwar am Religionsunterricht teilnehmen, können von ihren Eltern aber auch ersatzlos befreit werden.

»Für Kinder ergeben sich Fragen vor allem aus ersten existentiellen Erfahrungen wie etwa der Liebe, des Vertrauens, der Freundschaft, aber auch der Angst, der Isolation, des Scheiterns.«, leitet der hessische Rahmenlehrplan das Kapitel »Sinnerfahrung, Werterfahrung, religiöse Erfahrung« ein. Die Fragen zielten sowohl auf sich selbst als auch auf das Gegenüber. Kinder beginnen bereits sehr früh zu philosophieren, Werte zu entwickeln und ihr Sein in der Welt zu erklären. Die Tatsache, dass auch nicht religiös erzogene Kinder fragen, wo das Lieblingshaustier jetzt ist, wenn es gestorben ist, macht deutlich, dass jedes Kind wie auch jeder Erwachsene nicht nur ein Bedürfnis nach Lebenssinn, sondern auch nach Transzendenz hat. Die Erfahrung, dass das Leben endlich ist, lässt jeden Menschen nach etwas in sich selbst suchen, das sein biologisches Leben überdauert.

Wie für das alltägliche Zusammenleben entwickeln Kinder auch Normen des allgemeinen Verhaltens, die sich letztlich an den Wertvorstellungen der Eltern orientieren. Ethik- und Religionsunterricht kann, wenn er sich nicht auf reine Glaubensunterweisung beschränkt, Sinnfragen der Kinder aufgreifen und weiterentwickeln. Die mögliche Konfrontation mit anderen Vorstellungen von Gott, einem anderen transzendenten Prinzip, einer anderen Lebensauffassung vertieft die eigene Werteorientierung, übt aber auch in Toleranz. Die Öffnung des Religionsunterrichts für beide Konfessionen sowie Konfessionslose würde noch eine andere wichtige Erfahrung ermöglichen, nämlich dass in religiösen Auffassungen außer in drei gemeinsamen Grundprinzipien wie Achtung vor dem Leben, Verantwortung gegenüber der Welt und dem Bewusstsein, dass man nicht die Krone, sondern ein Teil der Schöpfung ist, kein Richtig oder Falsch existieren darf, vielmehr eine Vielzahl von Ausdrucksformen und Vorstellungen möglich ist. Dass Antworten auf Sinnfragen in unserer Gesellschaft immer wieder auf mehr oder weniger christliche Werte zurückgreifen, ist nicht erstaunlich. Auch inzwischen säkularisierte Wertvorstellungen, wie sie etwa im Grundgesetz niedergelegt sind, beruhen auf Vorstellungen der christlichen Religion und der griechischen Philosophie. So vermitteln Religions-, aber auch Ethikunterricht nicht nur Werteorientierung, sondern auch Kenntnisse unserer Vorstellungswelt und unseres kulturellen Erbes.

Musischer Unterricht – Kunst und Musik

Musik wie auch Kunst werden in der Grundschule oft erst ab dem zweiten oder dritten Schuljahr als gesondertes Fach unterrichtet. Im ersten Schuljahr werden Kunst und Musik noch in den laufenden Unterricht integriert. Unterricht findet beim Klassenlehrer statt. In der Theorie ist dies durchaus sinnvoll. Die Kinder können sich an ein bis zwei Bezugspersonen orientieren. Die intensivere Beziehung zwischen Klassenlehrer und Klasse schafft mehr Motivation zu lernen, der manchmal störende 45-Minuten-Rhythmus kann stellenweise aufgehoben und dem Arbeitsrhythmus der Kinder angepasst werden. Musik und Kunst können thematisch an andere Themen des Unterrichts anknüpfen oder auch gezielt Kontrapunkte setzen. In der Praxis leidet die musische Erziehung in der Regel darunter. Die meisten der Grundschullehrer haben keine musische Ausbildung genossen. Quantität und Qualität sind letztlich vom Können und den Ideen des Klassenlehrers abhängig. Gegenüber den »harten« Fächern Deutsch und Mathematik tritt dann der musische Bereich zurück, denn hier wird »nur« gesungen oder gemalt.

Tatsächlich haben diese Fächer Entspannungscharakter, denn sie beanspruchen neben der rationalen Erkenntnisfähigkeit noch andere Wege der Weltbegegnung, etwa Intuition, Gefühl, sinnliche Wahrnehmung. Mathematik etwa beansprucht einseitig kognitive Strukturen. Deutsch ist zwar vielseitiger, aber auch hier werden vor allen Dingen geistige Tätigkeiten vollzogen. Im Musik- oder Kunstunterricht geht es in der Grundschule um die Ausbildung anderer Fähigkeiten. Verfeinerung der akustischen Wahrnehmung, Entwicklung des Rhythmusgefühls, Verfeinerung des ästhetischen Empfindens, Training der Stimme, womöglich Atemtechnik stehen im Musikunterricht im Vordergrund. Der Kunstunterricht verfeinert die Wahrnehmung von und das Gefühl für Farben und Formen, schult die Augen-Hand-Koordination sowie handwerkliche Fähigkeiten und lehrt nicht zuletzt den Blick für das Wesentliche eines darzustellenden Gegenstandes. Insofern entlastet musischer Unterricht, macht den Kopf wieder frei und aufnahmefähiger, eröffnet und verfeinert aber auch affektive und intuitive Strukturen.

»Musizieren macht schlau«, »Malen macht kreativ«, ist ein oft gehörtes und ins Feld geführtes Argument für den musischen Unterricht. Dieses Vorurteil ist

In der Grundschule geht es vor allem um den sozialen Aspekt des gemeinsamen Musizierens

mit Vorsicht zu genießen. Weder Musik- noch Kunstunterricht haben die Aufgabe, Berufskünstler zu produzieren. Kreativität und Intelligenz entfalten sich auch in anderen Bereichen. Malen, Singen, Musizieren, Zeichnen sind Formen des Selbstausdrucks wie auch der Kommunikation mit der Welt. Neben Vermittlung von Kulturwissen eröffnet musische Erziehung einen anderen Zugang zur Welt. Deshalb gehört die ästhetische Erziehung zu umfassender Persönlichkeitsbildung. Auch Musik oder Bilder können zerlegt werden, aber zuerst muss Musik erlebt, ein Bild als Ganzes betrachtet werden, bevor wir Einzelheiten isolieren. Die entdeckten Details lassen sich wieder leichter in das Ganze einfügen. Das sind auch Methoden des Deutschunterrichts. Hier bleibt es aber allzu oft bei der Betrachtung. Musischer Unterricht hat dagegen auch den Aspekt des Produzierens.

Musikunterricht in der Grundschule versteht sich als musikalische Früherziehung. Deshalb verzichtet er auf komplexe Instrumente, sondern arbeitet mit Elementarinstrumenten, sofern die Grundschule über Instrumente verfügt. Das sind neben der Stimme, dem »körpereigenen Instrument«, in der Regel Rhythmusinstrumente wie Trommeln, Rasseln, Ratschen und Triangeln. Komplexere Instrumente lassen sich nur dann integrieren, wenn sie vom Lehrer oder von einzelnen Schülern beherrscht werden. Vorteil der Elementarinstrumente ist, dass es nur einer kurzen Anlernphase bedarf, um musizieren zu können, und sich Stücke erarbeiten lassen, an denen alle mitwirken können. Der soziale Aspekt des gemeinsamen Singens oder Musizierens sollte nicht vergessen werden. Soziales Lernen wird zurzeit in der Schule sprachlich organisiert. Man vereinbart Regeln, sanktioniert Fehlverhalten sprachlich, auch »Strafen« haben mehr symbolischen Charakter. Gemeinsames Musizieren setzt gemeinschaftliches Handeln voraus, initiiert es aber auch. Eine Gruppe, die musizieren will, muss sich aufeinander einstellen, jeder muss für das gemeinsame Gelingen eigene Interessen womöglich zurückstellen, aber auch Aufgaben erfüllen. Man muss zu anderen Mitteln der Verständigung greifen, sich aufeinander einschwingen. An einigen Grundschulen wird der Chor gepflegt. Der alltägliche Musikunterricht bleibt demgegenüber allzu oft beim Hören und Betrachten von Musik und Instrumentenkunde stehen oder findet einfach nicht statt.

Kunstunterricht zu unserer Kinderzeit verlief noch sehr oft so: Der Lehrer gibt Thema und Material vor, die Schüler versuchen, mehr oder minder verzweifelt, dem Material und dem Thema gerecht zu werden. Auch heute werden noch Themen vorgegeben, aber der Umgang mit Materialien besprochen, Techniken geübt, vielleicht vorher Beispiele betrachtet. War früher Malen »Begabungssache«, so stehen heute im praktischen Kunstunterricht (in der Grundschule ist er im Wesentlichen praktisch) Handwerk und Technik im Mittelpunkt. Ausgehend von einem bestimmten Stil wird beispielsweise die besondere Maltechnik und Sichtweise ausprobiert. Im eigenen Arbeitsprozess und dem entstandenen Werk kann das Besondere der Technik oder des Stils erfahren werden. Konkret: Die Kinder lernen, die Fläche eines Blattes zu nutzen, zu grundieren, die Fläche aufzuteilen, eine Fläche nicht nur durch Linie, sondern durch Farbe zu begrenzen usw. Gebildet wird neben der Handgeschicklichkeit das Form- und Farbempfinden. Da aber auch Kinder die Wirklichkeit in ihren Werken nicht 1:1 abbilden, entdecken, erlernen oder besser erspüren sie beim Malen das Wesentliche eines Gegenstandes. So wird auch hier – in einem anderen Tätigkeitsbereich und auf andere Weise – die Fähigkeit zur Abstraktion trainiert.

Sport

Oft ist Schulsport für alle Beteiligten mehr Frust- als Lustzeit. Woran liegt das?

Ein Teil der Schüler, ungefähr ein Fünftel bis ein Viertel, treibt im Verein oder mit den Eltern Sport. Diese Kinder haben ihren motorischen Apparat in der Regel gut entwickelt. Unter Sport verstehen sie spielerisches Training mit dem Ziel, eine bestimmte Fähigkeit auszubauen.

Demgegenüber steht das Gros der Kinder, die nicht einmal eine Rolle vorwärts, unseren alten Purzelbaum, beherrschen. In Kindergärten mit »Toberaum« haben sie sich zwar reichlich ausgetobt, sind aber in ihrer Körperbeherrschung nicht trainiert worden. Bewegungsmöglichkeiten außerhalb des Hauses, die Kinder in diesem Alter selbstständig wahrnehmen können, sind rar. So ist es nicht erstaunlich, wenn der hessische Rahmenlehrplan feststellt, dass sich »zum einen gesundheitliche Schäden (Haltungsschäden, Herz-/Kreislaufprobleme durch Übergewicht, sensomotorische Defizite) und

Mannschaftssport wie Basketball fördert nicht nur die körperliche Fitness, sondern auch den Teamgeist

Unfälle (Zusammenstöße, Stürze)« mehren, zum anderen »sich Auffälligkeiten im Arbeits- und Sozialverhalten« häufen. Sportunterricht muss nun sowohl dem »richtigen« Sport als auch dem nötigen Bewegungstraining gerecht werden.

Sportunterricht beinhaltet deshalb nicht das Erlernen einer bestimmten Sportart, ausgenommen Schwimmen, sondern enthält in der Regel Übungen und Spiele, die die motorische Geschicklichkeit trainieren bzw. ausbilden. Wenn beispielsweise ein Handstand geübt wird, geht es nicht so sehr darum, den Handstand formvollendet zu präsentieren, sondern Körperspannung zu erlernen, den Gleichgewichtssinn zu schulen, die allgemeine Beweglichkeit zu fördern. »Sportliche« Kinder kommen oft zu kurz. Daran gewöhnt, motorische Fähigkeiten gezielt zu entwickeln, lernen sie auch motorische Abläufe, die sie nicht beherrschen, relativ schnell. Lange Übungsphasen und lange Wartezeiten, bis man wieder »dran« ist, verführen zum »Kaspern«. Binnendifferenzierung im Sportunterricht scheitert an den Klassengrößen wie auch an Aufsichtsverordnungen. Zeit, die verloren geht, weil sich die Schüler umziehen, eventuell Sportgeräte aufgestellt und weggeräumt werden müssen, verringert die reine Unterrichtszeit, sodass von eineinhalb Zeitstunden netto eine Bewegungsstunde übrig bleibt. Diese Rechnung gilt allerdings nur für Schulen mit Sportgelände. Steht einer Schule kein eigenes Sportgelände zur Verfügung, verkürzt sich diese Zeit noch einmal.

Übergeordnete Lerninhalte
Soziale Erfahrung
Selbstvertrauen, soziale Sensibilität, Konflikt- wie auch Teamfähigkeit sind in diesem Bereich die Kernbegriffe. Konkret sollen Lehrer helfendes und partnerschaftliches Lernen fördern, Konkurrenzsituationen vermeiden oder zumindest entschärfen, individuelle Lernfortschritte würdigen, den Kindern Verantwortung für ihre Schule und den Klassenraum vermitteln.

Unsere Kinder lernen jede Minute, jede Stunde, jeden Tag sozial, zu Hause, mit Freunden, in der Schule. Soziales Verhalten kann man aber genauso wenig wie Selbstvertrauen lehren. Beides entsteht in der Erfahrung mit anderen Menschen und mit der Welt. Das hat Konsequenzen für den Unterricht. Einerseits findet in jeder Stunde und jedem Fach soziales Lernen statt, andererseits ist jedes Konzept, das versucht, soziales Lernen als eigenen Lerngegenstand zu isolieren, somit zum Scheitern verurteilt. Nehmen wir das Beispiel Selbstvertrauen. Selbstvertrauen wird aus zwei Quellen gespeist. Zum einen muss ein Mensch da sein, der einen voraussetzungslos akzeptiert, zu dem wir »in unserer kleinsten Größe kommen« können (Brecht, Lied über die guten Leute). Zum anderen gehört dazu die Erfahrung des Könnens. Diese Erfahrung kann ich aber nur machen, wenn jemand da ist, der das

Können würdigt. Ohne die Freude der Eltern über die ersten als Worte erkennbaren Lautketten wird kein Kleinkind einen Grund haben, sein sprachliches Vermögen zu trainieren. Aber gleichzeitig ist Voraussetzung dieses Aktes, dass das Kind sich geäußert, etwas veräußerlicht hat. Es hat sich in einer dritten Sache gezeigt.

Dieses Beispiel lässt sich auf Unterrichtsgeschehen übertragen. Selbstvertrauen lernen Kinder, und auch Erwachsene, indem sie handeln, etwas herstellen, eine materielle oder immaterielle Leistung vollbringen, aber nicht in Gesprächen über Selbstvertrauen. Diese können alleine dazu dienen, sich über die Bedeutung von Selbstvertrauen zu verständigen, aber sie stellen es nicht her. Gleichwohl kann und

Konflikte bewältigen zu können, stärkt das Selbstvertrauen

muss Sozialverhalten geübt werden. Allerdings geht auch dies nur in der konkreten Situation und der Reflexion darüber. Rollenspiele, in denen unabhängig von konkreten Problemen Verhalten gelernt werden soll, empfinden Kinder zu Recht als absurdes Theater.

Interkulturelle Erfahrung

Kinder sollen – auf den Kern gebracht – lernen, den ausländischen Nachbarn höflich zu grüßen, eigenartige Gewohnheiten, merkwürdiges Aussehen und fremde Gerüche hinzunehmen, ohne abfällige Bemerkungen zu machen. Einerseits ist dieses Lernziel banal, andererseits eine hohe Anforderung, der nicht einmal alle Erwachsenen gerecht werden können. Wenn als Lernziel formuliert wird, »das Interesse an fremden Kulturen zu wecken und zu fördern«, so ist schon zu fragen, ob hier das Interesse der Kinder oder der Eltern gefördert werden soll. Wir leben in einer Gesellschaft, die ihre Angst vor Fremdem (die im Übrigen jede Gesellschaft hat) hinter scheinbarer Weltoffenheit verbirgt, Gespräche über Fremdes aber gleichzeitig tabuisiert. Kinder fragen, zumindest wenn sie klein sind, nach allem, was sie nicht kennen. In der Regel trainieren ihnen die verschämten Reaktionen ihrer Eltern solche Fragen ab. Wie aber sollen sie Interesse an Fremdem entwickeln, wenn sie Befremdliches nicht erfragen dürfen? Wie sollen Kinder interkulturell lernen, wenn Eltern wie beispielsweise in Berlin den Wohnsitz in einem anderen Bezirk anmelden, um Grundschulen mit hohen Ausländeranteilen zu vermeiden? Bildungspolitiker zeichnen nachmittags Rahmenlehrpläne, die dieses Lernfeld enthalten, ab und polemisieren abends gegen ein Zuwanderungsgesetz oder schüren Ressentiments gegen Mitbürger jüdischen Glaubens. Soll die Schule ein gesellschaftliches Problem lösen, das von Politikern in der Öffentlichkeit immer wieder zum Stimmenfang und zur Polarisierung genutzt wird?

Hier wird Schule einerseits von Wohlmeinenden, die glauben, Toleranz könne im Input-Output-Verfahren erlernt werden, andererseits von Politikern, die mit Blick auf Europa und die Welt den guten Schein wahren wollen, überfrachtet.

Zweifelsohne sind Toleranz und Akzeptanz gegenüber anderen Lebensweisen und Kulturen hohe Werte. Deshalb wäre es sinnvoller, sie nicht in einen eigenen Bereich als »Fach« zu verbannen oder als Sonderauftrag der »Sozialkunde« abzuhandeln, sondern sie als fächerübergreifenden Lernbereich zu betrachten. Auch hier wäre soziales wie interkulturelles Lernen nicht in einem Themenkomplex abzuhandeln, sondern im täglichen Miteinander zu erlernen.

Aber wirkliche Integration von Migranten kann letztendlich kein schulischer, sondern muss gesellschaftlicher Auftrag sein, in dessen Rahmen die Schule einen Beitrag liefert. Sprachförderunterricht in der Grundschule und im Kindergarten wären ein hilfreicher Ansatz. Sinnvoll sind auch Einrichtungen wie das »Kinder- und Familienzentrum Schillerstraße« in Berlin-Charlottenburg, das nicht allein gezielte Förderung in einem sozialen Brennpunkt betreibt, sondern nach dem Muster der britischen »Early Excellence Centers« den Eltern ein vielfältiges Programm aus Gesprächskreisen, Beratungs- und Betreuungsangeboten, aber auch Hobbykursen bietet. Die grundsätzliche Idee ist, dass eine frühe Förderung der Kinder nur wenig Einfluss hat, wenn nicht auch den Eltern geholfen, mit Eltern gearbeitet wird.

Muslimische Jungen beim Koranstudium

Interkulturelles Lernen unterliegt also den gleichen Problemen, die auch im Bereich des sozialen Lernens bestehen. Interkulturelles Lernen als isoliertes Lernfeld muss scheitern, es sei denn wir geben uns mit auf der Oberfläche angenommenen Sprachregelungen zufrieden. Den Umgang mit Fremdem und Befremdendem kann man letztendlich nur situativ, also in der Konfrontation mit Fremdem lernen. Das hat zweierlei Konsequenzen für den Unterricht: Interkulturelles Lernen betrifft wie auch soziales Lernen alle Fächer. Nur in der konkreten Situation, nämlich dann, wenn man mit Fremdem konfrontiert wird, können Erlebnisse per Reflexion zu Erfahrenem werden.

Methodenkompetenz

Aus der Erkenntnis heraus, dass die Fülle des verfügbaren Wissens nur nutzbar gemacht werden kann, wenn Wissen sinnvoll verknüpft und in Strukturen eingeordnet werden kann, versucht die Pädagogik seit einigen Jahren unter dem Motto »Das Lernen lernen« insbesondere die methodischen Fähigkeiten der Schüler zu schulen.

Da jede neue Richtung natürlich ihre Existenz rechtfertigen muss, wird so getan, als hätten Generationen von Schülern nie Methodik erlernt und als könne man Methodik, losgelöst von ihrem Gegenstand, schnell und effektiv vermitteln. Neu ist an dieser Richtung allerdings nur die Idee, dass man auch das Methodenlernen als Lerngegenstand isolieren könne. Die Methoden selbst sind Techniken der Darstellung, des Memorierens und des Strukturierens, die uns zum Teil schon römische Rhetoriker erklärt haben. Allerdings ist die Idee, Methoden von ihrem Gegenstand zu lösen, auch fatal. Jeder Lerngegenstand fordert seine eigene Methodik. Jede Lerngruppe braucht ihren eigenen Zugang zu einem Lerngegenstand. Jedes Erkenntnisinteresse formt die Fragen, die an einen Lerngegenstand gestellt werden können, sowie die Motivation, ein Thema zu erarbeiten. Konkret: Das Auswendiglernen wird gebraucht, um beispielsweise Vokabeln oder auch andere Fakten zu lernen. Lerne ich die Bundeshauptstädte, so kann ich schneller und leichter memorieren, indem ich eine innere Landkarte abfahre. Diese Technik nützt mir beim Vokabellernen nichts. Hier gilt es, andere Strukturen anzulegen, etwa thematische oder situative Zusammenhänge zu bilden. Lerne ich ein Gedicht, so habe ich als Gedächtnisstütze Rhythmus und Reim, womöglich eine Stimmung oder ein inneres Bild, das das Thema des Gedichtes darstellt.

Unseren Kindern nachhaltiges Lernen beizubringen, kann, wie die schon oben genannten Lerninhalte, nur beigeordnetes Ziel sein, denn es benötigt ein Medium und eine Situation, an dem und in der es sich realisiert, als »Problem« erkannt und als Herangehensweise erprobt werden kann.

Probleme der Grundschule

Die Grundschule fristet in Deutschland ein eher bescheidenes Dasein. Man widmet ihr nur wenig Aufmerksamkeit; finanziell wird sie kürzer gehalten als die weiterführenden Schulen. Das ist anderwärts ganz anders. Ihr Programm ist uneinheitlich und schwankt zwischen fortschrittlicher, traditioneller und irgendwie nebenher betriebener Vorbereitung auf die Sekundarstufe. Man hatte zwar in den 1970er Jahren schon einmal damit begonnen, eine stärker wissenschaftlich orientierte Lehre an deutschen Grundschulen einzuführen, dies jedoch ohne die Lehrer anständig darauf vorzubereiten, weshalb die ganze Sache mangels Erfolg wieder abgeblasen wurde. Die Ziele waren einfach zu hoch gesteckt. Das Projekt »Frühlese-Training«, das zur selben Zeit veranstaltet wurde, scheiterte aus ähnlichen Gründen. Die Ausbildung von Grundschullehrern erfährt in Deutschland erst in letzter Zeit verstärkte Wahrnehmung. Früher wurde sie an den Hochschulen zumeist als Anhängsel der Lehrerausbildung für die Mittel- und Oberstufe geführt, und das scheint sich nur allmählich zu ändern.

Die Grungschule ist aber besser als ihr Ruf. Wer heute noch der Schule Frontal- und Paukunterricht oder übermächtigen Leistungsdruck vorwirft, hat schon lange keine Schule mehr von innen gesehen. Die Maßstäbe eines an der Lebenswelt und den Erfahrungen der Kinder ansetzenden Unterrichts sind bis hin zu ihrer Karikatur inzwischen pädagogisches Allgemeingut geworden. Das Bewusstsein der meisten Lehrer für den Zusammenhang von sozialer Herkunft und Fähigkeiten, die ein Erstklässler mitbringt, ist sogar so geschärft, dass sich Lehrer im Zweifelsfall am Leistungsniveau der »schwächeren« Schüler orientieren, schneller lernende Schüler immer wieder auf Warteschleifen schicken, das Lerntempo nicht freigeben, um die Klasse immer wieder auf einem Niveau zusammenführen zu können. Es könnte idyllisch sein. Aber was stimmt nicht?

Überfrachtung der Lehrpläne
Einhergehend mit der Veränderung der Schule in den 1970er und 1980er Jahren wurden Lehrpläne aufgebläht. War Schule sollte nicht mehr »nur« Basis- und Allgemeinwissen vermitteln, sondern gesellschaftliche Schichtung beseitigen (»mehr Chancengleichheit«), wissenschaftsorientiert, erst emanzipatorisch, dann erzieherisch, personen- und schülerzentriert, inzwischen möglichst effizient arbeiten. So sind für die einzelnen Fächer wie auch Schultypen eine solche Fülle von Lernzielen, Themen und Ansprüchen vorgegeben, dass die Praxis demgegenüber notwendigerweise versagt, nur noch den Anschein von Flickschusterei vermitteln kann.

Nehmen wir als Beispiel noch einmal den Bereich Sprache und das Fach
Deutsch. Neben die Vermittlung von Lese- und Schreibkompetenz tritt als Schwerpunkt kommunikatives Wissen, die Relativität von Sprachebenen, soziales Lernen
über Sprache etc. Die Erkenntnis, dass Sprache Medium der Mitteilung, somit
jedes sprachliche Handeln auch zugleich soziales Handeln ist, ist banal. Würde ein
Kind nicht ab dem ersten Tag genau diese Erfahrung machen, würde es nie sprechen lernen. Reduziert man Sprache nur noch auf ihre Mitteilungsfunktion, so
genügt es, Zweiwortsätze zu beherrschen. Auch so kann man sich prächtig verständigen, dies beweisen tagtäglich Tausende von Zweijährigen. Mit welcher
Motivation sollen sich dann Siebenjährige und Ältere um vollständige Sätze bemühen? Wird hier also durch überhöhte Ansprüche einerseits der Kernauftrag der
Grundschule ad absurdum geführt, wird andererseits durch die Fülle der Ansprüche
die Zeit für das Erlernen der Basisfähigkeiten reduziert, denn die Menge der
Ansprüche produziert eine Fülle von Themen, die zu behandeln sind. Hier wäre
weniger sicherlich mehr.

Ein konsequentes Schulen der mündlichen wie schriftlichen Ausdrucksfähigkeit
der Schüler am Maßstab der Hochsprache würde dagegen die kommunikativen
Fähigkeiten unserer Kinder erheblich erweitern, der Sprache als ästhetisches wie
soziales Medium gerechter werden, den Unterricht entrümpeln und sicherlich auch
themenorientierte Arbeit zulassen.

In der Praxis ist es schwierig, die Fülle der Ansprüche an Schule umzusetzen

Schule im gesellschaftlichen Kontext

Eine hoch arbeitsteilige Gesellschaft wie unsere kann ohne ein Bildungssystem, das Basiskompetenzen vermittelt, nicht existieren, so H.-E. Tenorth in seinem Buch »Alle alles zu lehren: Möglichkeiten und Perspektiven allgemeiner Bildung«. Zu diesen Basiskompetenzen zählen: »Beherrschung der Verkehrssprache, mathematische Modellierungsfähigkeit, zunehmend fremdsprachliche Kompetenz, IT-Kompetenz, Selbstregulation des Wissenserwerbs«. Die Schule ist »die einzige Institution in modernen Gesellschaften, die für die Generalisierung universeller Kommunikationsvoraussetzungen in der nachwachsenden Generation durch die systematische Beschäftigung mit unterschiedlichen Modi der Weltbegegnung sorgt«, so »Die Zeit« vom 25.03.2002. So kann Schule nicht ohne das Gesellschaftssystem gedacht werden, das ihren Hintergrund bildet. Sie spiegelt nicht 1:1, aber als Zerrbild gesellschaftliche Vorstellungen von Leben, Werten, Vorbildern und Anforderungen wider. Ein Blick in aktuelle Werbespots verrät viele gesellschaftliche Vorstellungen und Trends: Fröhliche Hedonisten schwelgen hier in einem schwarzen Flitzer, dort auf der Terrasse eines üppigen Grundstücks mit komfortablem Eigenheim. Clever ist nur, wer die anderen in einer Regatta betrügt, in dem er bei Flaute unter Motor weiterkommt. Wer kein Geld zum Anlegen in Investmentfonds hat, ist arm dran. Die Banken machen den Weg frei – nur wohin und für wen? Die allgemein verbreitete Vorstellung, dass ungebremstes Wirtschaftswachstum notwendig sei, dass persönlicher Erfolg im Leben wie auch Lebenszufriedenheit sich an der Höhe des Gehaltes und der Verfügung über Prestigesymbole misst, findet sich bei Eltern, Lehrern und Kindern in folgenden Haltungen wider: Mein Kind hat nur dann Lebenschancen, wenn es Abitur macht. Man lernt, um einen »guten« Job (was auch immer dies sei) finden zu können. Wenn jemand kein Abitur macht, ist er ein Verlierer in dieser Gesellschaft. Dieser Zwang zur Effizienz und zum »gnadenlosen« Erfolg ist kein Problem der Schule, sondern unserer Gesellschaft.

Der Zwang zu Effizienz

Seitdem in den 1960er Jahren die Erwartung sozialen Aufstiegs unmittelbar mit dem Erwerb eines höheren Bildungsabschlusses gekoppelt wurde, seit die Ökonomie Schule im Wesentlichen als Zulieferbetrieb für möglichst effektive, aber unproblematische Arbeitskräfte sieht, hat sie mehr und mehr Einfluss auf Zielvorstellungen und Bildungsinhalte genommen. So verlangt etwa die Bundesvereinigung deutscher Arbeitgeber: »Wir brauchen in Deutschland einen neuen Anlauf für eine neue Qualitätsoffensive in der Schule. (...) Vor allem das flächendeckende Umsetzen einer modernen und praxisorientierten Didaktik und eine Generalrevision der

Lehrpläne sind dringend erforderlich. Aber auch die Schüler müssen eine größere Leistungsbereitschaft mitbringen (...)« Zweifelsohne ist es so, dass Schule nicht im luftleeren Raum existiert, also entsprechend den Bedingungen in der Gesellschaft ausbildet. Als gesellschaftliche Institution muss sie dies sogar. Spannend ist aber, wer bestimmt, was notwendig, was überflüssig ist. Hier ergeben sich Politiker, Theoretiker wie auch Praktiker in scheinbarem Pragmatismus angeblich unumgänglichen Anforderungen nach »Effizienz«, »Leistung«, »Flexibilität«,

Auch von der Schule wird immer öfter Effizienz gefordert

»Praxisorientierung« usw. – lauter Hochwertwörter, die die enorme Entwicklung der ökonomischen Produktivität der letzten Jahre widerspiegeln, ohne ihre Auswirkungen und ihre Bedeutung zu hinterfragen. Das Grundprinzip unseres Wirtschaftssystems, Gewinnmaximierung um jeden Preis, wird bruchlos auf das Bildungssystem übertragen, sodass lebenslanges Lernen nicht mehr der Persönlichkeitsentwicklung, der Entfaltung von Individualität wie auch Gemeinschaftsfähigkeit dient, sondern der Zurichtung möglichst einfach handhabbarer, williger Arbeitskräfte. Man duldet diese Verdinglichung, fördert sie sogar noch durch die Suche nach effizienten Mitteln der Wissensanreicherung. Alles, was nicht in diesen Bereich passt, ist Ornament, kann also im Bedarfsfall aus Kostengründen gestrichen werden. Dies betrifft alle musischen Fächer, weite Teile der Fächer Deutsch, Erdkunde, Politik, Geschichte, in einigen Bereichen sogar die Naturwissenschaften.

So sind die vielfach geforderten *Schlüsselqualifikationen* nach Zielvorstellungen zu befragen:

> *Leistung* – Welche Art von Leistung wollen wir? Woran messen wir erbrachte Leistung? Welche Zielvorstellungen verbinden wir damit?
> *Flexibilität* – Welche Art von Flexibilität wollen wir – räumliche, geistige? Warum sollen unsere Kinder flexibel sein?
> *Selbstständigkeit* – Wollen wir Selbstständigkeit im Denken und Handeln? Wollen wir Menschen, die ihre Lebensumstände selbst gestalten wollen?
> *Teamfähigkeit* – In welchem Verhältnis stehen der Einzelne und die Gruppe? In welchem Maße wollen wir Bindungsfähigkeit erreichen? Welche Vorstellung haben wir von einer funktionierenden Gruppe?

Solange Tauglichkeit und Verwertbarkeit der zukünftigen Arbeitskraft Maßstäbe der schulischen Arbeit sind, wird Schule immer mehr dem Bild gleichen, das von ihr in der Öffentlichkeit so gerne gezeigt wird: einer Lernfabrik. Schule muss dem Zugriff der Ökonomie entzogen werden. »Schule darf kein Ort bürokratischer Gleichgültigkeit sein, wo ohne Ansehen der Person gehandelt wird.«

Bildungspolitik und Kulturhoheit

In allen Bundesländern werden Wahlkämpfe mit bildungspolitischen Themen gewonnen. Dies ist eine alte Weisheit der Landespolitik. So bemühen sich Politiker jeglicher Couleur darum, der Gegenseite im Kreisverkehr Fehlentwicklungen in der Bildung anzukreiden, versprechen je nach Zeitgeist diese oder jene Reform bzw. die Verhinderung derselben. So unterschiedlich einerseits die Bildungslandschaft der Bundesrepublik ist, so einheitlich sind dadurch andererseits die Folgen: Angestrebte Reformen endeten als Ruinen, wurden kaputt gespart oder blieben lediglich Etiketten, mit denen man sich schmückt. Am deutlichsten zeigt die leidige Gesamtschuldiskussion, dass im bildungspolitischen Diskurs nicht Erfahrungen und Erkenntnisse, sondern in der Regel Standpunkte und Meinungen ausgetragen werden. Bis heute sind die Parteien hinter dreigliedrigem Schulsystem oder Gesamtschule verschanzt, dienen ihnen Vor- wie Nachteile der jeweiligen Systeme lediglich als Munition im Wahlkampfgetöse. Gespielt wird mit Gefühlen und Ängsten der Eltern und Lehrer, im Zweifelsfall hetzt man auch diese gegeneinander. Die Karikatur verantwortungsloser Eltern wie auch fauler und wurstiger Lehrer ist Allgemeingut geworden. Jegliche öffentliche Diskussion reproduziert und bedient diese Zerrbilder, ohne dass nennenswerte Erkenntnisse über unser Bildungssystem gewonnen würden. Soll Schule sich wirklich verändern, müsste sie aus diesem Feld herausgenommen werden. Aber muss sie sich denn verändern?

Schule und Eltern

Unser Bildungssystem wird sich verändern müssen. Internationale Vergleiche, wie TIM- oder PISA-Studie, zeigen durchaus vorhandene Defizite unseres Bildungssystems auf. Die Debatte um unser Schulsystem sollte nicht Politikern und Arbeitgeberverbänden überlassen werden. Hier sollten sich Lehrer, Eltern und Schüler einmischen. Patentrezepte gibt es nicht. Aber für Eltern könnten folgende Grundüberlegungen anregend sein:

Beginnen wir noch einmal bei der Welterfahrungsdebatte. Wir wollen Bildung als einen Prozess der Weltaneignung verstehen, zu dem – hier muss unser Verständnis von Bildung nicht dem gesellschaftlichen Auftrag von Schule widersprechen – das Erlernen von notwendigem Basiswissen und aufbauender Allgemeinbildung genauso gehört wie die Fähigkeit, eigenes Wissen und Können als Grundlage einer ökonomischen Existenz zu nutzen. Persönlichkeitsbildung war uns genauso wichtig wie die Fähigkeit, einen sozialen Ort in unserer Gesellschaft finden zu können.

Wissen, Können, Bildung betrachteten wir als Möglichkeit, Sinn in der eigenen Existenz zu finden, Bindungen an die Welt aufzubauen. Diese Vorstellung von Bildung reibt sich, obwohl die Rahmenlehrpläne, auf der Oberfläche betrachtet, unserer Vorstellung recht nahe sind, mit dem existierenden Bildungssystem. Warum?

Eltern sollten sich an der Diskussion um das Schulsystem aktiv beteiligen

Schule ist eine gesellschaftliche Instanz. Die allgemeine Schulpflicht wurde erst vor ca. hundert Jahren faktisch durchgesetzt, in ländlichen Regionen oder etwa der DDR wurden Schüler noch bis zum Ende der 1960er Jahre vom Unterricht entbunden, wenn es die familiäre oder gesellschaftliche Reproduktion verlangte. Wurde vorher im Mitvollzug praktischer Tätigkeiten in verschiedenen Lebensbereichen gelernt, so wird nun durch die Schule eine Lernumwelt geschaffen, in der zwar systematischer, langfristiger und aufeinander aufbauend gelernt werden kann, die aber grundsätzlich nur stellvertretende Erfahrungen vermitteln kann. Ein erheblicher Teil des Handelns im Unterricht bleibt trotz praxis- und handlungsorientierter Ansätze letztendlich Probehandeln in Laborsituationen. »Jedem Schüler ist über kurz oder lang klar, dass hier nicht ‚wirkliches‘ Leben stattfindet, sondern pädagogische Ziele verfolgt werden (...)«, so »Die Zeit« vom 25.03.2002. Einerseits sollen, ja müssen die Schüler Lerngegenstände als persönlich bedeutsam wahrnehmen, andererseits erleben sie oft gerade dann, wenn Praxisbezug hergestellt werden soll, wie sehr schulisches Lernen aus dem Alltagszusammenhang herausgelöst ist. Man kann also Eigenmotivation der Schüler nur dann voraussetzen, wenn sie selbst die Freude an Kompetenzzuwachs entwickelt haben.

Hier unterscheidet sich Schule vom Lern- und Bildungszusammenhang im Kleinkind- und Vorschulalter. Der Bildungsprozess unserer Kinder findet im gemeinsamen, alltäglichen Handeln statt, beim Kochen, beim Einkaufen, beim Aussäen der Gartenblumen usw. Die Erfahrungen und Erkenntnisse der Kinder sind in diesen Lernzusammenhängen gar nicht so spontan und unsystematisch, wie es Lehrer gerne hätten, um die Tätigkeit schulischen Lernens zu rechtfertigen. Sie haben aber noch einen entscheidenden Vorteil: Sie werden im unmittelbaren Kontext erlernt. Dagegen muss schulischer Unterricht notwendigerweise blass wirken, bietet er doch »nur« mittelbare, durch den Lehrer organisierte Erfahrung.

Dieses Dilemma lösen auch wohlmeinende Ansätze aus der Reformpädagogik nicht. Diese sich in ihren Ursprüngen an Tolstoi und Makarenko orientierenden Richtungen bedenken den gesellschaftlich-historischen Zusammenhang unseres Bildungssystems nicht. Sowohl Tolstoi als auch Makarenko hatten durch das sich auflösende zaristische System und die Revolution entwurzelte und traumatisierte Kinder im Auge, die durch ein soziales Gefüge und vor allen Dingen Arbeit wieder verwurzelt und gebildet werden sollten. Das Lernen dieser Kinder stand ebenfalls im unmittelbaren alltäglichen Zusammenhang, mussten sie doch gemeinsam den eigenen Lebensunterhalt sichern. Ihr Lebenszusammenhang war eine vorwiegend feudal geprägte, kaum industrialisierte Gesellschaft, die sich durch die Revolution in einer rasanten Umwälzung befand, die durch Hunger und Not, nicht mehr geltende Orientierungen barbarisiert war. So kann wohl kaum eine beachtenswerte Bewegung in der Pädagogik 1:1 auf unsere Bedingungen übertragen werden.

Dennoch ist die Idee der Grundschule, in den Lerngegenständen grundsätzlich die Lebenswelt und/oder Interessen der Kinder einzubeziehen, nicht grundsätzlich falsch. Die kindliche Neugier trägt innerhalb der Institution Schule nicht lange. Schule sollte sich also darum bemühen, Schüler zum Lernen zu motivieren, was nichts anderes heißt, als den Wunsch nach mehr Wissen und Erkenntnis zu entwickeln. An dieser Stelle sollte Lehrer und Eltern interessieren, wie sich Kinder im vorschulischen Alter die Welt erschließen.

Schule ist zwar in der Bundesrepublik ab dem siebten Lebensjahr der zentrale Ort des Lernens, aber nicht der einzige. Auch wenn Schule als gesellschaftliche Institution die Vermittlung von Basis- wie Allge-

Die Erwartungen an die ABC-Schützen sind oft groß

meinwissen übernommen hat, sind und bleiben Eltern als Bildungsinstanz wichtig. Schule kann nicht in allumfassendem Maße Bildungs- und Erziehungsaufgaben übernehmen. Würde sie dies tun, so wäre sie bald ein totalitäres System. Neben der grundlegenden Erziehung könnten Bildungsaufgaben der Eltern vielleicht so umschrieben werden (mit aller Vorsicht):

Eltern sind wichtig, um ein Gegengewicht zur Schule zu sein. Gegenüber der Schule sollten sie im wörtlichen Sinne Anwalt ihrer Kinder sein. Sie können Anregungen und Möglichkeiten geben, das eine oder andere auszuprobieren. Sie sollten Gesprächspartner der Kinder wie auch der Lehrer sein. Eltern haben gegenüber Lehrern einen erheblichen Vorteil: Sie teilen den Alltag ihrer Kinder, sind damit »Ausbilder« im alltäglichen Erkenntnisprozess. Das geschickte Aufstellen von Feuerholz will genauso gelernt sein wie das Zubereiten einer Spaghettisauce. Der Preisvergleich der gerade angesagten Shirts und Hosen ist so wichtig wie das geschickte Verhandeln auf dem Flohmarkt. Die Vorlesezeit am Abend ist nicht allein ein Ritual, um Kindern das Schlafengehen schmackhaft zu machen, es ist auch ein gemeinsames ästhetisches Erlebnis, es ist Kuschel- und Zuwendungszeit.

Fit für die Schule – fit für das Leben?

Der erste Schultag: Freudestrahlend stehen die ABC-Schützen mit ihren Ranzen und Zuckertüten vor der Schule, um vom Fotografen abgelichtet zu werden. Die Eltern warten mit gemischten Gefühlen auf ihre Kinder. Die Erwartungen sind groß, es soll ihnen besser als einem selbst ergehen. Ein wenig Wehmut mischt sich hinein, jetzt beginnt der so genannte Ernst des Lebens, die scheinbar unbeschwerte Kinderzeit ist für unsere Kleinen nun vorbei. Eigene Schulerinnerungen tauchen auf, vielleicht die Freude an den ersten Buchstaben, vielleicht die Angst vor einem bestimmten Lehrer oder das Gewicht des eigenen Ranzens, der Geruch von Bohnerwachs und Kreide. Fit für die Schule sind sie, den Einschulungstest im Mai haben alle bestanden. Gesundheitsamt und Lehrer haben die Kinder für schulreif befunden. Der lange Weg ins Erwachsenenleben hat begonnen. Sind sie aber fit für das Leben?

Generationen von Eltern haben sich diese Frage am Einschulungstag ihrer Kinder gestellt. Eine befriedigende Antwort gibt es wohl nicht. Keiner der zahlreichen Erziehungsratgeber, die seit ca. 200 Jahren geschrieben werden, konnte bisher ein Patentrezept für gelungene Erziehung finden. Fast alle teilen aber eine Haltung: die Überzeugung, man könne Entwicklung und Zukunft des Kindes nach eigenem Gutdünken gestalten.

Die Persönlichkeit des Kindes bestimmt Auswahl und Tempo des Lernens

Kinder sind aber kein Produkt ihrer Eltern. Vielmehr sind sie, wie Salinger einmal schrieb, »Gast in einem Haus«, das sie verlassen werden. Sie sind nicht Besitz ihrer Eltern, sondern vom ersten Tag an – wenn auch noch sehr kleine – Persönlichkeiten. Sicherlich – alles, was sie in den ersten Jahren lernen, lernen sie mit unserer Hilfe und Unterstützung, aber den Takt, das Tempo geben sie vor. Sie suchen sich aus der Vielfalt von Reizen und Wahrnehmungen das, was sie interessiert, ihnen entspricht. Allerdings sind Kinder auch Meister im Erspüren von »Um-zu-Pädagogik«. Kein Kind wird zur Wasserratte, wenn es als Säugling oft gebadet wird. Stillkinder sind in ihrem späteren Leben genauso unzufrieden oder zufrieden wie Flaschenkinder. Ein Kind wird nicht musikalisch, wenn es zum ungeliebten Flötenunterricht geschickt wird. Es lernt auch nicht früher schreiben, wenn man ihm chinesische Schriftzeichen vormalt.

Aber vielleicht liest es früher als andere Kinder, weil die Eltern gerne vorlesen. Vielleicht schwimmt es gerne, weil ein Elternteil selbst begeisterter Schwimmer ist. Vielleicht malt es gerne, weil die Eltern selbst oft mit Stift und Pinsel hantieren. Womöglich ist es sprachgewandt, weil in der Familie über viele Themen miteinander geredet wird. Vielleicht lernt es leicht Fremdsprachen, weil es mit den Eltern immer schon in zwei Sprachen gesprochen hat. All dies sind keine Patentrezepte für leichteres Erwerben von Wissen und Kenntnissen, für gelungene Schul- und Lebenskarrieren.

Ein Fitness-Programm zum idealen Erwachsenwerden gibt es nicht. Aber es gibt ein Leben mit Kindern. Es gibt eine Welt zu entdecken. Kinder geben uns Erwachsenen die Chance, sie immer wieder neu zu verstehen und zu sehen.

Welche Grundschule für mein Kind?

Was die Wahl der Grundschule anbetrifft, so sind die Möglichkeiten deutscher Eltern stark eingeschränkt. Es gilt per Gesetz das so genannte »Sprengelprinzip«, d.h. die Kinder müssen diejenige Grundschule besuchen, die ihrem Wohnort oder -bezirk oder dem Arbeitsort bzw. -bezirk verwaltungstechnisch zugeordnet ist. Um diesem Schicksal zu entgehen, ersinnen Eltern immer wieder die abenteuerlichsten Tricks, auf die wir hier nicht eingehen möchten. Die Gründe für Umschulungsversuche sind zumeist dieselben: Entweder ist das Klima an der Schule zu rau, der Ruf zu mies oder der Anteil von Migrantenkindern zu hoch – oder alles zusammen. Dies ist nicht unser Thema, wir möchten allerdings vorsichtig auf die Macht hinweisen, die Eltern gegenüber der Schule haben können, wenn sie wollen – sie wird unseres Erachtens viel zu selten verwendet –, um verbesserte Zustände für viele Kinder zu erreichen.

Privatschulen

Wer sein Kind, aus welchen Gründen auch immer, nicht auf eine staatliche Schule schicken möchte, hat in Deutschland die Möglichkeit, die Dienste von Grundschulen in nichtstaatlicher Trägerschaft (gleichwohl unter staatlicher Aufsicht) in Anspruch zu nehmen. Theoretisch besteht sogar die Chance, selbst eine Grundschule zu gründen.

Bei den so genannten »freien Schulen« unterscheidet man zwei Typen. Da wäre zunächst die so genannte Ersatzschule, deren Lehr- und Lernbetrieb weitgehend identisch zu demjenigen der Staatsschulen abläuft; sie dürfen jedoch in Lern- und Erziehungsmethode sowie in den Unterrichtsinhalten innerhalb eines bestimmten Rahmens von den Bestimmungen der jeweiligen Schulgesetze abweichen. Solche Schulen kosten auch kein Schulgeld.

Der zweite Typ heißt offiziell Ergänzungsschule. Solche Schulen dürfen individuelle Schwerpunkte setzen oder sich an gänzlich anderen Idealen orientieren. Bedingung für ihren Betrieb ist, dass sie Eltern/Schüler nicht sozial diskriminieren (z.B. indem sie nur Betuchte aufnehmen) und dass sie nicht hinter den Staatsschulen zurückstehen, was die Ausbildung der Lehrer, die Lehr-/Lernziele und die Qualität der Einrichtung anbetrifft. Ergänzungsschulen müssen zudem Abschlüsse bieten, die denen von Staatsschulen gleichrangig sind; für Waldorfschüler bedeutet dies z.B., dass sie ein reguläres Abitur ablegen müssen. Für den Besuch von Ergänzungsschulen ist häufig Schulgeld zu entrichten.

In Deutschland gibt es neben diversen Schulen in kirchlicher Trägerschaft zwei große Gruppen von Privatschulen: die Waldorf- und die Montessori-Schulen. Beide gibt es auch als Kindergarten. Sie seien hier in Kurzfassung vorgestellt.

Waldorf-Pädagogik

Die Freien Waldorfschulen und -kindergärten haben ihren Namen von einer Stuttgarter Zigarettenfabrik, deren Besitzer den Schweizer Philosophen Rudolf Steiner (1861–1925) im Jahre 1919 mit der Gründung einer Schule zur Betreuung der Kinder von Werksangehörigen beauftragte. Das Konzept zu dieser Schule machte rasch Furore. Heute gibt es in Deutschland etwa 170 Waldorfschulen und ca. 350 Waldorfkindergärten.

Grundlage der Steinerschen Pädagogik ist die strikte Zugrundelegung des Kindlichen als Maßstab. Kinder, so Rudolf Steiner, entwickeln sich in Zyklen, von denen es drei Stück gibt; sie werden als Jahrsiebent bezeichnet. Im ersten Jahrsiebent ist das Kinderleben von Nachahmung geprägt, im zweiten von der Suche nach Autorität, im letzten von der freien Willensbildung. Diese Abschnitte zerfallen wiederum in so genannte Epochen, Lern- und Lehrphasen, in denen sich die Schüler vorrangig und ganzheitlich (interdisziplinär) mit einem bestimmten Thema befassen. Die Themen finden dabei auch Ausdruck in künstlerischen, musikalischen, motorischen und im weitesten Sinne handwerklichen (z.B. im Garten) Schularbeiten; so wird jedes Theoretisieren vermieden. Ziel der Waldorfpädagogik ist die gleichzeitige Ermutigung und Ausbildung von Geist, Seele (Fantasie- und Gemütsbildung) und Körper. Auslese, etwa in Form von Tests oder Prüfungen, kommen während des gesamten zwölfjährigen »Lehrgangs« nicht vor; die Schule äußert sich zu Stand und Fortschritten ihrer Schüler in umfassenden schriftlichen

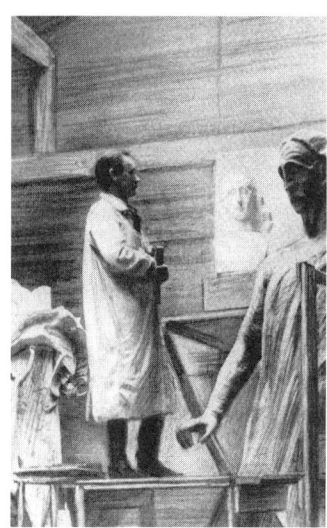

Rudolf Steiner in seinem Atelier

Beurteilungen. Das ändert sich erst im 13. Schuljahr, wenn die Mehrzahl der Waldorfschüler das Abitur anstrebt. Dann müssen sie einiges an Leistungsdruck und -stress nachholen.

Die Waldorfpädagogik drängt auf umfängliche Mitwirkung des Elternhauses. Das beginnt beim Schulgeld, geht über in tätige Mitarbeit bei der Pflege von Einrichtungen und Gebäuden und endet bei fixen Regeln, die häusliche Situation betreffend, z.B. einem strikten Fernsehverbot. Dies ist ein häufig geäußerter Kritikpunkt, neben einem feinen Lächeln über die etwas antiquierten Lerninhalte, das merkwürdige Frauenbild und das wohlwollend-harmlose Konzept vom Kinde, das solche »schlimmen« Dinge wie Aggression und Sexualität nicht kennt ...

Montessori-Pädagogik

Maria Montessori (1870–1952) war die erste Frau, die an einer italienischen Universität einen Doktorgrad (in Medizin) erwarb. Sie befasste sich zunächst mit geistig behinderten Kindern, übertrug die Erkenntnisse, zu denen sie diese Arbeit brachte, dann jedoch auch auf die Kleinkinderziehung im Allgemeinen. Ihr Engagement war stark religiös geprägt; eine ihrer Kernaussagen gibt zu bedenken, dass jedes Kind der Messias sein könnte.

Montessori geht davon, dass Kindern ein natürliches Bedürfnis zu lernen innewohnt, welches mit besonderem »Entwicklungs- und Entfaltungsmaterial« (Spiel- und Werkzeug), einer angemessenen, stimulierenden Umgebung und einem ruhigen Vertrauen von Seiten der Erzieher zur Entfaltung gebracht werden müsse. Kenntnisse und Fertigkeiten erwürben Kinder in erster Linie mit der Seele, und dies geschehe nach einem festen Bauplan, dessen Ablauf allerdings von Kind zu Kind variiere. Es treten im Verlauf der Kindheit immer wieder so genannte »sensitive Perioden« auf, Entwicklungsschübe, in denen das Kind am liebsten und wirkungsvollsten spiele, arbeite und lerne. Lerninhalte (was) und -methoden (wie) lege das Kind dabei jeweils selbst am besten fest. Ideal ist das freie, offene und ganzheitliche Lernen. Die Lehrer greifen nur auf Wunsch ein; sie sollen nach dem Grundsatz 'Hilfe zur Selbsthilfe' vorgehen. Lernfortschritte ergeben sich bei der Montessori-Pädagogik aus einem sich verändernden (anspruchsvoller werdenden)

Raum- und Materialangebot. Theoretisches Lernmaterial, d.h. Bücher, kommen erst spät zum Einsatz, mit ca. 14 Jahren. Auch hier gibt es keine Zensuren und keine Versetzung.

Der einzige Kritikpunkt an der Montessori-Pädagogik betrifft das Prinzip der »Ordnung und Disziplin«, das allenthalben in Erscheinung tritt. In den Klassenzimmern hat alles seinen festen Platz, Material, Werkzeuge und die sonstige Ausstattung müssen pfleglich behandelt werden. Dies gilt unter diversen Theoretikern als verdeckte autoritäre Struktur.

Maria Montessori vertrat einen ganzheitlichen Ansatz des Lernens

Erfahrungsbereich Schulanfang

Welch bedeutsamer Einschnitt ins Leben der erste Schultag ist, haben wir schon weiter vorn angemerkt. Man kann es schon allein daran ablesen, wie lange die Besinnung auf diesen Tag anhält. Wir kennen keinen Erwachsenen, egal welchen Alters, der sich nicht mehr oder minder intensiv an dieses Datum erinnert. Was man als Eltern tun könnte, damit sich der Schulschock in Grenzen hält, soll der folgende Abschnitt verdeutlichen.

Kinder sollten die Einschulung als etwas Besonderes erleben, nicht jedoch als etwas besonders Schlimmes. Vor der Schule zu warnen, sie in irgendeiner Form schlecht zu machen, sie gering zu schätzen oder gar mit ihr zu drohen (Na warte, bis du in die Schule kommst – da werden sie dir diese Flausen schon austreiben! Du wirst dich noch umgucken!), ist unangemessen. Dass Eltern die Schule in den Himmel heben, dass sie also das Gegenteil vom eben Skizzierten betreiben, kommt wohl eher selten vor, ist aber genauso wenig angezeigt. Besser ist es, ein klares Bild von der Schule zu zeichnen, die Freude der Kinder zu unterstützen, die sich aus dem Umstand ergibt, dass sie nun »groß« sind, dass es spannende Dinge zu erfahren gibt, die sie mit ihren Freunden, deren Zahl sie jetzt prima erweitern können, in Besitz nehmen dürfen, dass sie nun endlich in die Lage versetzt werden, den umfänglichen elterlichen Bücherschrank und die Fülle der Printmedien angemessen zu nutzen usw. Der Kauf von neuen Kleidern und die Schultüte sind da eher ein kleiner Extrabonus.

Der Schulanfang ist ein wichtiger Einschnitt im Kinderleben

Kennt man die Schule noch nicht, sollte man sie in jedem Fall gemeinsam anschauen; vielleicht ergibt sich bei der Gelegenheit ja auch ein Gespräch mit einem der Lehrer. Viele Kindergärten besuchen mit den Kindern die zugeordnete Grundschule und manche Grundschulen laden ein zu Schulfesten o.Ä. Solche Gelegenheiten, die neue Umgebung zwanglos kennen zu lernen, sollten unbedingt genutzt werden.

Was es an technischer Ausstattung für Erstklässler anzuschaffen gilt, das sollte man mit der Grundschule klären. Zwei Dinge sind angezeigt, nämlich nicht auf den Cent zu achten und den Kauf der Erstausrüstung zum lustvollen Gemeinschaftserlebnis voll der Vorfreude zu machen. Ein Problem ist das Gepäck der Kleinen, das mitunter zu schwer gerät. Wer schon einmal Erstklässler beobachtet hat, die wie die Infanteriesoldaten schwer bepackt durchs Leben wanken, wird wissen, wovon die Rede ist. Kinder sollten zum einen möglichst wenig einseitig belastet werden, stattdessen möglichst viel so tragen, dass der Rücken zentral beaufschlagt wird; andererseits könnte man mit der Schule auch die Einrichtung von Aufbewahrungsfächern vereinbaren und eine exakte Organisation dessen, was unbedingt mit nach Hause und zur Schule gewuchtet werden sollte. Für Schulgepäck gibt es übrigens auch eine DIN-Norm (Nr. 58 124), die man beachten sollte.

Der Schulweg sollte schon vor dem ersten Schultag abgeklappert werden, damit sich sein Ablauf einprägen kann. Oft lassen sich Lauf- oder Fahrgemeinschaften etablieren, die das Leben erleichtern und bereichern. Auch der etwas andere Tagesrhythmus, der für Erstklässler akut wird, samt veränderten Ernährungsbedingungen, sollte nicht erst auf den letzten Drücker in ihr Leben treten.

Schwierigkeiten bei der Eingewöhnung ins Schülerleben ergeben sich zumeist aus der plötzlichen Konfrontation mit einer neuen Umgebung, mit neuen Regeln, mit neuen Erwachsenen und Kindern und nicht zuletzt mit einer Leistungsbemessung samt Rangordnung, die bis dato unbekannt gewesen ist. Als Grundregel gilt hierbei, dass man solche Probleme einerseits ernst nehmen, sie jedoch andererseits in realistischer Art und Weise klein reden sollte. Wenn solche Probleme die Dimension von Anlaufschwierigkeiten überschreiten, sollte man Rücksprache mit den Lehrern nehmen.

WAS VIERTKLÄSSLER WISSEN MÜSSEN

Gegen Ende der Grundschulzeit steht ein weiterer Wechsel ins Haus, der mindestens ebenso dramatische Auswirkungen haben kann wie derjenige vom Kindergarten-pflänzchen/Vorschüler zum Schüler. Die Wahl der so genannten weiterführenden Schule oder auch Sekundarstufe I entspricht einer Weichenstellung, die später nur bedingt verändert werden kann.

Der Übergang von der Grundschule auf die Sekundarstufe ist in Deutschland uneinheitlich organisiert, dank der Bildungshoheit der Bundesländer. Warum sich 16 Bundesstaaten 16 zum Teil nicht vergleichbare Prinzipien leisten, wird wohl auf ewig das Geheimnis der Schulpolitiker bleiben. Ein Wettstreit der Systeme liegt jedenfalls nicht vor (es gibt keinerlei wie auch immer geartete Vergleichstests unter den Bundesländern, Schulabschlüsse gelten – auf dem Papier – laut Hamburger Abkommen von 1964 als gleichwertig), ebenso wenig eine Wahlmöglichkeit für Eltern, die das Optimum suchen (außer sie wohnen nahe an einer Ländergrenze).

Die Ungleichheit fängt bei der Dauer der Grundschulzeit an – Berlin und Brandenburg praktizieren die sechsjährige Grundschule, die übrigen Länder (und Österreich) die vierjährige – und endet bei der Organisation der Klassen fünf und sechs. Es gibt Länder, bei denen zwischen zwei Orientierungs- bzw. Förderstufen gewählt werden kann, solche, bei denen die Wahl zwischen drei Eingangsklassen (Haupt-, Realschule und Gymnasium) und einer Förder- bzw. Orientierungsstufe besteht, solche ohne Förder- bzw. Orientierungsstufe und solche, bei denen es nur in einer Förder- bzw. Orientierungsstufe weitergeht, wobei man davon absehen muss, dass diese Grundsätze dauernd geändert werden können. Außerdem gibt es Bundesländer mit einer eng verzahnten Traditions- und Reformruine, wo weiterführende Gesamt- und Sortierschulen dicht an dicht existieren, sodass manche Kinder ihre ganze Schulzeit auf einer Schule (Gesamtschule von der 1. bis zur 12./13. Klasse) verbringen können/müssen, andere hingegen bis zu vier Mal wechseln können/müssen (Grundschule, Förder- bzw. Orientierungsstufe, Mittelstufe, Oberstufe). Doch die Kritik am teils unmotivierten, teils schädlichen, teils unnötigen und teils unzeitgemäßen Chaos ist eine andere Geschichte, die ein anderes Mal erzählt werden soll.

Wir können auch keine Tipps geben, welche weiterführende Schule die beste sei; wir raten lediglich dazu, nicht allzu blauäugig ideologisch motivierter Bewertung von Bildungsgängen zu folgen. Alle politischen Parteien (samt den mit ihnen verbandelten Theoretikern und Verbänden) favorisieren andere Schulen, unvoreingenommene, objektive Einschätzungen sind so gut wie nicht zu bekommen; eingeschränkt gilt dies sogar für Lehrer. Die parteipolitische Durchdringung der Themenbereiche Erziehung, Bildung und Schule macht sich halt überall bemerkbar. Aus diesem Grund ist es auch problematisch, einen exakten Katalog der wünschenswerten Fertigkeiten und Fähigkeiten von Viertklässlern aufzustellen. Wir wollen es im folgenden Abschnitt dennoch versuchen, mit aller gebotenen Vorsicht.

Am Ende der Grundschulzeit verfügen Kinder bereits über einen ordentlichen Batzen an Kenntnissen, Fertigkeiten und Fähigkeiten. Sie sollten über einen Grundstock verfügen, der auf der Sekundarstufe erweitert und verfestigt werden kann. Was an Schulkenntnissen vorhanden sein sollte, darüber geben die Schulbücher der Kinder Auskunft; es verursacht keine körperlichen Beschwerden, wenn Eltern, ab und zu, einmal einen Blick in diese tun. Was es an Erfahrungen zu erwerben gibt, die nur bedingt mit oder (vermeintlicherweise) gänzlich außerhalb der Schule liegen, darauf weist auch der Abschnitt von der Welterfahrung der Vorschulkinder hin; all die dort angesprochenen Themenbereiche können sinngemäß auch während der Grundschulzeit erkundet und gezielt erweitert werden. Mit Schulweisheit allein wird sich aber sowieso wohl niemand zufrieden geben, weder Kinder noch Eltern.

Wir haben die Bereiche, die für den Besuch der weiterführenden Schule(n) entscheidend sind, im folgenden Kapitel schwerpunktmäßig aufgelistet.

Sprechen – Lesen – Schreiben

Unsere Kultur fußt, wie wir schon mehrfach erwähnten, auf dem sicheren Umgang mit symbolisch kodierter Information, d.h. auf der Fähigkeit, flott, sicher und pannenarm lesen und schreiben zu können. Das muss am Ende der Grundschule weitgehend sitzen, denn die fünfte Klasse und Folgende können nur wenig Ausgleich bieten. Außerdem möchten wir vorsichtig darauf hindeuten, dass sich bei Zehn-/Elfjährigen wichtige Entwicklungsfenster langsam zu schließen beginnen, die sich nur unter Mühen offen halten lassen bzw. kaum nachträglich geöffnet werden können. Den notwendigen Wortschatz von Viertklässlern enthalten verschiedene Spezialwörterbücher der großen Schulbuchverlage, die zur Grundausstattung der Kinder gehören sollten. Sie geben in Zeiten unklarer Regeln auch die zu leistende Rechtschreibung an.

➥Sprachverständnis
Die Kinder sollten ...

- sich flüssig und abwechslungsreich zu Themen ihrer Wahl mündlich äußern können,
- einen angemessenen Wortschatz aufweisen,
- die sprachliche Ebene (Register) wechseln können und Anlässe für Registerwechsel erkennen können (d.h. sie können unterscheiden zwischen Gelegenheiten, da man sich schnoddrig-familiär oder »zivilisiert« ausdrücken kann),
- eine Art von Verkehrsdeutsch beherrschen, d.h. einen eventuell vorhandenen Dialekt bis zur allgemeinen Verständlichkeit unterdrücken können,
- Satzbau und Textzusammenhang (von kurzen Einheiten) erkennen können (Haupt- und Nebensätze),
- die wichtigsten Regeln der Kommasetzung beherrschen,
- die wichtigsten Regeln für Groß- und Kleinschreibung kennen,
- die Wortarten kennen, je nach Maßgabe auf Deutsch, also Hauptwort, Tätigkeitswort, Eigenschaftswort usw., oder mit dem Fremd-Fachwort, also Nomen, Verb, Adjektiv usw.,
- Hauptwörter und Fürwörter (Pronomen) im richtigen Fall verwenden können,
- den Unterschied zwischen aktiver und passiver Tatform kennen (ich küsse – ich werde geküsst),
- die Möglichkeitsform (Konjunktiv: ich möchte statt ich mag) von Tätigkeitswörtern beherrschen,
- Eigenschaftswörter steigern können (groß, größer, am größten),
- mindestens vier Zeiten der Tätigkeitswörter bilden können (ich esse [Gegenwart/Präsens], ich aß [einfache Vergangenheit/Imperfekt oder Präteritum], ich habe gegessen [Vor- bzw. vollendete Vergangenheit/ Perfekt], ich werde essen [Zukunft/Futur]) und
- die korrekte Befehlsform (Imperativ) von Verben bilden können.

➡**Lesefähigkeit**

Die Kinder sollten ...

- flüssig, unhörbar und ohne Ermüdung Texte von Kinderbüchern lesen können,
- bestimmte Texte mit Genuss lesen können,
- Lieblingsbücher haben, eventuell bereits Lieblingsschriftsteller,
- ihnen angenehme Bücher schon mehrmals gelesen haben,
- sich mit anderen Kindern über Lieblingsbücher unterhalten können,
- Empfehlungen von anderen Kindern zur Lektüre aufgreifen können,
- ein Qualitätsurteil über Bücher abgeben können,
- nicht vor umfänglichen Büchern bzw. solchen ohne Illustrationen zurückschrecken,
- häufig um ein Buch als Geschenk bitten können,
- mit der Zeit ein bisschen lieber selbst lesen, als etwas vorgelesen zu bekommen (wenngleich dies das ganze Leben lang als etwas Positives empfunden werden kann ...),
- ihnen vertraute Texte mit der richtigen Betonung und Satzmelodie laut vorlesen können und
- ihnen angemessene Texte mit ihren eigenen Worten wiedergeben können.

➡**Schreibfähigkeit**

Die Kinder sollten ...

- sich eine (in Ansätzen) individuelle Handschrift antrainieren können,
- die Wörter, die zu ihrem Wortschatz gehören, möglichst fehlerarm schreiben können,
- wichtige Eselsbrücken zur Rechtschreibung kennen,
- sich schon einmal bemüht haben, die Lesbarkeit ihrer Handschrift in bestimmten Elementen zu erhöhen,
- zwischen verschiedenen Schriften wechseln können (Block- und Schreibschrift)

Mathematik

Zum Programm der Grundschule gehören die vier Grundrechenarten, die theoretisch und schriftlich beherrscht werden sollen.

➥**Mathematik**
Darüber hinaus sollten die Kinder ...

- die Grundrechenarten auch in Kombination anwenden können,
- mit Gewichten umgehen können (Umrechnung von kg, g und Pfund),
- mit Hohlmaßen umgehen können (Umrechnung ml, cl [dl]),
- mit Längenmaßen umgehen können (Umrechnung von mm, cm [dm], m und km),
- mit Flächenmaßen umgehen können (darunter auch die ungewöhnlichen wie Ar und Hektar)
- mit der Zeitmessung zurechtkommen (Umrechnung von Sekunden, Minuten, Stunden und Tagen),
- mit Geldbeträgen rechnen können (mit Euro und Cent),
- einfache mathematische Fragestellungen aus Texten herauslesen können,
- »krumme« Werte auf- und abrunden können,
- mit einfachen Operationen aus dem Bereich Bruchrechnen umgehen können (die Hälfte, ein Fünftel usw.),
- einfache mathematische Problemstellungen als Punkt von mehr oder minder vertrauten Situationen erkennen können und
- Anhaltspunkte für grundlegende Schätzungen kennen (Der Sprungturm ist 10 m hoch, das Schwimmbecken 50 m lang und 2,5 m tief, von X nach Y sind es 2 km, ein Pfund Butter fühlt sich so an, 5 kg Kartoffeln tragen sich so usw.).

Sachkunde

Die Wissenschaften der Biologie, Physik, Chemie, Geografie, Geschichte usw. kommen in der Grundschule nicht isoliert vor, sondern im Rahmen dessen, was man früher Heimatkunde nannte. Heute kann dieses Fach unter verschiedenen Namen daherkommen, z.B. als Welt- und Umweltkunde, Sachkunde, Sachunterricht usw.

➥Sachkunde
Die Kinder sollten ...

- die Phänomene Tag und Nacht beschreiben und erläutern können,
- einige meteorologische Phänomene erläutern können (Regen, Wind, Gewitter),
- eine so genannte topografische Karte lesen können,
- familiäre Verwandtschaftsverhältnisse definieren können,
- die individuelle Entwicklung (Phylogenese) von Säugern, Vögeln, Amphibien und Insekten in groben Zügen erläutern können,
- die Entwicklung von Pflanzen in groben Zügen erklären können,
- eine Reihe von Tierarten aus ihrer Umgebung identifizieren können,
- eine Reihe von Pflanzenarten aus ihrer Umgebung identifizieren können,
- über die Lebensbedingungen von ausgewählten Tier- und Pflanzenarten Auskunft geben können,
- ansatzweise über ökologische Zusammenhänge Auskunft geben können,
- die topografischen Besonderheiten ihrer unmittelbaren Umgebung erklären können,
- die geologische Großlage ihres Heimatbezirks kennen,
- über die Infrastruktur ihres Heimatbezirks Bescheid wissen (Wasserwerk, Klärwerk, E-Werk, Müllbeseitigung usw.),
- einige wichtige Daten samt Hintergrundinformation zur Geschichte ihres Heimatbezirks kennen,
- wichtige architektonische Landmarken ihres Heimatbezirks kennen,
- über Phänomene des privaten und öffentlichen Transports Bescheid wissen,
- einige physikalische und chemische Phänomene erläutern können

Arbeitsverhalten

Viertklässler sind schon recht gut mit den wichtigsten Arbeitstechniken und -tricks
vertraut, die in der Schule akut werden, zumal dann, wenn sie es mit einer Anstalt
bzw. einem Kollegium zu tun haben, welche der Unterforderung eher abhold sind.
Die folgende Liste umfasst Punkte sowohl des Arbeitsverhaltens in wie außerhalb
der Schule. Diese und die folgenden Listen nehmen Bezug auf das, was wir schon
weiter vorn zum Thema Lernen angemerkt haben (siehe Kapitel »Wie geht eigentlich lernen« und »Wie lernen Kinder«).

➡**Arbeitsverhalten**
Die Kinder sollten ...

- sich mühelos mindestens 45 Minuten auf eine Tätigkeit konzentrieren
  können,
- die häusliche Nach- und Vorbereitung von Unterricht weitgehend selbstständig betreiben können,
- dies in Teamarbeit mit anderen Kindern tun können,
- dies nach mehr oder minder fixen Regeln betreiben können (Gewohn-
  heitsbildung),
- dies in stressarmer Umgebung, Atmosphäre und Zeit tun können,
- dies nicht zu Zeiten tun, da der persönliche Energievorrat aufgebraucht
  ist,
- die häusliche Nach- und Vorbereitung mit anderen Tätigkeiten (Hobby,
  Sozialleben, Medienkonsum) in eine vertretbare Relation setzen können
  (Tu es gleich bzw. zuerst das, dann dies!),
- ihren häuslichen Arbeitsplatz nach ihren Vorstellungen von Funktiona-
  lität und Übersichtlichkeit (Licht, Sitz, Werkzeug, Zwischenablagen, Archiv
  usw.) organisieren können,
- schon einmal Lob für solches Verhalten bekommen haben,
- schon einmal Zufriedenheit ob solchen Verhaltens empfunden haben,
- Vorschläge zur Effizienzsteigerung von anderen Menschen einschätzen
  und gegebenenfalls akzeptieren können,
- das Arbeitsmaterial, das sie für den Unterricht benötigen, rechtzeitig
  organisieren, bereitlegen und zur Schule transportieren können,
- bei der Organisation ihrer Notizen, Text- und Aufgabenproduktion

andere als ihre eigenen Kriterien von Ordnung, Sauberkeit und Übersichtlichkeit akzeptieren können,
- bei Problemen mit häuslicher Nach- und Vorbereitung Unterstützung
durch die Eltern oder Freunde samt deren Eltern organisieren können,
- dem Unterrichtsgeschehen auch in Instruktionsphasen durch die Lehrer
aufmerksam folgen können,
- eine Unterrichtsatmosphäre als lerngünstig oder -ungünstig beurteilen
können,
- Vorschläge zur Verbesserung der Unterrichtsatmosphäre machen können,
- ihr persönliches augenblickliches Wohlbefinden als aufschiebbar einschätzen können,
- schriftliche und mündliche Arbeitsanweisungen als solche erkennen
können,
- solche Anweisungen mit ihren eigenen Worten ausdrücken können,
- bei Schwierigkeiten mit Arbeitsanweisungen um Umformulierung bzw.
Erläuterung nachsuchen können,
- das selbstständige Nachholen von Unterrichtsstoff, z.B. bei Krankheit,
organisieren können (Kontakt mit Mitschülern, Lehrern usw.),
- ein Empfinden für angemessene und nicht ganz so angemessene Nach-
und Vorbereitung haben und dieses Empfinden bei Bedarf durch selb-
ständigen Ausgleich zum Verschwinden bringen können,
- das Gefühl der entspannten Sicherheit in Bezug auf Nach- und
Vorbereitung kennen gelernt haben,
- Vorschläge zu Themen von Unterricht machen können,
- Bezüge zwischen Schule und außerschulischen Tätigkeiten erkennen
können (der kleine Tierfreund und die Biologie, die kleine Leseratte und
das Fach Deutsch usw.),
- (ansatzweise) andere als in der Schule verwendete Informationsquellen
(Bücher, Computerprogramme, TV-Sendungen, Menschen, die sich auskennen könnten usw.) nutzen können und
- den Wunsch nach Vertiefung und Ausdehnung von schulischem Lern-
und Lehrstoff außerhalb der Schule äußern können.

Lernverhalten

Wenn Kinder das zehnte oder elfte Lebensjahr erreicht haben, spielt sich Lernen bei ihnen anders ab, als dies noch vier, fünf Jahre zuvor der Fall war (vgl. Kapitel »Wie lernen Kinder?«). Das schulkindliche Lernen ist, vereinfacht ausgedrückt, weniger ganzheitlich, weniger aktiv und weniger spielerisch, weil Schulkinder besser mit Theorien und abstrakten Begriffen umgehen können. Es ist zwar nach wie vor hilfreich, wenn man ihnen für Lernvorgänge Gegenstände und Instrumente zum Be-Greifen und Er-Fassen zur Verfügung stellt, doch braucht dies nicht im selben Maße zu geschehen, wie es bei Sechs- oder Siebenjährigen ratsam ist. Es lässt sich auch beobachten, dass sie von ihren eigenen Deutungen der Phänomene (Sie erinnern sich, die Maschinen, in denen kleine Männchen die Arbeit tun ...) langsam abkommen und sich verstärkt für den tatsächlichen Sinn der Dinge interessieren. Das heißt allerdings ebenfalls nicht, dass sie für eine kindgerechte Zwischenerläuterung nicht immer noch dankbar wären.

Kinder lernen in unserem Betrachtungsalter auch weniger sozial bzw. weniger konkurrenzlos. Sie begreifen das Lernen in der Schule schon recht früh als Wettbewerb und bauen diese Erkenntnis in ihre Weltsicht ein, auch wenn dies nicht von erwachsenen Modellen angeregt oder vorgelebt wird. Die jugendlichen Lerner haben auch ein recht klares Bild von Leistung, wobei es Schulkinder gibt, die tatsächlich schon um der Leistung willen zur Sache gehen (Ich will gut sein), andere hingegen nach wie vor das eigene Wohlbefinden als Ziel einsetzen (Ich will es meinem Lehrer recht machen). Man spricht in diesem Zusammenhang von leistungsorientierten oder von hedonistisch ausgerichteten Kindern. Alle Kinder sind nun bereit, auch nach fremdbestimmten Plänen zu arbeiten, die sie bereits in Ansätzen verstehen.

Die Leistungsmotivation hat bei Zwölfjährigen einen ziemlich endgültigen Stand erreicht. Das gilt sowohl für den Stellenwert des Leistungsmotivs wie für seine Grundqualität. In der Regel wird der leistungsorientierte Schüler von nun Spaß an der Überwindung von Problemen haben, der Hedonist wird von nun an für das Urteil anderer schuften. Weit bringen können es beide.

Viertklässler verstehen erst ansatzweise die Tricks und Kniffe, die Merkmaterial den Weg vom Kurz- ins Langzeitgedächtnis bahnen. Sie müssen lediglich einfache Methoden beherrschen, die ihnen den Umgang mit dem Lernmaterial so erleichtern, dass sie es speichern und anwenden können.

➥**Lerntechniken**
Die Kinder sollten ...

- Test- und Klassenarbeitstermine notieren können,
- anstehende Lernportionen kurz und verständlich notieren können,
- einen groben Arbeitsplan für die Vorbereitung auf solche Termine aufstellen und einhalten können (rechtzeitig anfangen, nicht alles auf einmal, nicht auf den letzten Drücker usw.),
- Eselsbrücken bilden bzw. um Unterstützung bei der Bildung von solchen nachsuchen können (Ein privates Beispiel: In »steuerbord« ist ein »e«, ebenso in »rechts«, in »backbord« und »links« ist keines – klar?),
- wissen, dass es sinnlos ist, ohne praktische Anwendung auswendig zu lernen (Gedichte, Liedtexte usw. erzählen Geschichten, das bedingt auch eine bestimmte Betonung von Elementen und eine bestimmte Satzmelodie, nackte Daten verknüpft man am besten mit nachvollziehbaren Geschichten, Fachbegriffe merkt man sich am besten zusammen mit den Dingen, für die sie stehen, Regeln prägt man sich am besten mit Hilfe von sprechenden Beispielen ein usw.),
- wissen, wie sie ihren Lernstand selbst testen können (durch freie Vorträge, anhand von Übungsaufgaben, deren Lösung verfügbar ist – aber nicht mogeln ...),
- Bezugspersonen für Tests des Lernstandes einsetzen können (Kannst du mich mal abhören?),
- die Vorteile des Lernens im Team und
- die Vorteile einer angenehmen Lernatmosphäre schätzen können.

Stressfähigkeit

Am Ende der Grundschulzeit haben die Kinder auch schon einen Vorgeschmack auf die Anspannung erhalten, die sie ab der Klasse fünf so richtig erwischen wird. Um Schulstress, der sich aus den Lern- und Lehrinhalten ergibt, in den Griff zu bekommen, der dem Vernehmen nach schon Grundschüler plagt, gibt es eine Reihe von nützlichen Verfahren, die auch Viertklässler bereits beherrschen können bzw. sollten. Wer in der Lage ist, Arbeitsstress abzubauen, gewinnt an Vertrauen in Bezug auf die eigene Leistungsfähigkeit und damit ein gutes Stück allgemeiner Selbstsicherheit.

Es gibt nützliche Tipps gegen Schulstress

➡**Stressfähigkeit**
Die Kinder sollten ...

- die Vorteile eines frühen Beginns von Lernvorgängen einschätzen können,
- Problemstellungen zerkleinern können, damit sich weniger umfängliche, leichter zu bewältigende Lernportionen ergeben,
- eine Schwierigkeitenfolge bei der Lösung komplexer Aufgaben aufstellen und damit arbeiten können (zuerst das Leichte, dann das, dann das Schwere),
- die Vorteile eines selbstständigen Trainings bei der Bearbeitung von konventionellen Aufgaben erkennen können, das die Sicherheit bei Arbeitsvorgängen und damit das Selbstvertrauen steigert,
- kleine Techniken zur Selbstanfeuerung im Repertoire haben,
- ansatzweise fähig sein, Ansprüche an die eigene Persönlichkeit einzuschätzen, d.h. abzuschwächen oder zu erhöhen (Ich will die Eins, na okay, »ne Zwei tut's auch ...) und
- bei der Nach- und Vorbereitung von Unterricht und der Arbeit für Tests o.Ä. ein Phasenmodell von Arbeit und Entspannung entwickeln und praktizieren können.

Neugierverhalten

Zehn-/Elfjährige haben nach wie vor ein ungebrochen positives Verhältnis zu allem Neuen. Ihre Kenntnis der Welt ist noch nicht komplett, daher sind sie darauf eingestellt, durch Erweiterung von Wissen und Können ihre Welt- und Selbstsicherheit zu vervollständigen und zu festigen. Auch für sie gilt die Grundregel, dass ein reiches, umfassendes Angebot an Reizen kombiniert mit Hilfestellung und Ermutigung durch Bezugspersonen – noch sind dies in erster Linie Erwachsene – den Spaß und die Befriedigung beim Erwerb von Weltwissen begründet und steigern kann. Das Fernsehen – ja, schon wieder das Fernsehen – kann hierbei zum Störfaktor werden, denn es gaukelt Welterfahrung vor, indem es oberflächlich in alle möglichen Bereiche einführt; alles schon einmal im TV gesehen zu haben, bedeutet nicht, alles wirklich zu kennen. Das Medium kann authentische Erfahrungen mit Menschen und Dingen nicht einmal im Ansatz ersetzen, allenfalls taugt es als Impuls oder Ergänzung.

Im Verlaufe der Pubertät treten dann andere Ideale in das Leben der jungen Menschen; dann deintensiviert sich das Neugierverhalten allmählich (um bei einigen wenigen Zeitgenossen völlig zu verlöschen).

Sozialkompetenz

Was den Umgang mit anderen Menschen anbetrifft, kann Viertklässlern nichts großartig Neues mehr begegnen. Sie blicken bereits auf eine große Anzahl von Bekanntschaften zurück, wissen um ihre Kontaktfähigkeit, können also einschätzen, wie viele Kontakte sie verkraften können bzw. haben möchten. Sie können auch bei Neukontakten austesten und ermessen, was enge Freundschaft, was ein eher oberflächliches Miteinander-Umgehen und was Wenig-miteinander-zu-tun-Haben ist bzw. werden kann. Sie sind auch fähig, zwischen bedingungsloser Ver-

Das Miteinander will geübt sein

lässlichkeit, mehr oder minder haltbaren Zweckallianzen und mit Vorsicht zu genie-
ßenden Beziehungen zu unterscheiden. Sie sind auch schon in der Lage, Stimmungen und Verhalten je nach Bedarf vorzutäuschen, um sich soziale Vorteile zu
verschaffen.

Die Teamfähigkeit ist ebenfalls bereits ausgeprägt. Viertklässler sind fähig, sich in
eine Gruppe einzuordnen, dort eine bestimmte Rolle zu finden und diese auszufüllen. Sie können die eigene Befindlichkeit hintanstellen und Interessen der
Gruppe unterordnen. Ein Sportteam von Zehn-/Elfjährigen ist bereits mehr als die
Summe der Einzelleistungen. Wenn Kinder Positionen in der Rangfolge, die sie in
einer früheren Gruppe innehatten, in neuer Umgebung verteidigen müssen und
dies aus dem einen oder anderen Grund missglückt, kann das zu Problemen führen, denn den Kindern fehlt es noch an Weitblick und Gelassenheit, Ersatz-
Erfolgserlebnisse zu finden. Hier ist manchmal Unterstützung durch erwachsene
Bezugspersonen gefragt, die allerdings sehr behutsam und möglichst indirekt
geleistet werden muss.

Medienkompetenz

Fernsehen

Bei Viertklässlern macht sich zu hoher und falscher Medienkonsum sehr unange-
nehm bemerkbar. Grundschullehrer berichten von Montagen, da sich im
Unterricht nicht viel machen lässt, weil die Kleinen vollkommen übermüdet und
aufgeladen von den TV-Erlebnissen des Wochenendes in den Seilen hängen. Zehn-
/Elfjährige sollten nach wie vor beim Fernsehen beaufsichtigt werden, sodass sie
nicht wahllos schauen, nicht zu lange und nicht zu spät am Abend, keine brutalen,
menschenverachtenden, Vorurteile schürenden oder Panik erzeugenden Filme
(wiewohl genau dies als Mutprobe praktiziert wird). Obwohl sie etwas anderes
behaupten oder im Verhalten signalisieren, verkraften sie es immer noch nicht.
Viertklässler sind auch in der Lage, etwas vielschichtigere Handlungen von Filmen
zu verstehen, und sie beginnen zu unterscheiden zwischen realistischen und
unwirklichen Schilderungen. Aus passenden Kindersendungen, aber auch aus
Dokumentarfilmen, Wissenschaftsmagazinen usw. für Erwachsene können diese
Kinder bereits Informationen entnehmen, die zu ihren persönlichen Interessensge-
bieten oder zu schulischen Lehr- und Lerninhalten passen; dabei sollten sie von
Bezugspersonen nach wie vor begleitet und unterstützt werden.

➡**Medienkompetenz**
Die Kinder sollten ...

- keinen eigenen Fernseher haben,
- nicht länger als zwei Stunden am Tag fernsehen,
- nicht unmittelbar nach dem Fernsehen schlafen gehen,
- nur ausgewählte Sendungen sehen,
- ein kontrastierendes Freizeitprogramm neben dem Fernsehen bzw. statt des Fernsehens praktizieren,
- andere Aktivitäten dem Fernsehen vorziehen,
- dem Fernsehen den Umgang mit echten Menschen vorziehen,
- wegen des Fernsehens keine Nach- und Vorbereitung von Unterricht versäumen (außer es ist mit der Schule abgesprochen),
- die Personen/Charaktere und Handlungen von (einfach erzählten) Filmen beschreiben bzw. folgerichtig schildern können,
- den Unterschied zwischen einer Dokumentation und einem Spielfilm kennen,
- das Perfekte dessen, was im Fernsehen geboten wird, richtig einschätzen können und
- das Fantastische, was im Fernsehen geboten wird, richtig einschätzen können.

Computer

Viertklässler können schon recht perfekt mit Computern umgehen, wenngleich sie ihn zumeist als Spielgerät sehen. Was wir zu jüngeren Kindern und Computerspielen weiter vorn bereits gesagt haben, gilt sinngemäß auch für Viertklässler. Generell wünschenswert wäre es, wenn Mädchen ebenso für Computer begeistert werden könnten, wie es mit Jungen geschieht; hier scheint es eine Menge Nachholbedarf zu geben, vermutlich ausgelöst durch Modell-Lernen.

Die weiterführende Schule verlangt von Zehnjährigen bislang noch keine Computerfertigkeiten, und in den uns bekannten Grundschulen kommen Rechner eher selten im Klassenzimmer vor. Man hört jedoch von Beispielen aus anderen Ländern, z.B. von US-amerikanischen Grundschulen (mit gutem Finanzpolster), in denen Achtjährige mit dem Rechner erstellte bewegte Schausequenzen ihrer kleinen Forschungsprojekte an die Wand beamen. Man hört, dass diese Kinder selbst-

Die Begeisterung für Computer hält sich bei Mädchen oft in Grenzen

verständlich mit der ganzen Welt online sind und mit Schulklassen in fernen Staaten per Videokonferenz via Worldwide Web Umgang pflegen. Vermutlich haben diese Kinder auch einen tragbaren Computer in ihren bunten Schulranzen. Doch ist (noch) die Ausnahme.

Es spricht nichts dagegen, Grundschüler mit dem Rechner spielen oder arbeiten zu lassen. Es gibt zwar keine so große Auswahl an Spiel- oder Lernprogrammen auf CD-ROM für diese Altersgruppe, doch das Angebot scheint zu wachsen. Im Allgemeinen kann man den Altersangaben der Hersteller vertrauen, allerdings kennen wir auch Fälle von Langeweile und eklatanter Unterforderung. Kinder sollten vor dem Computer nicht mehr Zeit verbringen als vor dem Fernseher, wenn es ums Spielen geht, und die Eltern sollten wissen, was da gespielt wird. Dasselbe gilt natürlich auch für den Umgang mit dem Internet; wer ihn seinen Kindern ermöglicht, sollte ihnen beim Surfen auf die Finger schauen. Dann ist es eine faszinierende Sache, für die sich viele Kinder begeistern können. Verbände, Verlage (z.B. von Jugend- und Kinderzeitschriften), Fernsehanstalten usw. halten Portale für ganz junge Nutzer bereit, nicht zu reden von den vielen Firmen, die mit Artikeln für Kinder Geld verdienen. Für alle Fälle gibt es Kinderschutzprogramme, über die der Fachhandel Auskunft erteilt.

Wenn es sich um ernsthafte Arbeiten im Dunstkreis der Schule handelt, ist Vorsicht geboten. Es ist zwar nett, wenn Achtjährige fehlerlose Texte mit dem Rechner schreiben, aus einem elektronischen Logo-Vorrat illustrieren und dekorieren und nach Herzenslust mit den gestalterischen Möglichkeiten der EDV herumexperimentieren, doch birgt dies ein großes Risiko. Die leicht verfügbare Perfektion mit Hilfe von Rechtschreib-, Silbentrennungs-, Zeichensetzungs- und Grammatikprogrammen, die per Tastendruck noch so pannendurchsetzte Schreibereien optimieren, Übersetzungsprogramme, die es für alle Sprachen und Schriften gibt, ansprechende Buchstaben vom Drucker oder glatte Zeichnungen und bunte Bilder, mit dem Keyboard gemacht, vom Scanner oder gar fix und fertig aus dem Internet geliefert, stören das Selbermachen und damit das Lernen. Solche Dinge sollten erst dann in Erscheinung treten, wenn die Kinder auf Basis der eigenen Geisteskräfte fehlerarm, flüssig und sicher schreiben (und zeichnen) können.

➡Computer

Die Kinder sollten (wenn sie Zugang zu einem Computer haben) ...

- sowohl E-Mails als auch handgeschriebene Briefe herstellen und verschicken können,
- sowohl mit Stiften, Pinseln usw. als auch mit dem Rechner zeichnen können,
- sowohl an einem Internet-Chat als auch an richtigen Gesprächen teilnehmen können,
- selbstständig für sie geeignete Internet-Adressen aufrufen können,
- den Computer nicht als Ersatz für Erlebnisse mit der echten Welt und mit echten Menschen betrachten,
- einen körperlichen Ausgleich für die Zeit vor dem Rechner haben,
- den Computer als Mittel zum Zweck einschätzen können, nicht als »Ding an sich«,
- sich mit anderen Kindern über den Computer austauschen können,
- zu mehreren Kindern am Computer spielen bzw. arbeiten können,
- nur ausgewählte Spiel- und Lernprogramme benutzen,
- den Computer nur nach Maßgabe der Schule für Nach- und Vorbereitung von Unterricht benutzen und
- den Computer nicht als Sache für Jungen allein einschätzen können.

ZUM SCHLUSS ...

Da haben wir also versucht, zu beschreiben, wie Kindheit funktioniert und was wir für eine reiche, anregende, von Verständnis und Zuwendung erfüllte und damit (wahrscheinlich) glückliche Kindheit halten. Das haben Sie, liebe Leser, vermutlich schon früher im Leseprozess verstanden. Wir haben versucht, auch der Grundschule einen Platz in einer solchen Kindheit zuzuweisen. Wir haben versucht, die Rollen und Aufgaben möglichst vieler Beteiligter an der Erziehung ins Schema zu fügen. Wir haben versucht, für das Thema empfindlich und empfänglich zu machen. Es soll nur ein Versuch sein, nicht mehr und nicht weniger ...

»Eine einzige heilige Kindheitserinnerung ist mehr
wert als die beste Erziehung«

–Fjodor M. Dostojewski–

Die Autoren:

Volker Zähme, 1956 geboren in Seesen/Harz, 1974 Abitur daselbst, 1978-84
Studium der Fächer Anglistik, Kunst und Erziehungswissenschaften an der
Gesamthochschule/Universität Kassel und der University of Salford/Manchester
England, seit 1992 Lehrer für Kunst und Englisch an einem hessischen
Gymnasium.
Felicitas Zierk, geboren 1959 in Gießen, 1978 Abitur in Seeheim/Bergstr., 1978-84
Studium der Fächer Germanistik und Politikwissenschaften in Marburg, seit 1999
Lehrerin für Deutsch und Sozialkunde an einem hessischen Gymnasium.

Die Assistenten:

Peter, Johannes, Carolina, Ben, Nikolas, Ricarda, Friederike, Annabel, Nelli, Olga,
Johanna, Fabian, Paul, Steffi, Carina, Nathalie, Veronique, Ulrike, Malte, Jan und
viele andere.

Weiterer Dank an:

Annette Zähme, Martina und Matthias Bosse, Angela Gronam und Susanne
Stange-Weidemann

Bildnachweis:

Artothek S. 14

dpa S. 20, 23, 44, 47, 55, 91, 186, 216, 220, 221

IBM Deutschland GmbH S.21, 59, 60, 61, 62, 65, 72, 77, 96, 101, 102, 118, 121,

127–129, 133, 134, 136, 138, 140, 143–146, 150, 152, 169, 172, 174, 176, 178, 179,

190, 192, 197, 201, 205, 209, 211, 213, 214, 235, 238, 240

Erich Malter/ "Jugend musiziert" S. 83, 158, 159, 161,

"Jugend trainiert für Olympia" S. 203, 223

NDR-Pressestelle/Fotostelle S. 107

Staatliche Museen Kassel, S. 13, 17

Superbild S. 66, 79, 154, 167, 234

WDR/Grafik Walter Moers S. 104

WDR(S2) S. 105

Die Rechte für alle nicht aufgeführten Abbildungen liegen beim Autor, beim Verlag oder konnten nicht aus-
findig gemacht werden.

Kleine Bücherliste

Liste der Bücher, die diesem Buch zu Grunde liegen und Tipps zum Weiterlesen:

Baacke, Dieter.
Die 0–5Jährigen.
Weinheim, 2. Auflage 1999.
Ein liebenswertes, zumeist gut lesbares Buch, Teil einer Dreierreihe (Lebensalter 0 – 5, 6 – 12, 13 – 18) des viel zu früh verstorbenen Autors (1934–99), der an der Bielefelder Uni Pädagogik lehrte. Baacke nimmt einen sehr persönlichen Standpunkt ein, wenn er vielfältige Elemente aus der Entwicklungstheorie aufgreift und daraus als Fazit die Forderung nach mehr Erziehung zieht, daher hoch aktuell. Vorkenntnisse in Psychologie sind bei der Lektüre wünschenswert.

Barth, Karlheinz.
Die Diagnostischen Einschätzskalen.
München, 2000.

Bruner, Jerome S.
Der Prozess der Erziehung.
Berlin, 1994.
Wie das Kind sprechen lernt.
Göttingen, 2002.

Buchner, Christina.
Kluge Kinder fallen nicht vom Himmel.
Freiburg/Bg., 4. Auflage 1999.
Ein liebenswerter Büchlein, das vor allem die Sprachentwicklung und die Motorik thematisiert, mit vielen Trainings–Tipps für Eltern. Offenbar bereits ein Klassiker.

Duhm, Erna, Hrsg.
Fragebogen für die Erfassung praktischer und sozialer Selbständigkeit 4– bis 6jähriger Kinder.
Braunschweig 1979.

Duhm, Erna, Hrsg.
Beobachtungsbogen für Kinder im Vorschulalter.
Braunschweig, 2. Auflage 1980.

Elschenbroich, Donata.
Weltwissen der Siebenjährigen.
München, 2001.
Diese Buch ist der wertvollste Beitrag zur momentanen Diskussion um die vielfach beklagte Vergeudung der produktiven Zeit der Kinder vor und kurz nach dem Schuleintritt. Die Autorin, Fachfrau für Bildung in jungen Jahren vom Deutschen Jugendinstitut in München, stellt eine Liste der wünschenswerten Fertgkeiten und Kenntnisse auf, über die Kinder verfügen sollten. Diesen Kanon, auf den auch wir uns beziehen, sichert sie durch Interviews mit allen möglichen Menschen aus ganz unterschiedlichen Bereichen der Realität ab und kommt so zu einem sanften Plädoyer für mehr Erziehung. Sehr gut lesbar.

Erikson, Erik H.
Jugend und Krise.
Stuttgart, 1998.
Identität und Lebenszyklus.
Frankfurt/M., 2001

Ernst, Andrea et al.
Kursbuch Kinder.
Köln, 2000.
Ein Buch von 900 prall vollen Seiten, das keine Fragen offen lässt, wenn es um Kinder geht, d.h. die Ratschläge richten sich schon an Schwangere samt Partner und enden mit Tipps für weiterführende Schulen. Information, Ton und Aufmachung sind einfach unschlagbar gut. Offenbar unverzichtbar für (werdende) Mittelschichtsfamilien.

Fippinger, Franz.
Allgemeiner Schulleistungstest für 4. Klassen.
Weinheim, 3. Auflage 1992.

Freud, Siegmund.
Das Ich und das Es.
Frankfurt/M., 1994.

Fröse, Sigrun et al.
Das Kieler Einschulungsverfahren.
Weinheim, 2. Auflage 198

8.Gage, Nathaniel L. und David C. Berliner.
Pädagogische Psychologie.
Weinheim, 4. Auflage 1986.
Ein aus den USA stammender Klassiker zum
Thema, trotz des Titels auch für Laien lesbar, wenn-
gleich die Zielgruppe eher Studierende der
Pädagogik und fertige Lehrer sind. So finden sich
viele praktische Hinweise für den Unterricht. Die
Autoren nehmen einen hierzulande, bei all den ide-
ologisch gefärbten Diskussionen zum Thema, erfri-
schend unbefangenen Standpunkt zur Sache ein.

Jäger, Reinhold S.
Mannheimer Schuleingangsdiagnostikum.
Weinheim, 4. Auflage 1994.

Keller, Gustav et al.
Lern- und Arbeitsverhaltensinventar.
Göttingen, 1998.
Oerter, Rolf.
Moderne Entwicklungspsychologie.
Donauwörth, 19. Auflage 1982.
Lange Zeit das Standardwerk. Das Buch ist heute
leider nicht mehr im Druck, leider deshalb, weil es
gut lesbar war und daher sogar im Schulunterricht
(an beruflichen Schulen) verwendet wurde. Das
Buch ist aufgegangen in dem Gemeinschaftswerk
von Oerter und Leo Montada:
Entwicklungspsychologie (siehe dort).

Kohlberg, Lawrence.
Die Psychologie der Moralentwicklung.
Frankfurt/M., 1992.

Oerter, Rolf und Leo Montada.
Entwicklungspsychologie.
Weinheim, 4. Auflage 1998.
Ein Klassiker zum Thema, unentbehrlich für alle
pädagogischen Berufe seit 20 Jahren. Ein
Standardwerk, das auch für Laien lesbar und ver-
ständlich ist, jedoch mit der schieren Fülle der dar-
gebotenen Information ein echter Brocken.
Immerhin handelt es sich um ca. 900 Seiten.

Piaget, Jean.
Gesammelte Werke.
Frankfurt/M., 1979.

Das Weltbild des Kindes.
München, 1988.
(mit B. Inhelder)
Die Psychologie des Kindes.
München, 1996.

Rolff, Hans-Günther und Peter Zimmermann.
Kindheit im Wandel.
Weinheim, 2001 (Neuausgabe der 5. Auflage 1997).
Dieses Buch greift alle möglichen Veränderungen in
der Umwelt aufwachsender Kinder auf, macht aufmerksam auf Konsequenzen und schlägt damit entsprechende Maßnahmen vor. Gut lesbar, schnörkel-
los geschrieben, hoch informativ und in sehr
ansprechender Art und Weise oft ein wenig alarmie-
rend. Nichts für Fortschrittspessimisten.

Rousseau, Jean Jacques.
Emile oder über die Erziehung.
Ditzingen, 1998.

Skinner, Burrhus Frederic.
Science and Human Behavior.
New York, 1965.
(Nicht auf Deutsch erhältlich)

Steffan, Edith
Reif für die Schule?
Linz, 2001.

Thiel, Rolf-Dietmar et al.
Arbeitsverhaltensinventar.
Braunschweig, 1979.

Tillmann, Klaus-Jurgen.
Sozialisationstheorien.
Reinbek, 12. Auflage 2001.
Dieses Buch fasst alle möglichen Aspekte der
Entwicklung bis an die Schwelle des
Erwachsenenalters zusammen, und schafft so einen
groß dimensionierten Überblick der Entwicklung,
fußend auf Theorien aus den Disziplinen
Psychologie, Soziologie und
Erziehungswissenschaften. Schwierig zu lesen, da
Vorkenntnisse vorhanden sein sollten bzw.
Weiterlesen bei den Quellentexten nötig ist.

Watson, John B.
Behaviorismus.
Eschborn, 2000.

Nützliche Adressen:
Kinder- und Jugendschutz:
Aktion Jugendschutz
Stafflenbergstraße 44
70184 Stuttgart
Tel. 0711 / 237 370
Diese Organisation vertreibt u.a. Listen mit geeig-
neten Computerspielen.
http://www.aktion-jugendschutz.de
http://www.aktion-jugendschutz[+ Bundesland].de

Bundesministerium für Familie (Senioren, Frauen
und Jugend)
Rochusstraße 8–10
53123 Bonn
Tel. 0228 / 9300
http://www.bmfsfj.de

Deutsches Jugendinstitut
Nockherstraße 2
81541 München
Tel. 089 / 623 062 10
http://www.dji.de
Hier gibt es Empfehlungen für kindgeeignete Websites und Chat-Foren.

Kinder- und Jugendtelefon des Kinderschutzbundes
(kostenlos): 0800 / 111 0 333
http://www.kinderschutzbund[+ Bundesland].de

Kidsmobbing (Telefonseelsorge für Schulkinder mit
einschlägigen Problemen): 0800 / 777 665 (an
Wochen- tagen 13.00 – 16.00 Uhr)

Kunst und Musik:
Bundesverband der Jugendkunstschulen und kultur-
pädagogischen Einrichtungen (BJKE)
Luisenstraße 22
59425 Unna
Tel. 02303 / 69324
http://www.lkj-nrw.de

Auskunft für Eltern und andere Interessierte, mit
Informationsdienst »Kulturpädagogische Nachrichten«.
Kontakte zum Thema Museumspädagogik über:
http://www.kulturportal-deutschland.de
http://www.museumsbund.de
http://www.kindermuseum.de (auch nett gemachte
Website für Kinder)
Die meisten Museen und Kunstgalerien bieten
inzwischen gut gemachte Portale, die sich zum
Stöbern oder zur Vorbereitung eines Besuchs nut-
zen lassen. Dort erfährt der Netzbesucher auch
etwas über museumspädagogische Aktivitäten. Wir
empfehlen, einfach den Namen des gewünschten
Museums einzugeben bzw. die Dienste einer
Suchmaschine in Anspruch zu nehmen. Museen im
Ausland verfügen zumeist über eine Einführung auf
Englisch.

Jugend musiziert
Trimburgerstraße 2
81249 München
Tel. 089 / 871002-0
Fax 089 / 871002-90
E-Mail jumu.dmr.@t-online.de
http://www.deutscher-Musikrat.de/jumu.htm

Verband der Musikschulen
Plittersdorfer Straße 93
53173 Bonn
Tel. 0228 / 957060
http://www.musikschulen.de
Kontaktadresse für Eltern, die an
Gruppenunterricht für ihre musikbegeisterten
Kinder interessiert sind.

Kinder- und Jugendtheaterzentrum
Am Stadtpark 2/3
10367 Berlin
Beratung für Eltern, die Kontakte mit Kinder- und
Jugendamateurtheatergruppen suchen.

Kontakte zum Thema Lesen und Medien:
AG Jugendliteratur und Medien der GEW (Gewerk-
schaft Erziehung und Wissenschaft)
AJuM
c/o Petra Josting
Achatstraße 16

33739 Bielefeld

Arbeitsgemeinschaft von Jugendbuchverlagen
c/o arsEdition
Friedrichstraße 9
80801 München

Arbeitskreis für Jugendliteratur (AKJ)
Metzstraße 14c
81667 München

Deutsche Akademie für Kinder- und Jugendliteratur
Hauptstraße 42
97332 Volkach

Deutsches Jugendmedienwerk
Fischtorplatz 23
55118 Mainz

Kinder- und Jugendfilmzentrum der
Bundesrepublik Deutschland
Küppelstein 34
42857 Remscheid
http://www.kjf.de

Stiftung Lesen
Fischtorplatz 23
55118 Mainz
http://www.stiftungLesen.de

Politik:
Die Bundeszentrale für politische Bildung publi-
ziert Informationsmaterial zum Thema Politik.
Unter www.HanisauLand.de werden Kindern spielerisch demokratische Grundbegriffe erklärt.

Bonn:
Bundeszentrale für politische Bildung
Berliner Freiheit 7
53111 Bonn
Tel. 01888 / 515-0
Fax 01888 / 515-113
E-Mail info@bpb.bund.de
Mo – Do 9.00 – 12.00 Uhr, 13.00 – 16.30 Uhr
Freitag 9.00 – 12.00 Uhr, 13.00 – 15.00 Uhr
Beratung zum Publikationsangebot:
Tel. 01888 / 515-115

Berlin:
Bundeszentrale für politische Bildung
Stresemannstraße 90
10963 Berlin
Buchausgabe
Anhalter Straße 20
10963 Berlin
Tel. 030 / 254504-0
Fax 030 / 254504-22
Mo – Do 9.00 – 12.00 Uhr, 13.00 – 16.00 Uhr
Freitag 9.00 – 14.00 Uhr

Schule:
Bund Freier Waldorfschulen
Heidehofstraße 32
70184 Stuttgart
Tel. 0711 / 210 420
http://www.waldorfschule.de

Deutsche Montessori-Gesellschaft
Postfach 5461
97004 Würzburg
http://www.deutsche-montessori-gesellschaft.de

http://www.schulpsychologie.de
Elternberatung auch per E-Mail

Sport:
Jugend trainiert für Olympia e.V.
Beuthstraße 6–8 (Spittelmarkt)
10117 Berlin
Tel. 030 / 90 26 56 21
Fax 030 / 90 26 50 12

Deutscher Sportbund
Otto-Fleck-Schneise 12
60528 Frankfurt/Main
Tel. 069 / 76 00 284
http://www.dsb.de

Verkehr:
Die Deutsche Verkehrswacht widmet sich in
Projekten wie »Kind und Verkehr« oder »Flux« der

Verkehrserziehung von Kindern.
Deutsche Verkehrswacht e.V.
Am Pannacker 2
53340 Meckenheim
Tel. 02225 / 884-0
Fax 02225 / 884-70
E-Mail dvw@dvw-ev.de

**Kontakt für Urlaub auf dem Bauernhof bzw.
Schaubauernhöfe über**:
Deutsche Landwirtschaftsgesellschaft (DLG)
Eschborner Landstraße 122
60489 Frankfurt/Main
Tel. 069 / 247 880
http://www.landtourismus.de
http://www.dzt.de (Deutsche Zentrale für Touris-
mus)

Landesschulministerien
In dieser Liste geben wir einen Überblick der
Anschriften der 16 Landesschulministerien, die in
ihren Bereichen zuständig sind für Kindergärten/
Vorschulen und Grundschulen. Wir geben auch die
Internet-Adressen an, unter denen man nützliche
Informationen – z.B. zur Grundschule – via
Rechner abrufen kann. In der Regel sind die Portale
benutzerfreundlich gestaltet und geordnet, sodass
man ohne Probleme bis in einschlägige Lehr-
/Lernpläne vordringen kann.
An dieser Stelle der Hinweis, dass (nahezu) alle
Schulen, also auch Grundschulen und vermutlich
sogar Kindergärten, ihre eigenen Websites bereithal-
ten, auf denen sich (neben viel Reklame) ebenfalls
Wissenswertes für Eltern aufspüren lässt. Wenn man
die Internet-Adressen nicht kennt, so nehme man
die Dienste einer Suchmaschine bzw. Meta-
Suchmaschine in Anspruch.

Meta-link:
http://www.bildungseinrichtungen.de

Baden-Württemberg:
Ministerium für Kultus, Jugend und Sport
Schlossplatz 4

70173 Stuttgart
http://www.kultusministerium.baden-württem-
berg.de

Bayern:
Bayerisches Staatsministerium für Unterricht und
Kultus
Salvatorstraße 2
80333 München
http://www.stmnkwk.bayern.de

Berlin:
Senatsverwaltung für Schule, Jugend und Sport
Beuthstraße 6–8
10117 Berlin
http://www.lsa-berlin.de

Brandenburg:
Ministerium für Bildung, Jugend und Sport
Steinstraße 104–106
14480 Potsdam
http://www.brandenburg.de

Bremen:
Senator für Bildung, Wissenschaft, Kunst und Sport
Rembertiring 8–12
28195 Bremen
http://www.bildung.bremen.de

Hamburg:
Behörde für Schule, Jugend und Berufsbildung
Hamburger Straße 31
22083 Hamburg
http://www.hamburg.de

Hessen:
Hessisches Kultusministerium
Luisenplatz 10
65185 Wiesbaden
http://www.kultusministerium.hessen.de

Mecklenburg-Vorpommern:
Ministerium für Bildung, Wissenschaft und Kultur
Werderstraße 124
19055 Schwerin

http://www.kultus-mv.de

Niedersachsen:
Niedersächsisches Kultusministerium
Schiffgraben 12
30159 Hannover
http://www.niedersachsen.de

Nordrhein-Westfalen:
Ministerium für Schule, Wissenschaft und Weiter-
bildung (...)
Völklinger Straße 49
40221 Düsseldorf
http://www.mswf.nrw.de

Rheinland-Pfalz:
Ministerium für Bildung, Frauen und Jugend
Mittlere Bleiche 61
55116 Mainz
http://www.mbfj.rlp.de

Saarland:
Ministerium für Kultur, Bildung und Wissenschaft
Hohenzollernstraße 60
66117 Saarbrücken
http://www.bildungsserver.saarland.de

Sachsen:
Sächsisches Staatsministerium für Kultus
Carolaplatz 1
01097 Dresden
http://www.sachsen-macht-schule.de
http://www.sn.schule.de

Thüringen:
Thüringer Kultusministerium
Werner-Seelenbinder-Straße 1
99096 Erfurt
http://www.th-online.de
http://www.thüringen.de

Für Eltern, die wissen möchten, wie es anderswo
gemacht wird, und die über gute
Englischkenntnisse verfügen, sei ein Web-Besuch
beim Department for Education and Skills, dem

nationalen englischen Schulministerium, empfoh-
len (http://www.DfES.gov.uk/earlyyearsandchild-
care). Im Vereinigten Königreich werden zurzeit
überall auf Grundlage privater oder kommunaler
Initiative so genannte Early Excellence Centres
eröffnet, halbstaatliche Zentren mit eingebauter
»Streufunktion«, die sich an Kinder von null bis
fünf samt – und das ist das Ungewöhnliche – ihren
Eltern wenden. Die EECs bieten Betreuung,
Vorbereitung, Früherkennung von Problemfällen,
Hilfestellung bei der Beurteilung von
Entwicklungsstadien sowie geeignete Maßnahmen
zur Förderung an. Ziele sind sowohl
Sensibilisierung von Eltern als auch Verbesserung
des Entwicklungsstandards der Kinder und eine
erleichterte Integration, die sich daraus z.B. für
Migrantenfamilien ergibt. Elterngruppen, die sich
mit der Idee tragen, einen eigenen Kindergarten zu
eröffnen, könnten sich hier wertvolle Anregungen
holen. Die Website enthält auch Querverbindungen
zu nett gemachten Selbstpräsentationen bereits
bestehender EEC-Einrichtungen.

Spielzeug:
Wenn Sie keine Angst vor Kommerz haben, kön-
nen Sie Ihre Kinder auch behutsam auf die
Websites von Spielzeugproduzenten leiten.
Empfehlenswert erscheinen uns in diesem
Zusammenhang die Angebote von
http://www.playmobil.com   und
http://www.lego.com,
die eine Menge virtueller Spielmöglichkeiten im
Programm haben. Vorsicht ist lediglich beim
Online-Shop geboten. Ein freundliches
Spielangebot liefert auch die privat (von einem
Verlag) betriebene Website von
http://www.pixelkids.de.

REGISTER

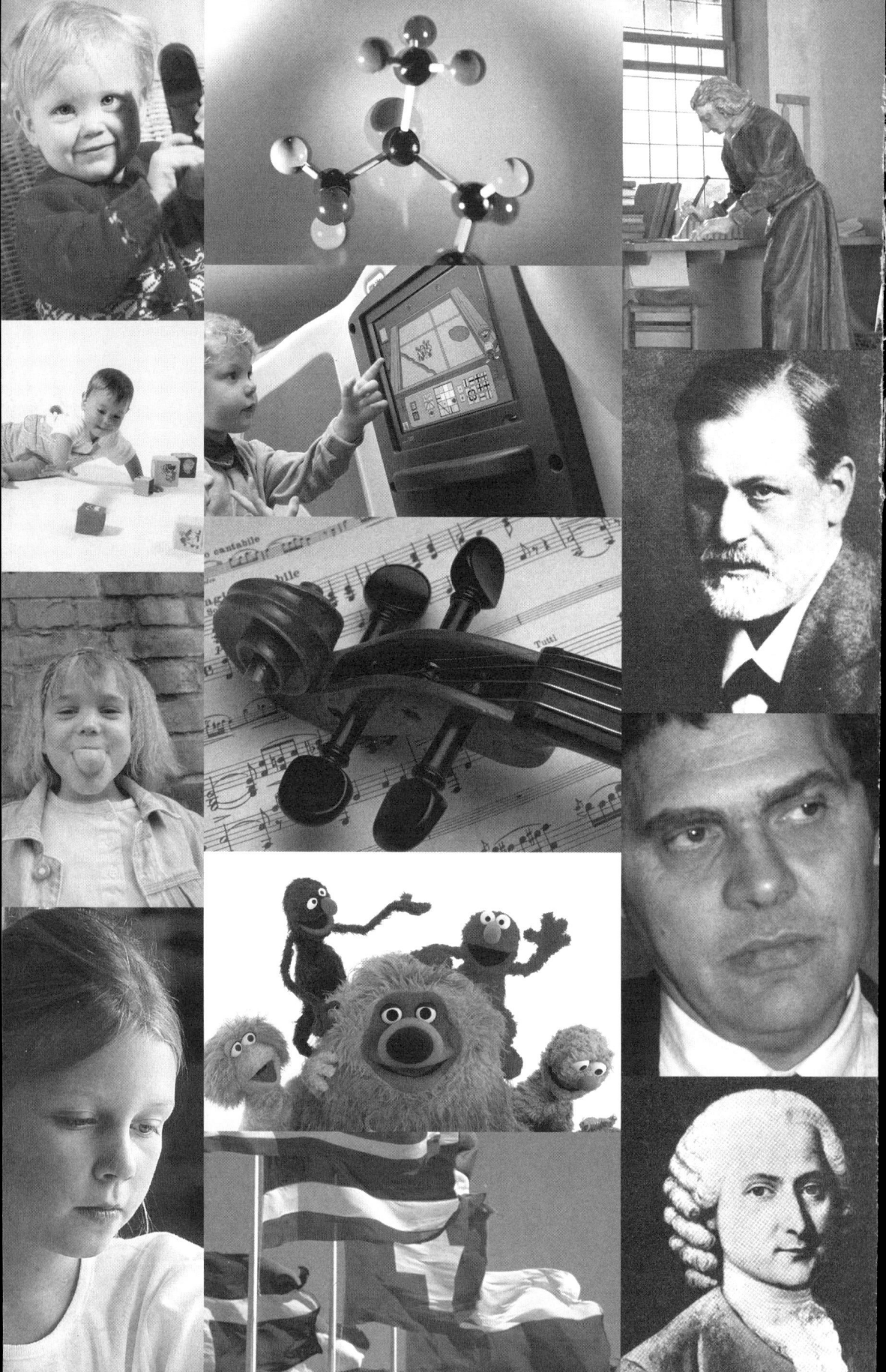